Frecce

Mario Giordano

SIAMO FRITTI

Truffe, inganni e altri veleni nel piatto

MONDADORI

Dello stesso autore
in edizione Mondadori:

Silenzio, si ruba
Chi comanda davvero in Italia
Waterloo! Il disastro italiano
L'Unione fa la truffa
Attenti ai buoni

www.librimondadori.it

ISBN 88-04-54389-2

I edizione aprile 2005

Indice

Siamo fritti

A mio padre

Premessa
Le mani nel piatto

Non si è mai parlato così tanto di mangiare. E non si è mai mangiato così male. Fateci caso. Da una parte escono le guide, cappelli, forchette, stelle e controstelle Michelin, le università del gusto, i convegni sul recupero della caciotta perduta, i guru dell'aceto balsamico; dall'altra escono i rapporti che segnalano il diffondersi di torroncini coi vermi e panini all'amianto. Non vogliamo dire che ci sia un nesso tra le due cose, però, ecco, abbiamo come la sensazione che ci stiano mettendo le mani nel piatto.

In effetti, il cibo è diventato una moda e delle mode, lo sapete, bisogna sempre diffidare. Quando una cosa viene messa sul piedistallo, trasformata in totem intoccabile, indiscutibile e meritevole soltanto di adorazione, scatta automatico il sospetto che dietro si nasconda qualche inganno. Se poi l'inganno si nasconde dietro il nostro quotidiano companatico, la situazione diventa subito più preoccupante. Ripeto: sensazioni. Ma se provate a guardare il conto al ristorante o i soldi che gli enti locali sprecano per banchetti e promozione dei cosiddetti prodotti tipici o i salumi all'antibiotico che vengono regolarmente serviti sulle nostre tavole, forse la sensazione viene anche a voi. E di conseguenza anche la voglia di leggere questo libro. Altrimenti? Altrimenti siamo fritti.

Sia chiaro: il cibo è importante. Per esempio, io avevo una volta un amico che era una persona simpatica, gentile, disponibile. Però beveva l'aranciata mentre mangiava gli agnolotti, accostamento gastronomicamente riprovevole. Adesso ha l'acidità di stomaco permanente. Attacca tutti quelli che trova sulla sua strada, come una furia, a testa bassa, senza mai un sorriso o un moto di simpatia. Ho provato a invitarlo a cena per ricordare i vecchi tempi, quando lo aiutavo (gratis) a compilare i suoi primi libri di successo, ma lui niente, ha detto che non vuole più mangiare con me. E lo dice anche in modo sgarbato. Vedete, quanti problemi può dare una pessima alimentazione.

Il cibo è importante. Per esempio conosco un tale che ha divorziato dalla moglie perché non sapeva far da mangiare. «Cucina così male» mi disse un giorno, «che persino alla pattumiera è venuta l'ulcera.» Un giorno un altro amico gli ha ribattuto: «Io invece sono felice. I piatti di mia moglie mi si sciolgono in bocca. Mi piacerebbe solo che imparasse a scongelarli prima». Battute, così per ridere. Come nel telefilm dei *Jefferson*, quando la donna chiede: «C'è qualcosa della mia cucina che non ti piace?» e il marito risponde: «Sì, mangiarla».

Visto che siamo in tema di citazioni mi viene in mente un umorista americano, Henny Youngman. Diceva: «Mia moglie? Ha una nuova ricetta esotica. Prendete due carte di credito...». E il suo collega Stuart Pankin ha coniato un'altra battuta: «Mmmmh... che buona torta... Proprio come solo mamma sapeva comprare» diceva. So di un tipo, amante dei calembour, che passava ore a porre domande fondamentali come le seguenti: il formaggio dopo un mese diventa for-giugno? E il formaggio con le pere sarà femmina oppure no? Non ho mai sentito le risposte, ma non credo che siano essenziali. Piuttosto, meglio ricordare una scena del film *Quei bravi ragazzi*: «Un giorno ho chiesto a mia moglie: cara, dove vuoi andare per il tuo compleanno? E lei: in un posto dove non sono mai andata. E io: allora prova in cucina». Oppure Woody Allen: «Mia madre era troppo impegnata a togliere ogni sapore al pollo lesso per pensare di suicidarsi».

Lo vedete? Il cibo è importante. Se due amanti litigano,

per esempio, potreste sentire frasi così: «Perdonami amore: no, no, no, non è vero che non sai cucinare. Ultimamente gli spaghetti al burro freddi erano sempre freddi al punto giusto...». Se poi la lite si conclude con il divorzio, allora le frasi possono diventare assai più caustiche. Come questa: «Era una cuoca davvero micidiale: sui suoi piatti c'era una targhetta: tenere lontano dalla portata dei bambini...». In effetti, il cibo è importante, anche per evitare la fine del matrimonio. Perché, come diceva un vecchio saggio, «i baci non durano, saper cucinare invece sì».

Fine delle citazioni. Nelle premesse bisogna essere brevi, mi hanno insegnato, perché sono noiose. L'unica cosa che volevo dire è che sì, il cibo è importante, però non bisogna nemmeno esagerare. E comunque, siccome è importante, sempre meglio fare un po' di attenzione. Io ho provato a mettervi in guardia. L'ultima volta, quando ho scritto *Attenti ai buoni*, non avrei scommesso una lira sul suo successo: è diventato un bestseller, ripubblicato persino negli Oscar Mondadori, praticamente la laurea che l'editore dà a un libro che si vende. Ma chi ci truffa con la scusa della buona tavola non è forse pericoloso quanto chi ci truffa con la scusa dei buoni sentimenti? Mi sembrava doveroso affondare la lama, e anche un po' la forchetta, dentro una materia che nessuno aveva mai osato affrontare così (perché nessuno aveva mai osato? Forse perché sono in troppi che ci mangiano?). Comunque sia, spero, per voi e per me, che vi piaccia. Altrimenti, pazienza: che volete farci? Mi consolerò con una bella abbuffata.

I

Il pesce sostenibile è una boiata pazzesca

Il pesce sostenibile? È una boiata pazzesca. Urge grido liberatorio, come da copione. Ragionier Fracchia, cineforum e *Corazzata Potëmkin*. Ricordate? «È una boiata pazzesca.» Proprio così. Prima o poi qualcuno lo deve gridare, infischiandosene della brutta figura e delle regole del galateo: il pesce sostenibile è una boiata pazzesca. Non se ne può più. E poi via, un po' di realismo: il pesce non è mai sostenibile. Il pesce può essere buono, cattivo, con poche o tante spine, può essere tonno o acciuga o merluzzo, ma sostenibile no, santi numi, non lo può essere. Dire pesce sostenibile è come dire Cassano studioso, che ne so?, Nina Moric vestita, Lucio Dalla glabro. È un paradosso della lingua, un incidente ortografico. Non esiste.

E allora basta. Basta con la fiera del pesce sostenibile, basta con il vino intelligente e l'uovo misterioso. Che mistero ci sarà mai nell'uovo? Il tuorlo? Il pulcino? La sorpresa di Pasqua con ciondolino incorporato? Siamo seri: l'unico mistero possibile per l'uovo, oggi, è da quante settimane sta invecchiando al supermercato. E l'avete mai visto un vino intelligente? Scusi, signor Barolo, mi potrebbe spiegare il teorema di Pitagora? E lei, mister Chianti, che idea si è fatto sulla geometria euclidea? Avanti, non scherziamo: i vini possono essere più o meno invecchiati, più o meno alcolici, più o meno al metanolo. Ma intelligenti no. È già difficile trovare enologi intelligenti. Figurarsi i vini.

Forza su, allora, diciamolo tutti insieme che così finalmente ci liberiamo: il vino intelligente è una boiata pazzesca. E l'uovo misterioso pure. Avanti, ripetiamolo in coro. Fatto? Bene, fatelo un'altra volta. Non vi sentite meglio? E ora basta. Basta con quelli che parlano di cibo, scrivono di cibo, discettano di cibo, insegnano cibo, distribuiscono tavole della legge sul cibo. Basta con quelli che litigano, si esercitano, fanno retorica e s'arricchiscono con il cibo, mettendoci a più non posso le mani nel piatto. Basta. Invitiamoli a cena e, davanti a una scodella di spaghetti aglio e olio, gridiamoglielo in faccia una volta per tutte: parlate come mangiate. E, se possibile, mangiate soltanto.

Perché, se dobbiamo essere sinceri, non se ne può più. Non se ne può più della moda gastronomica, del salone Cibus, del Gambero Rosso, dello Slow Food e del Master Food, dei teorici del buono e delle loro lezioni da indigestione. Tutte iniziative benemerite e sacrosante, s'intende: ma nel loro complesso, ecco, ci hanno rotto i rigatoni. Non se ne può più del grande cuoco Alain Ducasse che si professa «esteta della gastronomia». Non se ne può più dell'Accademia del gusto, l'iconografia alimentare, la valutazione sensoriale, i giacimenti gastroculturali, la Cheese Art. Proprio così: non se ne può più della Cheese Art, quella che si presenta con il motto «Altro che formaggi, sono opere d'arte» e che confonde una provola con Picasso, un caciocavallo con Cézanne, il gorgonzola con Manet. E no, amici: la provola è una provola, Picasso è Picasso. E la Cheese Art è una stupidaggine: provate voi a grattugiare un Van Gogh sulle tagliatelle al pomodoro.

Eppure quelli insistono. Organizzano una tavola rotonda sul groviera e la chiamano: «Parlamento del gusto». Organizzano una mostra fotografica sul pecorino e la chiamano: «Percorsi del sapore, percorsi del sapere». Ma quale sapore? Ma quale sapere? E, soprattutto, quali percorsi? Fateci il piacere: siate chiari. Non si può zigzagare all'infinito tra tome e tomi, caglio e Cagliostro, Talete e taleggio, come se fossero la stessa cosa. Per fortuna ci salva la puzza. Eh sì, perché i formaggi conservano intatto il loro odore, anche se gli spazi che li ospitano vengono ribattezzati Cheeslandia e Casearia city: non c'è filosofia o inglesismo che tenga di fronte all'effluvio della caciotta e alle zaffate del castelmagno. Se Dio vuole le mozzarelle di bufala, nonostante tutto, restano mozzarelle. E le bufale restano bufale.

Però, che ci volete fare?, ci sono bufale che vanno a ruba. Bufale alla moda. Come il cibo. Sissignori, il cibo è di moda. A Milano per esempio nella settimana delle sfilate, autunno 2004, Cavalli mette in passerella le «cuoche sexy»: «La country chic seduce partendo dalla cucina» recitano le cronache fedeli dei giornalisti nel parterre. A Parigi, intanto, Cartier inaugura Pain Couture, la «panetteria più chic del mondo». (Ma che sarà? La michetta d'alta sartoria? Lo sfilatino con i brillanti? La biovetta con lo strass?) E a Roma rilanciano la moda degli orti medioevali, «l'arte di coltivare i carciofi e se stessi», come rivela «Repubblica», dedicando al tema un'intera pagina dell'edizione nazionale: un architetto di fama, scrive il quotidiano, «ne ha fatto il proprio lavoro, ne teorizza rinascita e gloria estetica e ne pratica i segreti». Del resto «cosa c'è di più bello di un siepone di carciofi o di una riga di bietole?». Già: che cosa c'è di più bello? Niente, è chiaro: nemmeno Naomi Campbell.

Ormai è così: il cibo vende, il cibo fa tendenza, il cibo funziona. Ma sicuro: non l'avete ancora capito? Bisogna ficcarlo dappertutto, anche fra un monaco di Santa Croce e un gioiello di Cartier. Pane chic, cuoche sexy e carciofo trendy. A Milano organizzano una mostra sui salumi: «Viaggio artistico intorno alla mortadella. Otto giovani maestri interpretano un prodotto amato da tutti». A Napoli pare che non si possano ammirare i quadri di Caravaggio esposti a Capodimonte senza la «degustazione dei prodotti tipici campani». E «l'Espresso» intervista Tullio

Gregory, accademico dei Lincei, per concludere che «il bollito è molto sexy» e che «un brasato cotto per ore nel barolo» equivale «all'esegesi dell'*Etica nicomachea*». Niente meno. Abbiate pietà.

Il caffè con l'aglio e gli gnocchi sferici

Abbiate pietà: risparmiateci gli scultori della mortadella, la michetta di Cartier, le bietole del medioevo, l'*Etica nicomachea* al barolo. E, se possibile, risparmiateci anche i cuochi che si sentono nuovi creatori di moda, Giorgio Armani dei fornelli, Christian Dior con il fritto in pastella. Non se ne può più degli esibizionisti della cottura, dei presenzialisti in salsa rosa, di quelli che confondono la cucina con una passerella e per stupirci sono disposti a tutto. Non se ne può più della grande mostra dell'alimentazione che si apre a Rimini (gennaio 2005) all'insegna di «Zitti, lo chef medita», non se può più di quelli che parlano di Alta Cucina Metafisica, di Personal Cook e Restyling dei Fornelli; non se ne può più dello chef orefice che «riproduce nel piatto i monili degli artigiani e li serve in fotografia: il tortino di nocciole, forgiato come un ciondolo e i fiori di zucca ripieni al peperone identici a una spilla a guisa di ramo fiorito...». Fiori di zucca come spille? Tortino di nocciole forgiato come un ciondolo? Ma perché? Non se ne può più.

Roberto Levi sul «Giornale» li chiama quelli del «revisionismo gastronomico». Quelli che vogliono a tutti i costi terremotare le nostre certezze. Lo spumante? Meglio come aperitivo. La cioccolata? Fa bene. La liquirizia? Provatela con il risotto. Il vino rosato? È ottimo. Il vino rosso? È adatto al pesce. E il pesce? Si mangia con il formaggio. «Ogni giorno ne salta fuori una nuova, grazie alla tv diventa un dogma e se cambia l'esperto cambia anche il dogma». Persino Gianfranco Vissani, dalle colonne del «Venerdì di Repubblica», ora vuole propinarci il caffè con l'aglio.

Ma perché? Che male gli abbiamo fatto? Ci scusi, maestro, ma il caffè ci piace caffè. L'aglio (a chi piace) piace aglio. Non è che, per cortesia, potrebbe risparmiarci per un po' lo stupore? Un piatto di pasta e via, gliene saremmo grati, le assicuro: per i prossimi decenni ci basta mangiare bene, secondo tradizione, senza troppe novità. Diciamola tutta: siamo stufi delle novità, siamo stufi delle sorprese, siamo stufi della ricerca estrema applicata al nostro stomaco. Siamo stufi di essere investiti dagli effetti speciali, anche quando entriamo in una semplice gelateria. Ma sì, fateci caso: gelato allo zenzero, gelato al peperoncino, gelato al gorgonzola, alle ortiche, alle erbe aromatiche e al crescione. Ormai è la regola. Per avere un banale limone-pesca che bisogna fare? Un salto all'archivio fotografico? Un amarcord? Un'intervista a nonna Papera?

Un accorto commerciante di Trento, capito l'andazzo, ha addirittura inventato un menu completo a base di gelato: gelato al bitter di aperitivo, gelato allo speck d'antipasto, gelato al riso di primo e semifreddo alla carota di dolce. A Verona, nel giugno 2004, una trattoria si è fatta prendere la mano e ha offerto in una stessa cena la bellezza di 23 portate di gelato: dal gelato al «tortellino di burro» al gelato al «parmigiano reggiano», passando per l'imperdibile sorbetto «al brasato di Amarone». A Mantova si può acquistare senza difficoltà il gelato al prosciutto e melone e persino il gelato alla polenta. Sicuro. Vaniglia, pistacchio, farina gialla e osei: come siamo alla moda. E per essere ancora più alla moda l'Accademia della gelateria italiana cavalca l'onda del sorbetto new age: gelato al ginseng, gelato all'aloe e allo sciroppo d'acero, gelato alla rosa canina, gelato al cardamomo («per riequilibrare le energie»), gelato al carciofo («per purificare») e gelato balsamico all'eucalipto («ideale anche d'inverno»). Che meraviglia. Eppure, non so perché, con tutti questi semifreddi calmanti e tonificanti, a me comincia a venire un caldissimo nervoso. Arridatece crema e cioccolato. Massima stravaganza: la fragola.

Perché, suvvia, con o senza palline balsamiche all'eucalipto, diciamo la verità: non se ne può più. Non se ne può più degli innovatori allo sciroppo d'acero, degli originali al cardamomo, di quelli che riscoprono la tradizione e la trasformano in un futuro indigesto. Non se ne può più degli anarchici della padella, quelli «tappe forti per palati gagliardi» (come da copertina di «Grand Gourmet», n. 6, giugno 2004), quelli che vogliono sempre sorprendere gli ospiti a costo di proporre un dolce a base di melanzane e cioccolata. Poi si vantano: «Nessuno ve l'ha mai proposto prima»: per forza, fa schifo. Non se ne può più degli chef che si definiscono «stravaganti», quelli che propongono «gnocchi sferici di acqua di rose e zuppa di litchi» cotti «in una miscela di cloruro di calcio». E quelli che avvertono: attenzione, questa ricetta «non può essere realizzata da chi non disponga di specifiche conoscenze dei processi chimico-fisici». Cloruro di calcio? Processi chimico-fisici? Ma che cos'è? Roba da mangiare o da altoforno Ilva?

C'è poco da ridere. A Londra lo chef all'ultimo grido, tre stelle Michelin, sito Internet cliccatissimo, rubrica fissa sul «Guardian», è Heston Blumenthal. La sua caratteristica? Per cucinare usa la fiamma ossidrica. Proprio così. Vuoi un arrosto? Via con la fiamma ossidrica. Un dolce caramellato? Fiamma ossidrica di nuovo. «Il risultato vi stupirà» dice all'«Espresso», teorizzando la nuova tendenza della gastronomia «postmolecolare» che si serve di attrezzi assai più adatti a un'officina che a una cucina. «Il futuro» spiega Blumenthal «è nella sinestesia: un gioco tra suono, consistenza, colori, emozioni e ricordi.» La sinestesia, ecco, non ci avevamo pensato: sarà che non siamo abbastanza postmolecolari. Ma a essere sinceri, abbacchio per abbacchio, bollito per bollito, della fiamma ossidrica e del misuratore di acidità sulla nostra carne preferiremmo fare a meno. Anche perché ci viene un dubbio: al prossimo passo che cosa ci aspetterà? La nichelatura del vitel tonné? La pasta e fagioli al ferrocromo? Il duralluminio della macedonia? Mamma che paura: la sinestesia è appena arrivata in cucina e già non se ne può più.

Non se ne può più della sinestesia, della fiamma ossidrica, del postmolecolare e del misuratore di acidità. Non se ne può più degli alchimisti dei fornelli, dei creativi del gusto, celebrati dall'immancabile «Espresso» nell'autunno 2004. Non se ne può più di quelli che accostano il cioccolato al cavolfiore, che trasformano il tonno in granita e il bacon in gelato, che vogliono sempre essere alternativi. E che alle spalle hanno dispense, scrive ancora il settimanale, simili a «un laboratorio da scienziati». Scusateci, siamo legati a tavole vecchie e semplici, magari con la tovaglia a quadri: i laboratori da scienziati al posto della cucina ci spaventano, le ostriche virtuali ci fanno inorridire e così pure le leccornie precotte e infilate in lattina. Non riusciamo a rassegnarci all'idea che una zuppa di seppie e piselli possa essere trattata alla stregua della Coca Cola, lamiera e apertura a strappo, anche se la confezione porta la firma di un grande chef. E se vediamo cuocere una bistecca con la fiamma ossidrica ci viene un sospetto: forse abbiamo sbagliato locale e siamo finiti in un'officina metalmeccanica. O, forse, quella bistecca è molto dura.

Gli scampi più migliori

Troppe novità, troppa ricerca. E troppa enfasi. Che ci volete fare? Ci sembra esagerato, in tempi di bombe vere, che un quotidiano titoli a tutta pagina *La guerra dei pizzoccheri*: i pizzoccheri, al massimo fanno la guerra con cipolla e salvia, ma è un'altra cosa. Non se ne può più delle tensioni, delle rivalità, delle nuove tendenze. Non se ne può più del grande Ferrán Adriá che inventa il fast food di lusso, di quell'altro che teorizza a nove colonne la cucina della sopravvivenza («Sono lo chef del frigo vuoto») e dei cuochi veneti che rilanciano il baccalà all'arcipelago delle Lofoten, presentandosi come «ambasciatori del gusto italiano nel mondo». Non se ne può più di quelli che scrivono che «il cuoco è un essere utopico», delle liti tra il «Gambero Rosso» e Vissani («È rozzo», «Mi adeguo alle situazioni») e dei giovani chef lombardi che ancor prima di essersi fatti conoscere per i loro piatti, già si fanno conoscere per le loro facce, fotografate nelle pose più assurde: mele in testa, mazzi di insalata elevati a mo' di trofeo, sguardo allucinato su povera ochetta immobile, posa da giocatore di poker con tanto di fante di cuori esibito per lanciare il «Ristofante». Non è un errore: ristorante «Ristofante», si chiama proprio così. Ma che ridere.

Del resto, perché stupirsi? Adesso non ci sono più gli chef. Sono tutti chef-à-penser. Ancora in fasce (professionalmente), eppure già teorici della pentola catodica. Ma sì, è evidente: il tempo di cottura ha lasciato spazio ai tempi televisivi, non si riesce più a spegnere il fuoco di un arrosto senza accendere il fuoco di una telecamera, del fornello si può anche fare a meno ma del cameraman no. Olio, sale, pepe ed è subito spot. I cuochi di oggi sono fatti così: l'unico condimento di cui non possono fare a meno è il cerone. Un po' di cipria, un po' di fard e via, il pranzo è servito in diretta tv.

Il 31 marzo 2003 sul «Mattino» di Napoli lo scrittore Giampaolo Rugarli ha scritto una pagina memorabile su questo tema. È una citazione un po' lunga, ma la trascriviamo per intero perché merita di essere letta, riletta e conservata a futura memoria:

> Lo Squartatore della lingua italiana non è un anonimo, del quale non si conosce il volto, ma un cuoco o forse un sedicente cuoco, iscritto all'anagrafe come Vissani Gianfranco: costui imperversa dai teleschermi, tenendo cattedra di cucina, e solo nelle ultime due o tre settimane, in cambio di alcune dubbie ricette, ha mollato alle attonite massaie un sabbolire per sobbollire, un salisce per sale (terza persona singolare, tempo presente, modo indicativo del verbo salire) e infine, gemma di insuperabile bellezza, un più superiore, non bastandogli il semplice superiore.
>
> Accantoniamo lo scempio della lingua italiana (magari riprenderemo il discorso in altra occasione), e invece occupiamoci delle meraviglie gastronomiche che i cuochi portano o tentano di portare

sulla nostra tavola. Sciaguratamente viviamo in un'epoca di eterno carnevale: si tende a trasformare tutto in scienza o almeno in sussiegosa disciplina e, mentre una volta bastavano le donne di casa per mangiare bene, anzi benissimo, attualmente sono all'assalto i cuochi, nuovi professionisti emergenti, che trovano la loro tribuna sul video, e che poi si esibiscono in privati ristoranti, dove una pastina in brodo vegetale costa non meno di cinquanta euro a testa.

Venti o trent'anni fa, ogni famiglia civile aveva proprie regole per cuocere la pasta o il riso o i fagioli, e sapeva come si prepara una buona salsa di pomodoro. Nella impossibilità di perdere troppo tempo in cucina, metteva mano a una frittata, con la mollica di pane (nella versione più povera) o con le cipolle (nella versione più esaltante). Queste nozioni erano alla portata di tutti, ed erano l'abbicci dello stare al mondo: oserei dire che venivano succhiate con il latte della madre, proprio come si apprende la tecnica per allacciarsi le scarpe o per soffiarsi il naso, nel fazzoletto anzi che tra le dita. Poi arrivarono i cuochi, erano e sono cuochi televisivi, più che a Brillat-Savarin guardano a Pippo Baudo. I cuochi fecero del baccalà la loro arma segreta (e armi segrete estrassero da ogni dispensa) ...

I cuochi hanno ripetuto l'ovvia lezione, infiorandola di un gergo iniziatico e rendendola lucidamente colorata, come il teleschermo: hanno insegnato a sfilettare, a mantecare, a strapazzare, soprattutto a non incrudolire ... Non c'è manicaretto che non venga proposto dai cuochi: dai fagioli con la scarola agli spaghetti al nero di seppia, dalle orecchiette con le cime di rapa agli involtini di melanzane e mozzarella. I vini da abbinare sono in vendita per quindici o venti euro alla bottiglia, da tre quarti. A dispetto di ogni contraria affermazione, le pietanze illustrate per lo più costano un sacco di soldi e di tempo: mortificano la gente più modesta, che gli scampi gratinati e il filetto al tartufo può mangiarli solo a Natale (se pure). Insultano la miseria, purtroppo ancora presente in Italia ...

Non so se e quando si arresterà l'avanzata dei cuochi, che, sullo schermo televisivo, procede di pari passo con altre avanzate, tutte di rigorosa spettanza dei ricchi e dei ceti che contano: moda, spettacolo, vacanze, cure estetiche e così via. Forse la carica dei cuochi si fermerà il giorno in cui Vissani Gianfranco imparerà che l'armonia dei verbi e dei comparativi non è inferiore... chiedo scusa: non è più inferiore a quella di una besciamella (balsamella, scriveva, Pellegrino Artusi) o di una maionese. Si potrebbe porre un argine costringendo i cuochi ad affrontare un dettatino ortografico: chi sbaglia più di tre volte non può accedere ai fornelli.

Fuor di scherzo e di paradosso, i cuochi, ivi incluso Vissani Gianfranco divo di pignatte e di comparativi, farebbero bene a lavorare per le mense aziendali anzi che per le mense dei ricchi. La qual cosa renderebbe meno allettante la loro professione, se non che di consigli e di aiuto ha bisogno non la casa di Tronchetti Provera, semmai quella di Caputo Gennaro, manovale nell'edilizia, temporaneamente disoccupato: per mangiare non salmone rosato, ma polpette, pancetta e patate al forno (altrimenti dette: «con l'agnello scappato»). Il tutto cucinato nel modo «più migliore».

Pane, burro e regia

E allora basta, avanti, diciamolo. Basta con il «più migliore» Vissani, con lo sfilettare, mantecare, strapazzare e non incrudolire, naturalmente solo quando c'è la diretta tv. Basta con l'eccesso di video-soffritto alle nove del mattino, con la spigola telecucinata all'ora del caffelatte. Basta con l'overdose di ricette che vi presentano come «semplici semplici» e fuori dal piccolo schermo diventano invece una caporetto alimentare. (Filetti di triglia panati agli agrumi, insalatina di taccole, pompelmo e porri stufati, vinaigrette al pompelmo caramellato, «velare i piatti con la salsa, decorare con la julienne di pompelmo fritta e, a piacere, con uno stelo di erba cipollina»: sarà davvero semplice?) Basta con l'indigestione da auditel, l'abbuffata catodica, pane, burro, gamberi scottati e «linea alla regia». Alla linea alla regia, per una volta, preferiamo la linea dei nostri fianchi.

Basta con i Mengacci, le Clerici, i Fornelli d'Italia, Mezzogiorni in famiglia, Bollito Misto, Stelle e Padelle e tutti gli altri emuli di Wilma de Angelis che si sfidano a ogni ora del giorno, un colpo di spatola dopo l'altro. Basta con l'eccesso da video che ha trasformato anche la cucina in un soggetto per reality show. Basta con i tariconi della Rai impegnati a gestire in favore di telecamera «Il Ristorante». Basta con il lanciatissimo «The Restaurant» su Raisat. Fermate finché siete in tempo il «Grande Fratello Chef». E fermate, soprattutto, questa follia per cui persino il secondo concorso nazionale di vegetali intagliati finisce come se nulla fosse in diretta tv. («Su Raidue lo hanno visto milioni di telespettatori» si vantano gli organizzatori nel loro sito Internet, tutti orgogliosi per aver mostrato al mondo i «concorrenti della categoria B che si sono sfidati a colpi di spelucchini, scavini e sgubbie per garantirsi il primo posto in una competizione piacevolissima».)

Ormai è talmente scontato che ogni sagra paesana finisca in tv che quasi sorprende e stupisce il contrario. Tra il 7 e l'8 agosto 2004, per esempio, a Frosolone Isernia, si svolge la rassegna di enogastronomia «Preziosi formaggi», a cura dell'associazione Forche Caudine. In programma alcuni momenti clou, come il record della treccia a pasta filata da inserire nel Guinness dei primati e il premio «Caciocavallo d'oro». Il Tg1 riprende tutto con una troupe, poi distratto probabilmente da alcuni fatterelli più importanti che accadono nel mondo, non manda in onda il servizio. Figurarsi: scoppia il putiferio. «Siamo avviliti per il trattamento subito» insorgono i fautori dei preziosi formaggi. Anzi di più: «Siamo amareggiati e sconcertati» strepitano senza pace. E pretendono addirittura che «il direttore del Tg1 chieda scusa a un'intera regione». Ma vi pare? Chiedere scusa? E perché? Perché non ha mandato in onda il premio Caciocavallo d'oro? Vi rendete conto? Ma chi l'ha stabilito che ogni Caciocavallo d'oro deve passare al Tg1?

Senza contare che, a volte, qualcuno di tanta visibilità se ne approfitta. Nel giugno 2004 Raiuno trasmette l'Oscar del vino. «A parte la continua citazione di etichette» commenta sul «Corriere della Sera» Aldo Grasso, «ho avuto la sensazione che qualcosa non andasse per il verso giusto. Alcuni esempi: le nomination sono fatte da una rivista di settore, citata più volte; Al Bano canta ma è presentato come produttore di vino; Alba Parietti ricorda un suo amico produttore; Massimo Giletti dice che produce vino e nomina la sua socia; Barbara Bouchet elogia il figlio sommelier, lo indica alle telecamere e si augura che il prossimo anno venga gratificato, per non parlare dei premiatori titolari di aziende o imprese legate al loro nome.

Ora, non è il caso di fare i moralisti... Ci beviamo tutto, però una minor sfacciataggine non guasterebbe.»

Kirkegaard e lambrusco

Certo, non guasterebbe. Ma la sfacciataggine in questo campo, pardon: in questa botte, non ha limiti. L'Enoteca regionale del Piemonte, per esempio, sempre nel corso del 2004, ha selezionato il personaggio da usare come testimonial. Dopo una sfilza di nomi celebri come Milva, Giorgio Bocca (noto appassionato), Franco Piccinelli, Ornella Muti, Ottavio Missoni, Gino Paoli, Gad Lerner, Fabio Fazio, Giorgetto Giugiaro, Fabrizio Del Noce, la scelta è caduta su Piero Angela. Motivazione ufficiale: «La presenza di Piero Angela è intesa a rafforzare il connubio tra l'elevata serietà e competenza con cui svolge la sua attività giornalistica e la più alta espressione della Langa del Barolo, che sullo stesso valore di professionalità ha voluto impostare la sua cultura e il suo patrimonio vitivinicolo». Perfetto. Cultura e patrimonio vitivinicolo, serietà e competenza, non manca nulla. Peccato che Piero Angela sia astemio.

Lo ha dichiarato lui stesso, in un'intervista al Tg. «Che gli organizzatori non sapessero e si siano fatti attrarre dalla popolarità della tv?» si chiede ancora Aldo Grasso. «Per la serie facciamoci del male: fareste mai promuovere una campagna antifumo da un incallito tabagista?» Naturalmente no. Fareste promuovere una nuova carne in scatola da un vegetariano? Naturalmente no. Fareste promuovere una linea di shampoo da un pelato? Naturalmente no, no e no. E allora perché la scelta di Angela? Perché tutto quello spremersi su «connubio» e «alta espressione»? E a che serve, infine, tanto tempo perduto tra barricati e strutturati se poi si cede così davanti alla prima sirena di un volto da «Quark»? Acido come un rosso andato a male, amaro come un fiasco al metanolo, Grasso conclude con la domanda centrale: «Che sia difficile far capire che il Barolo è molto più importante e prezioso dell'attuale tv italiana?». Già, lo dico anch'io, che pure amo la tv (sebbene sempre meno di quanto ami il barolo): che sia difficile?

No, non è difficile. A parole, poi, tutti dicono di amare il vino. Lo dicono, lo ripetono e lo manifestano in modo così stucchevole che verrebbe quasi voglia di imitare Piero Angela, e astenersi dalla pratica del bicchiere. Ma sì, dai, non se ne può più dei radical che fanno vino solo perché è molto chic. Non se ne può più di MiWine, dei 140 sommelier di MiWine, degli enotour di MiWine, di MiWine Emotions e di SensofWine con il suo Welcome Desk Meeting. Non se ne può più di Donna Sommelier Europa e del premio «Gusto e Pensiero», di quelli che «avvinano allappando un barricato complesso e strutturato», di quelli che straparlano di «sapore polposo di banana struggente» soltanto per cercare di stupire gli amici. Non se ne può più degli «Stilisti di Bacco», del design «Sensi divini», dei libri di Filosofia del Vino che fingono di mescolare Schopenhauer e il brachetto, lambrusco e Kierkegaard, in un cocktail velenoso che fa scoppiare il fegato. Non se ne può più della «Coscienza artistica del vino» e del «Gesto del bere», studiato e analizzato nel *Supplemento al dizionario italiano*. Il gesto del bere, per quel che ci riguarda, non ha bisogno di supplementi né di dizionari: è semplicissimo, per fortuna, e senza coscienza artistica né Welcome Desk. Che ci volete fare? Siamo fatti così. Gente semplice. Al SensofWine preferiamo il buon senso. Agli ubriachi di parole, gli ubriaconi veri. Almeno il loro vino è sincero.

Di sincerità, invece, nei teorici etilici se ne trova ben poca. Perciò non se ne può più. Non se ne può più dell'ottavo palio dei vini frizzanti, dei «Vini&Libri» da degustare e dei vini dei divi, del dolcetto di Ornella Muti e del frizzantino di Lina Wertmüller, che roba vip. Non se ne può più dei vini abbinati all'arte, della «Damigianotta» in ceramica, «Botte» e «Bottiglia» decorate alla pugliese e riempite di rosso più o meno buono. Per dirla tutta ci spiace anche che l'ultima opera d'arte di Arnaldo Pomodoro sia dedicata allo spumante: solo bronzo e bollicine, al posto delle sue celebri sfere, come rivela «Panorama». Il maestro ora scolpisce vigneti, per la gioia dello sponsor. Applausi. Ma che tristezza.

Inconsolabile capasanta e mistico fritolin

Sarah Freeman, di Slow Food (naturalmente), discetta sul «Manifesto» di formaggi e tiene a informarci: «La cosa più preoccupante, per chi si occupa professionalmente di cibo, è la varietà delle proprie papille gustative». Ora, considerato che questa frase non è stata rubata nel salone della parrucchiera Mariuccia, ma è stata stampata su un giornale, e per di più prestigioso e comunista, bisogna intervenire: c'è qualcuno che può occuparsi, per cortesia, delle papille gustative della Sarah? È una cosa importante, si capisce. Anche lì al «Manifesto» lo sanno: infatti hanno smesso da tempo di affrontare temi assai meno rilevanti, come la pace, la guerra, il lavoro, gli operai, e sono tutti intenti a interrogarsi sul futuro delle papille gustative della loro prestigiosa collaboratrice. La quale, subito dopo, tiene molto a farci sapere che ha avuto pure l'influenza. Si capisce: un problema serio almeno quanto le papille gustative, anche perché, spiega, «ho pensato che un bicchiere di vino potesse accelerare la guarigione». Ma come no: lo dicono tutti i medici. Altro che aspirine, se sei malato, inciuccati. E attento alle papille gustative.

Dal giornale comunista al giornale della Confindustria: dimenticati Tfr, Irpef, Irpeg, Irap, bond e titoli azionari, la domenica «Il Sole 24 Ore» si diletta con il suo inserto culturale. Si badi bene: culturale. Una pagina viene dedicata al *Tempo liberato*. E lì, liberando il tempo, che si trova? Si trova, per esempio, l'alto lamento di Camilla Baresani, che è andata a mangiare in uno dei soliti ristoranti dove si portano via in una sera lo stipendio di un operaio. Non si è trovata bene, poverina. Non si è trovata bene per nulla.

Il ribes rimanda a pietanze d'oltralpe, il castelmagno a ricercatezze da Slow Food, la pernice alla cucina francese, il risotto al Nord Italia e il ragout – cioè il ragù – alla pasta all'uovo, l'insieme mischiato mortifica le papille senza riuscire a ricondurle ad alcun sapore riconoscibile, se non a un impasto cupo e dolciastro. Stessa cosa per i bocconcini di capriolo con bacche di ginepro, cioccolato e nido di patate e corolla di cacao e arancia. Capriolo, pernice, *tournedos* di vitello, tutto sembra improntato alla medesima greve confusione di sapori. Ordiniamo una caponatina di melanzane? Che ci fa una capasanta nel mezzo, tra pinoli, pepe nero e ravanelli all'agro? E poi è tremendamente unta, e il pensiero che per renderla così intrisa d'olio sia stato usato l'extravergine di oliva prodotto nella tenuta Roberto Cavalli nel Chianti non basta a consolarci.

Oh, santo cielo. Non basta a consolarla. Avete capito? Avanti, qualcuno si muova, qualcuno vada a consolarla, magari il medesimo Roberto Cavalli, che le regali almeno un bel vestito. Poverina. Capriolo, pernice, caponatina di melanzane, ma «che ci fa una capasanta?». Ecco, appunto, che ci fa una capasanta? Cercate di capire. Una sera così orribile, uno se la ricorda tutta la vita. Mica come quei fortunati italiani che nelle stesse ore avevano la ventura di poter cenare alla pizzeria Vecchia Napoli o Vesuvio o Da Lina e Gaetano. Margherita, birra e sorbetto preconfezionato. Stupendo. Non c'è nemmeno Cavalli. Altro che bocconcini di capriolo con bacche di ginepro. Altro che capasanta.

Del resto come stupirsi? Camilla Baresani è sempre una garanzia. È quella che attacca i suoi articoli con notazioni di grande interesse nazionale. Del tipo: «Arrivo al Moro con lo stomaco sottosopra» (26 febbraio 2003: qualcuno ha della citrosodina?). Qualche riga dopo precisa: «Va detto, però, che nell'entrare al Moro scordo tutto e mi faccio prendere dalla solita buona vecchia fame» (meno male: altrimenti che faceva? Ci raccontava tutto il vomito minuto per minuto?). Un'altra volta la Baresani visita il migliore ristorante di Bari, Ai due ghiottoni. Il giornale, naturalmente, paga il conto. E lei racconta: «Dopo aver gustato e lasciato sul campo metà del cibo disponibile, annebbiati dall'abbuffata ante-antipasto, si passa alle ordinazioni vere e proprie. Una persona normale, anzi d'appetito robusto, sarebbe già del tutto ingorgata, ma un po' per non dispiacere ai miei ospiti e un po' per curiosità, finisco per ordinare qualcosa, procedendo per inerzia». Ma sì, ci sono dei sacrifici che a volte si devono proprio sopportare: e allora avanti con le orecchiette con cima di rapa (ma solo per non dispiacere agli ospiti, s'intende).

E quella volta che la Baresani finisce a Venezia? Uno spettacolo. Il racconto merita di essere riassunto con la citazione di alcuni gustosi (è il caso di dirlo) particolari. In breve: fa di tutto per convincere un suo amico artista a seguirla in un ristorante rinomato (l'Harry's Bar, tanto per non sbagliare) ma non c'è verso, lui insiste e alla fine riesce a trascinarla al Vecio Fritolin, fra marmitton e lo scartosso de pesse e polenta da portar via. Conclusione, un articolo della Camilla: «La cosa più entusiasmante, il vero motivo per cui non si può mancare una visita al Vecio Fritolin» scrive «è la misticanza, un miscuglio stagionale di erbe spontanee e aromatiche. Pare che Venezia sia piena di orti, in particolare quelli delle chiese e quelli delle suore di clausura che producono cerfoglio, erba cipollina, nepitella, mentuccia, fiori di glicine, aneto. Con questi nomi più che una misticanza la vostra sarà un'esperienza mistica». Un'esperienza mistica, proprio così, fra il marmitton e lo scartosso de pesse.

Ma un'esperienza mistica non merita qualcosa di più dell'erba cipollina? Con tutto il rispetto per il Vecio Fritolin, si può ridurre l'ascesi tra cerfoglio e nepitella? Si possono mescolare con tanta leggera soavità sant'Ignazio, la mentuccia, l'aneto e le *Confessioni* di sant'Agostino? La gastronomia, certo, ormai consente tutto, permette qualsiasi esagerazione. Ma non è che si sta esagerando un po' troppo, senza nessuna offesa per il marmitton e per lo scartosso (e nemmeno per lo stomaco della signora Baresani, più o meno sottosopra)? Persino un grande teologo come Enzo Bianchi, priore della comunità di Bose, sottile esegeta di testi sacri e cultore di spiritualità, si lascia trascinare in una lunga conversazione con Carlin Petrini di Slow Food. Un'intera pagina sulla «Stampa», intitolata: *L'amore è un piatto*. Ma come: «l'amore è un piatto»? Perché un serio studioso di testi sacri si riduce a queste massime da Liala dei fornelli? Perché l'uomo che ci spiega i Salmi, che viviseziona il Vangelo di Marco e Giovanni, che affascina i giovani raccontando di Atanasio e del monachesimo del monte Athos, cede a queste frasi che sembrano recuperate nel tagliere di Vissani e Antonella Clerici? Perché? Che delusione: l'amore è un piatto, sì, ma si serve freddo o caldo? E soprattutto: si può confondere il Vangelo con un'appendice dello Slow Food?

La filosofia del formaggio molle (cogito ergo cucino)

Il surrealismo in cucina tra il pane e l'uovo, s'intitola un libro pubblicato a Torino da Marina Cepeda Fuentes. Ne trovo traccia in una recensione su «Avvenire», dove viene estrapolato un brano dalle memorie di Salvador Dalí: «Era un pomeriggio in cui mi sentivo stanco... Avevamo finito il nostro pranzo con un camembert molto forte e quando uscirono tutti rimasi per lungo tempo a meditare sui problemi filosofici che quel formaggio rappresenta nel mio spirito...». Da questa solenne e saporita ispirazione sarebbero nati i celebri orologi molli di Dalí: «I miei orologi molli non sono soltanto un'immagine fantasiosa ... quella visione del formaggio che fonde è in realtà la più perfetta definizione che le più alte speculazioni matematiche possono dare dello spazio-tempo». Tutto molto bello, il formaggio molle, le speculazioni matematiche e lo spazio tempo: ma non si pretende un po' troppo dal camembert?

Siamo sinceri: non se ne può più. Non se ne può più del camembert filosofico, del formaggio molle che ispira l'artista, del provolone Auricchio che a Cremona fa capolino nelle mostre sugli artisti del Rinascimento, della «passione per la mela» che in Val di Non «diventa arte» (e dunque diventa mostra, regolarmente finanziata). Non se ne può più delle rassegne che mescolano «il meglio della letteratura» e «il meglio del vino», «in una commistione in cui il comune denominatore è la meditazione»; non se ne può più delle cene-libro che cominciano con formule blasfeme come «nel nome del padre, del figlio e del vin santo», delle «mescolanze» che per otto giorni fondono «teatro di sapori e letture sulla cucina come arte». E non se ne può più della Nutella che smette di esser cioccolato e diventa libro, trattato, mito, mostra, teoria, astrazione, letteratura, persino latino maccheronico che «si spalma sull'anima».

Scusateci, ma sulla nostra anima non vogliamo spalmarci nulla. Tanto meno la Nutella. E allora basta: basta con i Nutella Nutellae, basta con le rassegne di «film gourmand», «l'anima del formaggio», i «creatori di sapori». E basta con i giornali, anche i più autorevoli e istituzionali come il «Corriere della Sera», che per presentare una collezione di ricette (che c'è di meglio per attirare gente in edicola?) non esitano ad abbandonarsi alla filosofia delle tagliatelle, scrivendo senza pietà «cogito ergo cucino». Cogito ergo cucino? Suvvia, siamo seri. Smettetela. Basta. Basta con la metafisica olio&aceto, basta con il latino culinario, basta con la «scienza che reinventa i piatti». E basta con i ristoranti che per riempirti la pancia con un involtino di sogliola e un filetto di sarago (buoni, buonissimi per carità) si sentono in dovere di riempirti la testa con una brochure di sei facciate intitolata *Invito al luogo nuovo in-assenza* e piena di frasi così:

> Ci siamo accorti di come bastasse il giusto approccio alla nostra scelta di base su cui costruire il piatto finito perché subito quella materia si mostrasse pronta a darsi, ad aprirci volentieri i suoi tesori appena appena nascosti, senza che occorresse forzare la natura oltre un suo imprescindibile limite (che comunque deve essere sondato di volta in volta).

Scusateci Aimo e Nadia: il vostro olio è buonissimo, le pappardelle con le primizie dell'orto sono deliziose, ma questa sbobba di parole che cosa vuole dire?

Non se ne può più. Non se ne può più della filosofia applicata al controfiletto, non se ne può più della «ricerca multidisciplinare» che unisce ghiotti manicaretti e indigestibili croste, non se ne può più della gastro-multimedialità, dei ristoranti nei musei, delle videoinstallazioni che illustrano la perenne trasformazione del mondo e del cous cous. Non se ne può più dell'«eterno fluire» esposto «in simultanea con le quaglie in insalata di soja». E non se ne può più, soprattutto, della cucina usata ovunque e comunque: in edicola, dentro i musei, nelle fondazioni, e persino per ridare fiato (e pubblicità) a regate altrimenti dimenticate. Ma sì, dai: Venezia, 5 luglio 2004. Parte la San Pellegrino Cooking Cup. E i giornali titolano: *Vela e cucina, la coppia dell'estate*. Ma come no? Zuppa di moscardini e spinnaker, lenticchie, scampi e strambate. Viva il mare, viva la cucina. E lo sponsor è servito: un bel servizio in tutti i Tg.

La cucina funziona, tira, fa ascolto, apre tutte le porte. Hanno inventato persino il cd di *dining* musica, settanta minuti di note e brani d'avanguardia che «si configurano come un ingrediente nuovo all'interno dell'esperienza della cena». E se non vi basta ecco pronta la raccolta delle ricette beatlesiane, «assonanze musical-culinarie» fra la gastronomia e i Fab Four: pere e pecorino per *A Taste of Honey*, vol-au-vent per *Michelle*. E con *Hey Jude*? Naturalmente si abbinano i carciofi alla giudia. Paul McCartney canta *Blackbird Fly*? Non si possono non cucinare le *Penne del merlo canterino*. Resta *Yellow Submarine*: che si serve? La polenta taragna?

Gli accostamenti gastrostrambi, del resto, non si fermano a livello di libreria: conquistano anche le alte sfere accademiche, l'empireo intellettuale della vera cultura. L'università di Oxford, per esempio, ha preparato un decalogo indicando il panino adatto a ogni necessità. Volete far passare i postumi di una sbornia? Cioccolato tostato e banane.

Avete problemi d'insonnia? Formaggio cremoso e tacchino affumicato. Serve carica afrodisiaca? Ricotta, fichi, arance e miele. Fate sport? Mele e burro di arachidi. «Mi resta la curiosità» chiosa Gianni Mura nei suoi *Cattivi pensieri* su «Repubblica» «di sapere a cosa serve un panino col salame o col provolone. Non testato. Probabilmente a calmare l'appetito, ma dev'essere una risposta banale per l'università di Oxford.»

Vendere panini al formaggio cremoso e tacchino affumicato non sarà facile, del resto. Ma se non si riesce, al massimo, si può ribaltare tutto e tentare di usare il panino per vendere la propria immagine. L'immagine di un paese, di una città, di una fiera, non importa. A Mottola, in Puglia, nell'estate 2004 hanno preparato il sandwich più lungo del mondo: 700 metri, 200 kg di sale, 3 quintali di mortadella e 2 di prosciutto, battuto il record precedente di un panificatore di Nova Milanese che non era andato oltre i 347 metri. Pochi mesi dopo Monteleone Sabino ha risposto con la Bruschetta Gigante, roba da Guinness: «Durante la manifestazione sarà possibile visitare il frantoio De Luca, dove verranno offerte degustazioni dell'oro della Sabina». Evviva il frantoio, evviva le degustazioni. Come quella di Castelnuovo Rangone (Modena), dove da sedici anni si festeggia il superzampone: 745 kg di porzioni da servire con fagioloni e lambrusco, dopo che Luciano Pavarotti o Claudio Abbado hanno dato il via alle danze tagliando la prima fetta. Da queste parti si usa così: Verdi, Puccini, Rossini e suini. Musica, maestro. Del resto che ci volete fare? Ormai non c'è borgo sperduto che non abbia la sua fiera dei sapori, compresa quella di Abbiategrasso che per l'occasione cambia nome e diventa Abbiategusto. Ma sì, abbiate-gusto, se potete. Nel frattempo a Macerata impazza il Porketta Day, con il dj Porchetta che offre panini a tempo di musica rock e le mostre di fumetti intitolate «Harry Porker» e «Il Signore dei Porcelli». Abbiategusto, intanto, è molto lontana.

Perché, siamo sinceri, tutta questa passione per il gusto sarà davvero solo il frutto della golosità? Atteggiamento intellettuale? Riscoperta della tradizione? Genuina attrazione verso le padelle? O nasconde qualcos'altro? Il 12 maggio 2004 «Striscia la notizia» svela il meccanismo della pubblicità occulta nei programmi Rai. Basta chiamare un numero e alla «Vita in diretta» viene mandato in onda, come d'incanto, il ristorante scelto. Nel caso specifico La Pentola d'Oro di Sesto San Giovanni. Per giustificare la marchetta si invitano nel locale un paio di vecchie glorie della musica italiana e s'inventa qualcosa, come la quinta edizione di un concorso, che per altro non ha mai avuto le altre quattro. Durante il collegamento la telecamera indugia sul marchio, come da accordo: pubblicità garantita al modico prezzo di 7 mila euro più Iva (tanto intascano i mediatori). Com'è finita lo sapete tutti: Tapiro, Tapiro d'Oro, doppio Tapiro, Tapiro gigante, Cucuzza che si sospende, la Rai che corre ai ripari, la Procura che indaga. Vedremo che cosa succederà, vedremo se cambierà. Qui la vicenda ci interessa soltanto per dare un senso a tanta e diffusa passione televisiva per la cucina: ristorante di qui, ristorante di là, alla fine evidentemente qualcuno che mangia c'è.

Che sia un caso isolato, del resto, non si può dire. La stessa «Striscia» ha mostrato collegamenti della «Vita in diretta» con il ristorante ligure La Lanterna (febbraio 2002): lunghe zoomate sull'insegna, complimenti in abbondanza, intervista al proprietario e alla fine un'enorme torta con il nome del locale riportato in caratteri dolcemente evidenti. In un'altra occasione l'inviato Gianni Agus, uno degli indagati nell'inchiesta partita dalla «Pentola d'Oro», mostra al pubblico un uovo gigante: sopra c'è il nome di un centro commerciale. E se persino una delle tante sagre paesane conquista in un batter d'occhio la diretta tv, il motivo non è difficile da scoprire: basta cercarlo sulle maglie degli improvvisati cuochi. Nome dello sponsor bene in vista e via, che sarà mai? Niente, d'accordo. O meglio: 81 milioni di euro, cioè oltre 150 miliardi delle vecchie lire. Secondo i dati dell'inchiesta interna Rai, tanto si brucia nelle pentole d'oro. E buon appetito a tutti.

Ma sì, dai: come sorprendersi? Ci deve pur essere una spiegazione a tanto, e generalizzato, a volte addirittura folle amore per la gastronomia. Ecco qui la soluzione del saporito mistero: il prezzemolo passe-partout nasconde spesso l'inganno, fra tanta pasta spuntano un po' di pastette, e le torte, purtroppo non sono solo materia per golosi. A volte le torte sono piccoli intrallazzi di serie B, a volte sono qualcosa di più rilevante. Filippo Ceccarelli nel suo volume su «Cibo e potere in Italia dal 1945 al 2000» (*Lo stomaco della Repubblica*) parla addirittura di gastrocrazia. La cucina come spazio non solo di meschini cabotaggi, di più o meno leciti guadagni e mezzucci; ma come vero e proprio luogo di potere. Patti della crostata, cuochi di corte, chef di palazzo e campagne elettorali tutte fondate su lardo di Colonnata, asparago violetto di Albenga o pecorino di Capracotta. Fateci caso: la politica ricorre sempre più di frequente alla gastronomia. E la insegue sin nei meandri più reconditi. Bisogna proteggere i coglioni di mulo di Campotosto, proclamano ai comizi. D'accordo, li proteggeremo: ma con tutto il rispetto per quelli del mulo, vorremmo che qualcuno cominciasse a pensare anche un po' ai nostri.

Nell'autunno 2004 un deputato di Forza Italia, Aldo Perrotta, ha diffuso un questionario tra i suoi colleghi: tredici domande, risposte da raccogliere per stilare la prima *Guida dei ristoranti dei parlamentari*. Pare che quelli di An amino «il re delle fettuccine», Alfredo 1907, dove «non si spende poco, ma si mangia la coda alla vaccinara migliore di Roma», mentre quelli dell'Udc preferiscono l'Ortica, «specializzata in cucina salernitana». I diessini si trattano bene al roof garden dell'Hotel Eden in via Veneto o da Nino in via Borgogna. La Berninette di via Cavallini è così affezionata al suo più celebre cliente da avergli intitolato una portata, la «pizza Rutelli». I comunisti vanno al Ragno D'Oro, Cossutta però preferisce Alvaro al Circo Massimo. I deputati siciliani di Forza Italia occupano i Capricci di Sicilia, quelli sardi prediligono il Gallura, quelli campani spesso scelgono l'Osteria del pesce perché qui, spiegano, «arriva tutti i giorni da Terracina il pesce freschissimo». Anche i lumbard quando sbarcano nella Capitale cedono regolarmente alle mollezze del menu: «Si va sempre da Walter» spiegano. Però non disdegnano neppure Da Mario o i ristoranti ai Castelli. «Si dice rimpasto, io leggo antipasto» ha dichiarato un giorno Bossi, interrompendo una discussione sul governo per portare tutti i suoi a cena. Roma sarà ladrona, in effetti, ma a tavola non perdona. Del resto Luigi XIV non diceva: «Datemi da mangiare bene e vi farò una buona politica»? Al massimo, resta un peso sullo stomaco: sempre meglio, comunque, di certe riunioni di partito.

Il ristorante simbolo della gastrocrazia resta però il notissimo Fortunato al Pantheon. Qui, a due passi dal Parlamento, la Roma potentona è solita trovarsi attorno ai rigatoni alla grigia e ai saltimbocca alla romana per decidere il futuro del Paese. «Posto accogliente, simpatico, cucina di casa senza fronzoli ma senza cadute», capace di servire una «magistrale cappella di fungo porcino nazionale», come tiene a informarci il solito preciso Raspelli. Anche se, in effetti, in mezzo a tanti onorevoli e senatori, nel pieno di questa confusione gastropolitica, maxibanchetto istituzionale dove si impastano appetiti di vario genere, quando si sente parlare di una cappella nazionale non sai mai se ci si riferisca davvero ai porcini. O, piuttosto, all'ultimo decreto legge.

In entrambi i casi, comunque, siamo sinceri: non se ne può più. Non se ne può più della *sauce demi-glace* della Angiolillo, delle sue terrine di *esturgeon fumé* descritte con cura da Bruno Vespa nei suoi libri succulenti. Non se ne può più del soufflé di patate con anatra all'arancia, faraona farcita e spolverata di discussione sul federalismo, secondo uno dei più graditi menu di Sandra Verusio. Non se ne può più di questi salotti che si radunano attorno a una *bavaroise aux fruits de bois* per cucinare la storia d'Italia, non se ne può più di vini offerti in cambio di una sottopoltrona alle Ferrovie, di questi *poulets à la Périgourdine* serviti con parsimonia e galateo per nascondere l'impresentabile fame di potere. Non se ne può più di Giuliana Olcese che si vanta di aver conquistato i leader politici con la pastiera napoletana, delle terrazze dove «destra e sinistra si mescolano indifferenti con tanto di prosecco, spaghetti alle vongole e ciliegie», come dice Alain Elkann.

E non se ne può più dei politici che usano la cucina per dimostrarsi simpatici, alla mano, casalinghi. Non se ne può più dei bucatini di Paolo Cento detto «Er Piotta», dei babà di Bassolino («Per me fare i babà è una sfida come quelle affrontate a Napoli»), degli spaghetti alla Norma di La Russa, delle fettuccine alla Bassanini e del risotto al timo di Ottaviano Del Turco. Non se ne può più della sinistra passata senza batter ciglio dallo studio del *Capitale* allo studio del capitone. Non se ne può più di Pierferdinando Casini che sulle riviste femminili spiega, piatto in mano, come si preparano i burlenghi alla modenese e di Stefania Prestigiacomo che, in posa, esibisce i suoi vermicelli alla siracusana. Diciamolo una volta per tutte: il risotto di D'Alema faceva schifo, come disse sinceramente un commensale durante la celebre registrazione per «Porta a Porta». E anche se la battuta fu tagliata e mai mandata in onda, a distanza di anni il risotto continua a fare schifo. Con tutti i suoi derivati, più o meno al dente.

Le mani nella marmellata

Persino un severo commercialista come Pompeo Locatelli, gran burattinaio della prima Repubblica, «studioso di problemi delle piccole e medie imprese con esperienze e relazioni internazionali», come si definisce, membro di commissioni governative, gran mediatore e protagonista dell'economia degli anni Ottanta, una vita professionale tutta passata tra De Benedetti e Berlusconi, Enimont, Sme e Federconsorzi, persino lui, dicevamo, una volta passato per l'inferno di Tangentopoli con tanto di detenzione a San Vittore, per tornare in pubblico, nell'estate 2004 sceglie un libro di ricette di cucina: *I dolci e gli amari di Pompeo*. E mescola, come se nulla fosse, zucchero semolato e raider di Borsa, meringate, millefoglie, privatizzazioni, amor polenta, new economy, opa, plum cake, public company, torta di pere, merchant bank e brisée con crema di cioccolato. «La crostata con marmellata di fragole? Sembra facile... Ma solo quei pochi che sanno superare a pieni voti l'esame possono aspirare ad andare oltre. Proprio come nella vita, nella professione: com'è arduo non finire con le dita nella marmellata.»

Già: com'è arduo non finire con le dita nella marmellata. Altro che Mani Pulite, il problema è il dessert. Anche se, con tutto il rispetto per le imprese pasticciere del Pompeo, appena si parla di crostata il pensiero più che a San Vittore corre subito a casa Letta. Chi non ricorda? Per decidere se il celebre patto istituzionale fu davvero siglato davanti alla più comune delle torte, si sono spesi decine di illustri e valenti cronisti. Polemiche, interviste, retroscena. «È arrivato il momento di dirlo: era una crème caramel» rivela a un certo punto l'austero diessino Salvi. «Nessun budino, io so fare solo le crostate» replica la signora Letta. Giulio Borrelli del Tg1 nega si trattasse solo di una crostata ed elenca antipasti a base di salamino e «fettuccine alla chitarra tagliate su vecchi telai di una volta». Il popolare Marini rivendica: «La crostata era ottima», Ciriaco De Mita addirittura filosofeggia: «L'accordo della crostata è recuperabile nella tradizione democratica del nostro Paese». Ecco: manca una citazione di Calamandrei, il dettato costituzionale e la sacralità dei principi dello zucchero e della marmellata. Poi il gioco è fatto.

Del resto, così va oggi la politica. Il taglio delle tasse?

Merito del risotto alla besciamella. La nascita del Pdci? Solo dopo pasta al forno e cacciagione. E Clemente Mastella racconta che l'Udeur fu fondata al termine di una maratona gastronomica che si protrasse nel suo ufficio addirittura per una decina di giorni. Nel marzo 2005 la giornalista Laura Della Pasqua ci ha scritto addirittura un libro, *Il potere a tavola*: perché, spiega, in Italia si applica perfettamente il proverbio cinese per cui «se vuoi chiedere qualcosa, chiedilo davanti a una pietanza». Anche a costo di correre qualche rischio, come spiega l'ex ministro Enrico Letta che appena raggiunge Strasburgo non rinuncia per nulla al mondo alla cucina alsaziana, anche se il grande uso di cipolla, ammette, «non favorisce i rapporti sociali».

Ma che ci volete fare? I nostri rappresentanti nei Palazzi per anni hanno fatto di tutto per mangiare di nascosto, oggi mangiano direttamente davanti alle telecamere della tv. Nel luglio 2004 un importante vertice della maggioranza di governo rischia di fallire: divergenze insanabili? Contrasti di fondo? Questioni etiche? Principi inconciliabili? Ma no: il problema sono i tramezzini, come riporta fedelmente «il Giornale» («C'è chi minaccia la crisi sui tramezzini»). Nell'ottobre 2004 la sinistra si divide sul cioccolato: da una parte i Ds di Eurochocolate, dall'altra i rifondaroli di Altro Cioccolato, sostenuti da Stefano Benni e Beppe Grillo. Cacao di lotta o cacao di governo? Volano papiri e (metaforicamente) botte da orbi. Nessuna sorpresa: in fondo è solo una logica conseguenza. Di che cosa? Qualche anno prima, e cioè esattamente la sera in cui venne nominata ministro dei Beni culturali del governo D'Alema, Giovanna Melandri disertò la prima della Scala. Impegni improrogabili? Influenza? Appuntamenti internazionali? Macché: doveva partecipare alla cena di presentazione della *Guida del Gambero Rosso* 1999. «Il primato del mangiare» chiosa giustamente Ceccarelli «ebbe così la sua sanzione istituzionale.»

Di fronte a questo dilagare di sbafatori, aspiranti cuochi, affamati, piccoli chef domestici, dilettanti dei fornelli subito pronti ad attovagliarsi per «Telecamere» di Anna La Rosa, viene quasi voglia di rispolverare l'antica direttiva della Rai: vietato riprendere le figure istituzionali «in atteggiamenti poco consoni». E cioè principalmente mentre mangiano e bevono. Ma sì, pensate che bello: basta con le abbuffate istituzional-mondane, le serate alla casina Valadier, basta con l'ostentazione del lusso gastronomico, i cuochi come *instrumentum regni*. Basta con Marini e Diliberto che si sfidano a colpi di vino e finiscono cantando *Fratelli d'Italia*, stonati e un po' brilli davanti a una fila di bottiglie vuote. Basta con la cucina di destra e quella di sinistra, gastronomia rivoluzionaria e gastronomia reazionaria, Ciampi conquistato dagli stampini di riso, Clinton sedotto con le pappardelle.

Nel marzo 2004 al Senato si celebra la giornata dei sapori siciliani. Quello che succede nel secondo ramo del Parlamento, vertice istituzionale del nostro Paese, è straordinario: la scorpacciata «meriterebbe di essere immortalata in un film, oltre che dalle telecamere», come riferisce impietoso il sito di «Dagospia» (16 marzo 2004). «Ecco ... Le forchette iniziano a roteare ... I più vicini alle cucine sono quelli di Forza Italia, capitanati dall'elefantiaco Contestabile che torreggia su tutti, controlla chi entra e ordina in continuazione nuovi piatti ai camerieri ... più in là quelli di Alleanza Nazionale ... quindi i diessini ... in fondo i leghisti ... Qua e là chi vede un Willer Bordon, chi un solitario Giuliano Urbani. E chi più ne ha più ne metta (in bocca)...»

Il fatto è che metti in bocca di qui, metti in bocca di là, succede che i fianchi di chi fa politica si allargano a dismisura. «Spuntini veloci, snack improvvisi, pasti saltati e abbuffate serali stanno rovinando la linea dei nostri ministri», si lamenta Tommaso Montesano su «Libero». Naturalmente lo fanno per il nostro bene, e come no. Mangiano, ma si sacrificano, si abboffano ma per solidarietà, divorano cibi prelibati ma solo per spirito di servizio. Come quando nel '97 D'Alema portò Gianfranco Vissani a cucinare per i terremotati dell'Umbria (data storica: segna l'inizio del sodalizio tra i due). O come quando a Palazzo Chigi arriva il mediatore russo per parlare dei profughi kosovari e si vede servire in tavolo un menu a base di: antipasto di gamberoni rossi con lasagne al cacao, cipolla di Cannata, salsa di burro e aglio da taglio, risotto con asparagi di bosco, ragù di pollo e burro di acciuga, quindi nocetta di vitello al foie gras, salsa di tartufo bianco, crespelle di spinaci, e infine sfoglia di mele annurche con salsa di Calvados e vaniglia. Alla faccia dei profughi, s'intende.

La scena si ripete pochi mesi dopo, nell'agosto 2004. Il sindaco di Roma, Walter Veltroni, presenta «Pinocchio nero», un'iniziativa per i bimbi dell'Africa. Promette di aiutare i piccoli denutriti, si dilunga sulle facce che soffrono a Nairobi e nel Burkina Faso, sfiora come al solito la commozione. Ma, dopo le belle parole, tutti fuori, nello splendido parco di Villa Borghese, per un ricco buffet, come riporta la cronaca di «Libero»: «Mozzarella di bufala campana, tocchetti di mortadella e prosciutto, formaggi, melanzane, zucchine, pomodorini a ciliegia, frutta esotica e di stagione. E ancora, una variante partenopea del cous cous arabo e tante altre prelibatezze. Il tutto innaffiato da uno dei vini emergenti, l'asprino di Aversa». Accidenti, che scorpacciate bisogna fare per aiutare i piccoli denutriti.

Purtroppo si tratta di un'abitudine. Nei mesi scorsi, quando giravo l'Italia per presentare il libro sulle truffe della solidarietà (*Attenti ai buoni*), la gente che aveva la pazienza di ascoltarmi rimaneva sempre molto colpita dall'abbuffata dei delegati Fao, convenuti a Roma per dibattere della fame nel mondo (giugno 2002). Era un passaggio di resa sicura. Leggevo le portate in successione e sentivo man mano l'indignazione incredula salire dalla sala:

Come si fa a parlare della fame nel mondo, poi fermi tutti, pausa, il pranzo è servito e avanti con l'aragosta in vinaigrette, foie gras con il kiwi, filetto d'oca con olive, crespelle ai funghi, risotto di arance e zucchini, brasato, salmone ai tre pepi e per concludere torta bigusto e composta di frutta con vaniglia? Come si fa? Lo sa caro delegato, ogni giorno 24 mila persone muoiono perché non hanno cibo. E a proposito: l'ha assaggiato questo brasato al barolo? Sì, è buonissimo. Ora mangio la torta bigusto e poi penso alla mia relazione sulla carestia nel Sahara.

Colpiva, e colpisce ancora, io credo, il fatto che in momenti di grande tensione internazionale, paura, controlli severissimi, città blindate, l'unico brivido di quel summit dedicato alla fame nel mondo non arrivò da un islamico isterico né da un black bloc fuori stagione, ma solo da un ritardo del camion che portava il pesce. (Ansa, ore 11,25: «La mega organizzazione ha vissuto momenti di fibrillazione a causa di un ritardo dell'attesissimo camion che portava il pesce». Si capisce, fibrillazione: il Sahara può attendere, l'aragosta in vinaigrette no.) Ma in fondo il vertice della Fao non è che un esempio, la punta più estrema di una consolidata abitudine gastro-lacrimevole, che nasconde dietro montagne di buoni propositi la nocetta di vitello e la salsa al tartufo bianco, che finge di parlare di kosovari per sbafarsi gamberoni rossi e sfoglia di mele annurche con salsa di Calvados e vaniglia, che si fa scudo dei terremotati soltanto per aprire la stagione video-culinaria di Vissani e dei suoi ravioli riservati ai potenti, con carciofo alla mentuccia in salsa di riso selvaggio. Che ci volete fare? La cucina va così di moda. Olio, sale, un po' di cipolla e fuoco lento. Qualcuno ci guadagnerà. Noi, intanto, siamo fritti.

II

Ci riempiono la pancia, si riempiono le tasche

La regione Emilia Romagna, per esempio, ha nominato un consulente per le sardine. Ma sì, 20.700 euro per «lo studio di fattibilità dell'itinerario gastronomico del pesce azzurro» da assegnare, per l'appunto, a un esperto di acciughe e sgombri. La Valle d'Aosta, invece, lancia l'ambizioso progetto «Fontina e champagne», oltre 100 mila euro spesi per proporre il formaggio montanaro in abbinamento con le bollicine francesi (al posto delle ostriche, magari, che fa tanto chic). La Regione Lazio versa 8 mila euro al giornalista Piero Marrazzo, che in tv sa difendere le tasche dei cittadini ma in privato evidentemente sa difendere anche le sue, per moderare un dibattito di poche ore su «Sapere i sapori». Pochi giorni dopo la regione Piemonte fa il bis: altri 8 mila euro a Marrazzo per un dibattito su «Cum-sumo. Il consumatore e i consumi alimentari nel postmoderno». Qualcun altro vuole aggiungersi? Nel frattempo, la regione Campania istituisce l'osteria regionale, «sala di wine bar» finanziata con denaro pubblico ed esperti pagati a peso d'oro per assaggiare falanghina e greco di tufo su mandato ufficiale dell'assessore. Poi dicono che il vino fa male: forse sì, ma non a tutti.

Del resto che ci volete fare? Come spiegano i solerti funzionari napoletani «i vini si stanno imponendo in questi anni… sono al centro di nuovi fenomeni». Giusto, i vini si stanno imponendo: si può fare a meno di pagare lo stipendio a un bevitore socialmente utile? Si può fare a meno del contributo pubblico a un consulente del bicchiere? E vogliamo parlare del consulente delle acciughe? E della fontina? L'unico dubbio che ci resta è: a quando il consulente per assaggiare il brodo caldo dell'assessore? E quello per quantificare l'esatta dose di cacio da spolverare sui maccheroni? Avremo a libro paga della regione anche lo scienziato della marmellata di mirtilli per studiare la migliore spalmatura sulla fetta biscottata? E il tecnico del würstel per arrivare all'immersione perfetta nella senape? Ma sì, non ci sarebbe da stupirsi: il cibo è diventato il nuovo passe-partout, la parola magica che permette di far passare qualsiasi delibera, qualsiasi scempio, qualsiasi spreco. «Difendiamo i patrimoni gastronomici» dicono. Ma certo. E intanto difendono i patrimoni personali. Quelli dei consulenti. E non solo.

Alle Olimpiadi gli stappatori di sangiovese

Agosto 2004. Per rifornire di mozzarelle fresche gli atleti italiani impegnati alle Olimpiadi, la provincia di Caserta organizza un ponte aereo quotidiano Napoli-Atene. Abbondanti dosi del prezioso latticino vengono prelevate ogni giorno dalle aziende di produzione, confezionate, imbarcate con regolare biglietto e consegnate ai nove atleti casertani presenti al Villaggio olimpico. Prima spedizione il giorno dell'inaugurazione, 13 agosto; ultima spedizione, poco prima del gran finale, il 26 agosto. Costo del Ponte Aereo Mozzarella: 35 mila euro. «Abbiamo voluto risparmiare» assicurano in Provincia. Eccome no: le formaggette, infatti, non hanno nemmeno viaggiato in business class.

«Dall'oro bianco delle bufale all'oro giallo delle medaglie il passo è breve» scrive il quotidiano «Libero». «Anche se il costo, forse, è un po' alto.» Sì, certo, il costo è un po' alto, ma d'altra parte non si tratta di una novità. In occasione delle Olimpiadi di Atlanta, anno 1996, per esempio, la regione Emilia inviò oltreoceano una squadra assai poco sportiva, composta da: mortadelle, tortelli, culatelli, salumi vari, un esercito di cuochi e persino stappatori per le bottiglie di sangiovese e tagliatori di parmigiano reggiano (salto del tappo e taglio del grana: non sono forse le nuove specialità olimpiche?). E quando i siciliani andarono a Oslo per studiare l'organizzazione di un campionato di ciclismo, si portarono dietro una ricca delegazione (120 persone), di cui facevano parte, fra l'altro, quattro cuochi e un camion rimorchio ripieno di ogni bendidio: spaghetti, bombolotti, pomodori, finocchio selvatico, melanzane, bottiglie di Regaleali e Donna Fugata. Come racconta Gianantonio Stella nel suo *Lo spreco*, a portare allegria alla comitiva evidentemente dedita ad abbondanti libagioni, c'erano pure i musicisti di un'orchestrina folk con tanto di mogli al seguito («Le mogli? E certo, che dovevamo fare? Altrimenti ci dicevano che siamo i soliti siciliani che lasciano a casa i fimmini» si giustificò l'assessore di turno). Abbuffata gratis anche per «i fimmini», e via, sulla rotta godereccia Palermo-Scandinavia.

Siccome però non c'è mai limite al peggio, il punto più alto della combinazione tra manifestazioni sportive e spreco gastronomico lo si è raggiunto in occasione delle Olimpiadi invernali Torino 2006. Almeno a giudicare dal bilancio preventivo, reso pubblico nell'autunno 2004. Tanto per dire: gli organizzatori ritengono indispensabile, per la riuscita della manifestazione, spendere 315 mila euro (quindi 600 milioni delle vecchie lire) in parmigiano, 1 milione e 890 mila euro (quindi 3 miliardi e mezzo delle vecchie lire) in carne e würstel e 38 mila euro (oltre 75 milioni delle vecchie lire) in salsa e maionese. Ma che cosa ci faranno? Lo slalom speciale tra salsicciotti e ketchup? La combinata del bollito misto col bagnetto? Useranno gli spiedini di pollo come paletti del gigante? O, per essere internazionali, si affideranno agli hot dog?

E che serviranno mai 2 miliardi di lire (1 milione e 8 mila euro, tanto per essere precisi) investiti in formaggi freschi spalmabili? Hanno forse intenzione di ricoprire le piste del Sestrière con la crescenza? Discesa libera sullo squacquerone? Scodinzolo sulla robiola di Roccaverano? Bob a quattro con Philadelphia Kraft? Come si può immaginare di spendere due miliardi, dicasi due miliardi, in formaggi freschi molli? E perché altri 600 milioni (315 mila euro) per l'olio? Non si fa prima a comprare direttamente un frantoio? E ancora: con 882 mila euro, oltre 1 miliardo e mezzo delle vecchie lire, per gli insaccati, quanti prosciutti si pensa di regalare? E soprattutto: chi dovrà, poi, fare la parte del salame?

È stato calcolato che con la spesa prevista per gli yogurt (189 mila euro) si comprano 1.050.000 barattolini. E che cosa si fa con 1 milione e 50 mila barattolini di yogurt? Si costruisce un'altra montagna, caso mai quella di Bardonecchia non bastasse? Si pensa forse di sciare anche sulle pendici di «tutti i gusti alla frutta»? Non ci sarebbe da stupirsi, considerato il resto. Chi ha stilato l'elenco delle spese per il grande appuntamento del 2006, infatti, ha previsto persino la bellezza di 76 mila euro da dilapidare in 170 mila coni gelato. Non è poco considerato che si tratta di Olimpiadi invernali: se erano le Olimpiadi estive che cosa facevano? Svuotavano direttamente il Polo Nord?

In effetti, sarà la previsione del freddo, sarà che tutti si sono fatti venire l'acquolina in bocca, ma sui dolci gli organizzatori non badano a spese: 126 mila euro per i biscotti, 25 mila euro per le marmellatine, 63 mila euro per cioccolatini e altri snack, e 50 mila euro per caramelle e chewingum. Roba da diabete, sicuro: ma l'abbondanza di zuccheri non fa che venire il sangue ancora più amaro. Ditemi voi come si fa a spendere 100 milioni delle vecchie lire in cicche e bonbon? E soprattutto: chi mangerà così tante caramelle? Confessate: chi arriva in Piemonte per queste benedette Olimpiadi? Aitanti atleti o la colonia dell'asilo Mariuccia? Si fanno gare di sci o di palle di neve? Hockey su ghiaccio o mosca cieca?

Nel marzo 2004 la provincia di Reggio Emilia finanzia orgogliosa il programma «Le giornate culinarie: la cucina reggiana a Olomouc». «Nell'ambito del gemellaggio tra la provincia di Reggio Emilia e la regione dell'Olomouc, in Repubblica Ceca» recitano i documenti ufficiali «alcuni chef andranno a cucinare per cinque giorni nei ristoranti Hotel Flora e Gourmet Podkova.» Poi «si replicherà con la cucina di Olomouc a Reggio». Evviva.

Per andare all'estero a spese altrui ogni scusa è buona, ma la cucina è la migliore di tutte. E, in effetti, Olomouc non è un caso isolato: La Toscana organizza un forum di scambi italo-cileno e una settimana gastronomica a Varsavia, con degustazioni, vini e piatti tipici in abbondanza; la Campania ha aperto una lussuosa sede nel centro di New York, tra la Quinta Strada e Madison Avenue, per organizzarvi un'esposizione di prodotti tipici come vino, marmellate e pomodorini sott'olio; la Calabria promuove il «Gelato di Pizzo», con particolare tutela del «Tartufo di Pizzo», della «Nocciola imbottita» e del «Cioccolato imbottito». E in Francia è stata recentemente aperta «Casa Sicilia»: 800 metri quadrati in pieno centro di Parigi, con un'enoteca, uno spazio per la degustazione, l'esposizione e la vendita diretta al pubblico di prodotti agroalimentari isolani. Per l'inaugurazione è stata allestita addirittura una mostra di teste imperiali romane del I secolo dopo Cristo, raffiguranti Cesare, Tito e Antonio Minore. Non sarebbe stato meglio un monumento alla cassata?

Cassata per cassata, eccoci ai viaggi di Susy Blady e Patrizio Roversi. Ditemi voi chi, almeno una volta nella vita, non ha invidiato quei due, che girano il mondo a fare i turisti per caso a spese nostre. Loro, pare, si divertono, i contribuenti un po' meno: ma che ci possiamo fare? Non tutti possono essere felici. «Il Giornale» ha rivelato che l'operazione «Velisti per caso» costa 1 miliardo alla regione

Emilia Romagna. Proprio così: 516 mila euro, 1 miliardo delle vecchie lire per veleggiare nel mar dei Caraibi con a bordo il cotechino, per invadere Thaiti con la piadina, per promuovere il prosciutto in Australia e le tagliatelle in Polinesia. «Troppi soldi? No, troppo pochi» sentenzia Patrizio Roversi in una esilarante intervista, tutta spesa a dimostrare che «il parmigiano serve a socializzare» e «i tortellini pure, l'abbiamo sperimentato alle Fiji invitando sulla barca il capotribù». Del resto anche la motivazione ufficiale del finanziamento pubblico non è meno divertente: fare della barca dei due comici una specie di «consolato galleggiante per esportare i colori, ma soprattutto i sapori della tradizione emiliana». Consolato galleggiante, proprio così, e tanti saluti al capotribù.

«Che cosa avrebbe detto Enrico Berlinguer del cotechino emiliano in Polinesia?» s'indigna Giampaolo Pansa su «l'Espresso». E parla di «Vajont di nefandezze (etiche e di stile, se non giuridiche)», di «storie che lasciano sgomenti», che «fa male leggere». Pochi giorni dopo «il Giornale» rincara la dose: *I tortellini d'oro dell'Emilia Romagna* titola in prima pagina a nove colonne. E così veniamo a scoprire che «Velisti per caso» non è l'unico spreco giustificato dalla golosità alimentare bolognese. «La Regione spende 105 mila euro per promuovere i suoi prodotti tipici in Sudafrica, Paraguay e Lituania.» Soltanto per far conoscere i tortellini a Johannesburg e Durban se ne sono andati 45 mila euro, per portare formaggi e salumi a Vilnius altri 25 mila. Una vera scorpacciata. E siccome è evidente che per finanziare la barca di Susy Blady o andare in gita all'estero con la scorta di mortadella ci vuole una certa preparazione, ecco subito pronto un bel corso di «tecnico dei prodotti tipici». Una bella idea, no? L'insegnamento è curato dal centro di formazione della Cgil. Paga la Regione, naturalmente. Così il cerchio si chiude: la Regione paga la formazione di persone che poi saranno preparate per buttare i soldi stanziati dalla Regione. Che meraviglia. Perché nessuno ci ha pensato prima?

Ma a inzuppare il pane nell'oro della pietanza non sono solo gli enti locali, nota centrale di dispersione di pubblico denaro. Anche gli enti nazionali sono abilissimi in ciò. Basta scartabellare un po' i bilanci dell'Ice, l'Istituto del commercio estero, per scoprire ogni sorta di gustosa elargizione. Per evitarvi l'indigestione, vi cito soltanto, a mo' di esempio, l'ufficio australiano che ha avuto in dote 250 mila euro (500 milioni delle vecchie lire) da spendere per iniziative come la «cena di gala durante la fiera di gioielleria di Sydney» e l'«azione di comunicazione a favore dello show room di Melbourne Bella Italia». Naturalmente non mancano neppure i viaggi transoceanici pagati ai giornalisti australiani perché possano venire nel Belpaese e gustare direttamente sulla nostra tavola la bontà dei cibi tricolori. Non vi sembra un gesto nobile?

Per altro va anche detto che non sempre queste spese vanno a buon fine. Non sempre, cioè, ci fanno fare almeno bella figura, seppur a caro prezzo. Ora, noi auguriamo le migliori abboffate ai colleghi australiani, ma non possiamo fare a meno di ricordare che alla fiera Fancy Food di New York siamo riusciti a esporre un parmigiano reggiano di scarto: nel catalogo c'è la foto di una forma dove, rileva una interrogazione parlamentare, «sono ben visibili i segni della retinatura che viene apposta quando il formaggio ha un'evoluzione sfavorevole». C'è da sperare che il parmigiano servito a tavola nelle cene dell'Ice sia migliore, e che gli altri cibi italiani portati ripetutamente in giro per il mondo a carico del contribuente siano per lo meno di buona qualità. Ma il dubbio è legittimo: il solerte ufficio stampa che vuole fare conoscere i prodotti tipici del Friuli Venezia Giulia arriva perfino a confondere «gubane» con «cubane», cioè i dolci locali con delle ballerine caraibiche. Dolci pure loro, si capisce, ma in altro modo.

Come può succedere? Semplice: la qualità del cibo può attendere, è la qualità del finanziamento che interessa. Ormai è una legge storica: ci riempiono la pancia e si riempiono le tasche. Niente di illecito, sia chiaro: tutto regolare, tutto documentato, tutto approvato. Però, ecco, alla fine resta come una sensazione strana. Perché se uno dice cibo, immediatamente le difese s'abbassano: davanti a una buona dose di tagliatelle siamo tutti amici, versa un po' di gavi e, santo cielo, quanto ci vogliamo bene. Vorrete mica criticare? Nessuno osi far andare di traverso la grande abbuffata pubblica. Qualcuno mangia, qualcuno ci mangia. Perché preoccuparsi? Un limoncello e via, si digerisce tutto. Ma proprio tutto. Anche il consulente per le sardine, gli stappatori di sangiovese ad Atlanta, i bombolotti e le melanzane accompagnate a Oslo dall'orchestrina folk.

Siamo nati per digerire. E abbiamo stomaci di ferro. Anche se, a dir la verità, le provano proprio tutte per farci venire il voltastomaco. I banchetti gentilmente offerti dagli enti pubblici, per esempio. Non che il cibo non sia buono, anzi, a volte è davvero eccellente. È il conto che è salato. Così salato da dar la nausea. L'ex ministro Raffaele Costa, severo censore dei malcostumi d'Italia, lo denuncia da tempo. In Italia c'è «una pessima abitudine al ricevimento, al pranzo, alla cena da convivio a spese della collettività» sostiene. Ha calcolato che ogni anno se ne organizzano circa 100 mila, per una spesa complessiva di 50 milioni di euro. Si fa il convegno su «Europa e l'altra Europa»? 100 persone invitate a pranzo. Si fa il convegno sul Fantafestival? 120 persone invitate a pranzo. Si fa il convegno su Rio-Roma-New York? Tre coffee break e una colazione di lavoro per 100 persone. E il conto? Al Comune di Roma.

Qualche tempo fa, in occasione dell'inaugurazione del nuovo molo internazionale all'aeroporto Leonardo da Vinci, la Società aeroporti di Roma ha speso 400 milioni delle vecchie lire per organizzare un banchetto ai 342 ospiti (costo: oltre 1 milione di vecchie lire per ogni invitato). I camerieri hanno servito dieci antipasti, nove «ghiottonerie», sei tipi di pasta, cinque secondi piatti caldi, quattro carni fredde, bocconcini di formaggio assortiti, frutta e dolci. Il menu comprendeva, tra l'altro: perle del Volga, granseola di Porto Cervo, insalata di mare di Portofino, spigola dell'Adriatico, foie gras tartufato, tagliolini gratinati monte Pincio, pennette ai porcini, cannelloni al profumo di mare, tortelloni al radicchio, capricci di arrosto, *émincé* di manzo Stroganoff, gamberoni Enrico IV, controfiletto di bue alla brace, carré di vitella tartufato, terrina di fagiano Diana, quattro vini bianchi, due rossi, quattro spumanti e cinque tra grappe e amari. Per finire, una torta con scultura di marzapane raffigurante l'antico bacino del porto di Claudio sul quale è stata costruita la nuova ala dello scalo.

Trimalcione non avrebbe avuto nulla da ridire, Pantagruel neppure: ma tutto questo, scusate, cosa c'entra con il check in? Con tutto il rispetto per le perle del Volga e i gamberoni Enrico IV: non sarebbe meglio se la Società aeroporti di Roma impiegasse i suoi soldi per evitare le code agli imbarchi e per pulire un po' meglio le toilette? Non è forse quello il suo compito?

Al deputato 10 caffè al giorno

Nel 2001 un gruppo di consiglieri di Napoli s'è preso la briga di passare al setaccio le spese della provincia relative all'anno precedente. Titolo del lavoro: «Contro la fame dei numerosi ospiti». Segue calendario delle abbuffate, esilarante nella sua metodica precisione.

17-21 febbraio: buffet per 40 persone.

24-25 febbraio: colazione e coffee break per 1000 persone.

21-23 marzo: cena e ospitalità per 15 persone.

5 aprile: ospitalità per 10 tra giornalisti e critici della mostra «Fluxus».

6 aprile: buffet al Royal.
26 maggio: colazione di lavoro per 100 al Palace Hotel di Anacapri.
15-18 giugno: ospitalità congressisti Turismo sociale.
26 giugno: colazione di lavoro per 40 al ristorante Rosati.
7 settembre: buffet per 180 al refettorio Santa Chiara.
12 settembre: cena per 60 al ristorante Baia 2 Frati di Posillipo.
13 settembre: pizzata per 120 persone alla Pizzeria Residenziale.
9 ottobre: cena-buffet per 40 persone al conservatorio di San Pietro a Majella.
10 ottobre: buffet per 40 al Suor Orsola.
13 ottobre: cena per 40 a Bacoli.
17 ottobre: cena per 200 alle Arcate.
20 ottobre: lunch e coffee break per 60.
21 ottobre: coffee break e buffet a Castel dell'Ovo.
21 e 22 ottobre: cene al Royal.
23 ottobre: cena di gala da Zì Teresa.
30 ottobre: lunch e coffee break per 40.
2 novembre: cena per 150 al ristorante Baia 2 Frati di Posillipo.
9 novembre: cena per 100 alla Torre del Saraceno.
25 novembre: cena per 150 al Transatlantico.
1 dicembre: cena per 40 al ristorante Baia 2 Frati di Posillipo.
5 dicembre: coffee break per 70 all'Hotel Oriente.
7 dicembre: cocktail per 600 a cura del Moulin Rouge Catering.
13 dicembre: cena per 150 al Centro nautico Santa Lucia.
16 dicembre: coffee break per 120.
18 dicembre: coffee break e buffet presso Santa Maria La Nova.
19 dicembre: galà per 200 per presentare la vendemmia.

Al termine di tanta bisboccia, l'amministrazione si è sentita in dovere di stanziare 13 milioni delle vecchie lire per un progetto di «Educazione alimentare». Prima lezione: e se provassimo a ridurre i buffet?

Ma no, nessuno dirà niente. E del resto chi può dire qualcosa? Il cibo è sacro, approviamo la spesa, avanti, tutti insieme all'unanimità. E poi a tavola. Si mangia. E come si mangia. La Regione Sicilia è arrivata a spendere in un anno 370 milioni delle vecchie lire per i caffè dei 90 deputati: ognuno di loro avrebbe preso, stando ai dati ufficiali, una decina di tazzine al giorno. A spese del contribuente, s'intende, così tanto per diventare ancora più nervosi. E che dire del Quirinale? Pensate: si avvale dell'opera di ben 50 camerieri e 10 cuochi a tempo pieno, più altri assoldati part time. E a loro disposizione mette un servizio composto da 900 posate d'argento, 8000 porcellane, 500 bicchieri, più altri pezzi di argenteria varia, per apparecchiare banchetti assai poco repubblicani e molto reali. Quasi faraonici, oserei dire.

«Soldi per i fagiolini.» Ma chi controlla?

C'è la siccità in Sardegna: vogliamo stanziare qualcosa per il carciofo Serramanna e l'asparago di Serrenti (interrogazione parlamentare n. 4-03204 del 17 giugno 2002)? C'è la grandine in Puglia: vogliamo stanziare qualcosa per albicocche, prugne e susine (interrogazione parlamentare n. 4-02358 dell'11 giugno 2002)? Vuole il governo italiano sostenere con qualche contributo in più il gorgonzola (interrogazione parlamentare 3-00956 del 13 maggio 2002)? E che cosa pensa di fare per aiutare il fagiolino dell'Ascolano (interrogazione parlamentare 4-029993 del 24 settembre 2002)?

Anni fa si insegnava che il buon esempio deve arrivare dall'alto. Evidentemente non è più così. Anzi, ogni volta che si parla di cibo, dall'alto c'è sempre qualcuno che interviene per sostenere nuove spese. Anche quelle meno giustificate. Anche quelle che si trasformano direttamente in spreco. Del resto, come stupirsi? In un Paese come l'Italia, dove secondo l'Istat non ci sono complessivamente più di 400 mila contadini, ma l'Inps paga il sussidio a 650 mila contadini disoccupati, che cosa ci si può aspettare da una semina di denaro nei campi? Crescono gli scandali, seppur sepolti sotto l'erbaccia dell'indifferenza generale.

Uno scandalo è stato documentato durante l'inchiesta *Scusi, lei è vergine?* dai giornalisti di «Report» (Raitre). Riguarda la truffa che si nasconde dietro i contributi Ue per l'olio. «L'agricoltore prende il contributo grazie alle ricevute rilasciate dagli stessi frantoiani. E queste ricevute spesso vengono gonfiate» dice Bernardo Iovene. Uno dei coltivatori da lui intervistato confessa: «Si può imbrogliare ad esempio aumentando la quantità di olio prodotto ... Le ho detto prima che produco con il denocciolato undici chili d'olio a quintale, io ne segno sedici ... è difficile controllarmi. Capito?».

Altro che capito. Come tutto ciò che fa gola (e mai l'espressione fu usata in modo più appropriato), la grande moda del cibo ha subito attirato l'attenzione dei malintenzionati. Piccoli truffatori, antichi navigatori del sussidio pubblico, modesti travet della sovvenzione Ue. Ma anche veri e propri criminali. La mafia albanese ha messo le mani sul racket dei funghi porcini, quella croata controlla il business del tartufo (la maggior parte dei tuberi sulle nostre bancarelle arriva dall'ex Iugoslavia, anche se non porta indicazioni di provenienza) e quella russa gestisce i traffici del caviale in tutta Europa. «Sulle sponde del mar Caspio» scrive Mario Crosta sulla rivista on line «Enotime» «c'è una regola che viene rispettata prima di tutte le altre: quella di chiudere gli occhi. Ai poliziotti viene fatta un'offerta di quelle che non si possono rifiutare: o mille dollari per girare i tacchi, o la vita. E numerose bande di bracconieri possono tranquillamente fottersene delle quote stabilite per la quantità del pescato e delle modalità di tutela dello storione.»

Consultate il Food Stylist

Ma lasciamo perdere gli Al Capone alla vodka e il tartufo che profuma di mafia, la grande criminalità e le trame da 007 alla ricotta, il vero malcostume è quello che si annida nelle piccole cose. La Fipe, l'organizzazione dei pubblici esercizi della Confcommercio, nel marzo 2004 denuncia la truffa dei ristoranti che fingono di essere associazioni culturali per aggirare leggi e tasse. «Solo a Roma su 5700 sedicenti circoli, 5000 in realtà sono vere e proprie trattorie con utili da capogiro.»

Ma certo: di giorno lezioni di psicologia, di notte focacce e insalate multietniche. Musica, fotografia, cinema, cabaret per ottenere quel tanto di patentino intellettuale: ma poi quello che fa guadagnare davvero è la yogurteria, la vineria, l'enoteca, pasta&basta, mangia-come-vuoi con tanto di sommelier presunto cubano (anche se magari arriva da Tor Bella Monaca). Come non capirli? Aprire un ristorante rende bene: non ci si potrà mica fermare per la concessione di una licenza, il rispetto delle regole e l'autorizzazione della Asl...

Bar no profit. E pizzerie. Per frodare il fisco, titola «l'Espresso» nell'ottobre 2004. E scrive: «Il fenomeno della concorrenza sleale ha assunto dimensioni tali da mettere in seria difficoltà l'intero settore, oltre a gravare sul fisco per 2,3 miliardi di euro di mancato gettito ogni anno». Avete capito bene: 2,3 miliardi di euro. Com'è possibile? «L'introduzione di agevolazioni fiscali per il no profit», spiega il commercialista milanese Marco Rovello «ha immediatamente trasformato un gran numero di bar in associazioni. La somministrazione di alimenti e bevande agli associati non è attività commerciale. E quindi niente Iva, né imposta sui redditi, con ricavi del cento per cento.» Ricavi del cento per cento, e avanti: tutti in cucina. Il pranzo è servito. «Che cosa c'è sotto l'insegna?» si chiedono con un preoccupato seminario di studi l'Istituto per il commercio estero e la medesima Fipe-Confcommercio. E il luogo del dibattito è una bella nave in crociera ai Caraibi. Ma sì, via, un tuffo nell'Oceano e una caipirinha, così le brutte notizie si sopportano meglio.

Siamo ubriachi di cibo e vino, questa è la verità. E così siamo pronti a tutto pur di essere all'altezza della situazione. Siamo pronti anche a iscriverci a corsi di cucina come «Verdure verdure verdure», quattro lezioni a domicilio 200 euro, minimo sei persone («D'inverno parleremo di cavoli, topinambour, cipolle e patate. In primavera di asparagi, rabarbaro, piselli, carote e taccole»). O come «Avete fretta? Quick Express»: «In meno di un'ora sarà pronta una cena da gourmet senza trascurare la ricerca degli ingredienti», quattro lezioni a domicilio, 240 euro, minimo cinque persone. O, ancora, come «Per il single digiuno di tutto», quattro lezioni a domicilio, 200 euro, minimo sei persone.

Ma che cosa insegneranno per 200 euro al «single digiuno di tutto»? Come fare l'uovo sodo? Come sbucciare la mela? Come aprire una scatola di tonno? E c'è bisogno di un corso? Eppure, lo vedete anche voi, i corsi spopolano. Per la verità qualunque cosa, se riguarda il cibo, spopola: al Cordon Blue di Perugia, per esempio, garantiscono di insegnare «anche in una sola lezione» a «cucinare un piatto tipico locale». Poi magari sei sfortunato e capiti proprio quando, anziché i piatti tipici locali, insegnano la cucina venezuelana. Ma che importa? Avanti, mani al portafoglio: l'appuntamento non si può perdere. C'è persino chi è disposto a correre alle lezioni di Feng shui, l'antica arte di arredare la casa secondo le regole cinesi. Ma sicuro. E lo sapete perché? Perché il Feng shui sarà applicato anche alla cucina, abbinando sapori e colori, la composizione delle portate, le fantasie cromatiche, e la dieta armonica, grazie all'intervento di insegnanti straordinari come il Bio-architetto Food Stylist. Food Stylist, avete capito? Siamo così ubriachi di cibo che andiamo ad ascoltare anche l'esperto di Food Stylism. Naturalmente «il corso è a pagamento, versamento della quota con bonifico bancario sulla Cassa di Risparmio di Venezia...».

L'agriturismo? Tamburi giapponesi e acid jazz

Poi ci sono gli agriturismi. Sissignori, è venuto il momento: se vogliamo continuare il discorso del denaro che gira dietro i fornelli, dobbiamo andare a sollevare almeno un poco il coperchio di uno dei pentoloni più incandescenti del settore. Se il cibo va di moda, infatti, il cibo all'agriturismo va di moda al quadrato. Le fregature, di conseguenza. State in guardia.

La grande stagione della padella antica, due camere, olio, vino e pane fatto in casa, è cominciata nella seconda metà degli anni Ottanta. La prima legge nazionale che regola la materia è del dicembre 1985. Perché l'agriturismo dev'essere tutelato e aiutato? Perché, dice il testo pubblicato in «Gazzetta», è un modo di tutelare e aiutare la nostra agricoltura. Benissimo. Ma l'idea di agriturismo che ha il legislatore è molto precisa: l'attività, stabilisce, dev'essere svolta solo come «connessa e complementare» alla coltivazione dei campi e deve utilizzare strutture, prodotti e manodopera dell'impresa agricola. Tanto per fare un esempio: stando alla norma, non potrebbero essere assunti lavoratori (cuochi, camerieri, etc) esclusivamente per l'attività agrituristica. Bisognerebbe far lavorare chi durante la settimana pota le vigne o pascola le pecore. E, comunque, l'attività agricola deve sempre rimanere principale rispetto all'attività agrituristica.

Così la legge ha un senso, e l'agriturismo pure: serve a difendere nella società moderna il lavoro antico del contadino. Chi può avere qualcosa in contrario? La norma approvata dal Parlamento e pubblicata in «Gazzetta» ci fa immaginare vecchie fattorie le quali, anziché essere abbandonate, riescono a sopravvivere trasformandosi per un giorno alla settimana in locali pubblici, seppur molto alla buona; ci fa immaginare contadini che alla domenica mostrano le loro stalle, aprono le cantine e forniscono pranzi sull'aia con i prodotti raccolti in settimana. Ci fa immaginare strutture rustiche, camere semplici, tavolate davvero genuine, lunghe passeggiate e la pace nei campi, magari il sapore della trattoria di una volta. Antichi valori da difendere e da conservare. Ma quanti agriturismi oggi rispecchiano quello che la legge ci fa immaginare? Quanti agriturismi nascono davvero dall'idea di un contadino che vuole continuare a restare attaccato alla sua terra? E quanti nascono invece dall'idea di un cittadino che ha trovato una strada rapida per fare soldi?

Basta guardare l'offerta. Negli agriturismi oggi trovi

davvero di tutto, dai giri in mongolfiera alle cene etno-afrodisiache, dallo yoga ai massaggi thailandesi. L'unica cosa un po' difficile da trovare sono, per l'appunto, i veri contadini. Eh sì, perché, in realtà, altro che vecchie fattorie che aprono l'aia alla domenica: gli agriturismi sono diventati nuovi luoghi di tendenza, bazar, a metà fra la discoteca alla moda e il supermarket del trendy, dove l'importante è stupire con effetti speciali. Sono «i nuovi agrishow, più e meglio dei villaggi turistici» come scrive «l'Espresso», dove puoi ascoltare musica pop, rock, funky, acid-jazz; puoi fare la caccia alla volpe di pezza con tracce ricostruite grazie a speciali essenze chimiche; puoi iscriverti a corsi di astronomia, fotografia, découpage o biodanza; oppure puoi seguire lezioni di cucina naturale, dove «è previsto l'uso di prodotti speciali che aiutano a depurare e a rafforzare l'organismo quali: miso, shoyu e kuzu».

Meraviglioso: ma che c'entreranno il miso, lo shoyu e il kuzu con l'attività agricola dell'Umbria o del Lazio o della Toscana? All'incirca tanto quanto i tamburi giapponesi. Eh sì, perché, nel Centro Italia è possibile anche trovare agriturismi dove si organizzano stage di Taiko ki con un'attrice specializzata nelle tecniche dei tamburi giapponesi. «Durante i week end, attraverso la musica si riprende confidenza con il ritmo del corpo.» Ecco, ci mancava: il ritmo del corpo, Taiko ki, tamburi giapponesi. Riesce un po' difficile trovare la «connessione» dei tamburi giapponesi e la mungitura delle capre nell'antica Etruria, ma pazienza. Non si può avere tutto dalla vita. E, in fondo, abbiamo la sensazione che quella delle capre non sia la mungitura principale che si pratica in campagna. Magari una volta lo era. Adesso, di certo, non più.

A Roma non trovi i carciofi (ma il cous cous sì)

«Oggi ci sono fior di agriturismi che di agricolo non hanno proprio nulla, se non un belletto bucolico per un nuovo esotismo da cittadini annoiati» scrive Carlo Petrini sullo «Specchio». «Spesso viene meno il principio fondante dell'idea stessa di agriturismo: affiancare un'attività di ospitalità a quella agricola per rendere quest'ultima più remunerativa e integrata, per far avvicinare chi lo vuole al mondo della produzione del cibo.»

Macché produzione del cibo. Il Consorzio Baicr, formato da cinque istituti culturali (fra cui la Treccani e l'Istituto Gramsci, mica patatine fritte) ha fatto un'indagine su 138 menu serviti dalle aziende agrituristiche della regione Lazio. Ebbene, dei dieci piatti indicati come emblema della storica gastronomia contadina, solo di uno (l'acquacotta) si segnala la presenza con una discreta regolarità a cavallo delle province di Viterbo e Roma. Il resto? Crema catalana, filetto alla tartaruga, maialino al porto, agnolotti al madera (vino liquoroso tipico non dei Castelli ma dell'oceano Atlantico) e altri piatti esotici. «Colpiscono invece le assenze di ortaggi, formaggi, salumi» concludono gli esperti. «Come se da Cerveteri a Sezze la campagna laziale non fosse celebre per i suoi carciofi. Come se a Frosinone non ci fossero le marzoline. Eccetera.»

Eccetera, appunto. Non si trovano carciofi e marzoline; in compenso, se volete una festa etnica, non c'è problema. Basta uscire da Roma e trovate l'agriturismo adatto. All'Ille Roif, per esempio, te la organizzano senza difficoltà. Ancora si parla di un memorabile party arabo, menu a base di kebab, cous cous, polpette aromatizzate, dolcetti maghrebini e spettacolo della danzatrice del ventre. Niente, comunque, in confronto alla festa cubana: in quell'occasione sono state addirittura riprodotte le case dell'Avana e il bar di Hemingway, con banane fritte e agnelli alla Fidel Castro, accompagnati ovviamente dal ritmo del percussionista latinoamericano. Lo stesso sito Internet di Ille Roif è un pugno nell'occhio per chi pensa allo spirito originario dell'agriturismo. Guardatelo: è un misto di pop art e stile postmoderno, colori accesi e promesse esotiche in ogni angolo, piscina «dai colori caraibici», «atmosfere orientali», totem africani, sedie indonesiane a forma di foglia, palme tropicali, lampade recuperate in un mercatino di Marrakech, poltrone americane, paraventi del Messico, ciotole dal Sudest asiatico, specchio andaluso. C'è anche la chaise longue nella doccia («per lavarsi in modo diverso») e il letto che se l'è comprato uguale Renato Zero. Che emozione.

Tutto bello, si capisce, tutto meraviglioso, tutto lì, a portata di gita fuoriporta e nemmeno troppo caro. A noi quelli di Ille Roif ci stanno pure simpatici. Quando abbiamo chiamato per avere più informazioni, il titolare ci ha descritto tutto nei minimi particolari, poi è sbottato in romanesco: «La cena etnica?... Ahò, ma che ci vuoi fare? Tutti la vogliono... E alla fine te bastano du' candele un po' strane per fare 'a cena etnica». Sì, è vero: bastano due candele per fare la cena etnica. Però, ecco: perché agriturismo? Perché far rientrare tutto questo, compreso il totem africano, il bar di Hemingway e la danzatrice del ventre, nella difesa del nostro patrimonio rurale? Che c'entra? Che c'azzecca, come direbbe Di Pietro? Che significa?

Tanti sì, genuini forse

Oggi, secondo i più aggiornati dati dell'Agriturist, esistono 13.500 aziende agrituristiche: 2400 offrono solo pasti e le altre anche alloggio. Nel 2004 hanno avuto 10 milioni di ospiti. Possono contare su un fatturato di 900 milioni di euro, secondo alcune fonti, di oltre 2 miliardi di euro secondo altre. Sono, di fatto, un vero e proprio colosso, una catena dell'ospitalità senza pari nel nostro Paese. Un gigante. Secondo il calcolo della Confcommercio ci sono province, come Viterbo e Rieti, dove un ristorante su cinque ormai è un agriturismo.

Ma ecco, questo è il punto: sono veri agriturismi o solo ristoranti mascherati? «Se fosse stata seguita la filosofia secondo la quale sono nati, cioè quella di rivitalizzare le aziende agricole, di far conoscere e vendere le produzioni agricole, nulla di male» accusa la Federazione italiana dei pubblici esercizi, che ha presentato nell'aprile 2003 un libro bianco sull'argomento. «Invece il problema nasce dal fatto che ormai moltissime di queste aziende non sono altro che ristoranti e alberghi, senza nulla invidiare ai più raffinati, che in alcuni casi organizzano banchetti e matrimoni per centinaia di persone, godendo però di un regime fiscale e legislativo assolutamente favorevole, privilegiato, diversamente dai colleghi della ristorazione.»

Che lo spirito della legge non sia stato seguito è evidente, l'abbiamo dimostrato fin qui. Il fatto è che in molti casi neppure la lettera della legge è rispettata, senza che nessuno provveda. Per esempio: quante persone possono essere ospitate contemporaneamente in un agriturismo? In alcune norme regionali si fissa il limite di 80 coperti, in Abruzzo addirittura la legge parla di 50 coperti, in Liguria di 52, nelle Marche di 16 pasti giornalieri (8 persone al massimo in pensione completa), in Umbria di 30 posti letto al massimo e di non più di 2 posti nel ristorante per ogni posto letto (dunque 60 al massimo), nella provincia di Bolzano il limite è fissato a 30 posti a sedere. Ma allora tutti quei banchetti di nozze o di cresima o di prima comunione con centinaia di invitati? Come si giustificano? Come si spiegano? E poi davvero tutti i camerieri che servono ai tavoli sono lavoranti agricoli rivestiti per l'occasione, secondo quanto prevede la legge nazionale? E davvero quelli che ci mettono nei piatti sono prodotti dell'azienda agrituristica medesima, come sarebbe obbligatorio?

«C'è un altro mito da sfatare: quello della genuinità dei prodotti offerti negli agriturismi» denuncia ancora il libro bianco della Fipe. «Al di là della elementare constatazione che per fare matrimoni e cerimonie varie, anche più volte nella stessa settimana, queste aziende dovrebbero poter contare su coltivazioni immense, i dati sulle produzioni agroalimentari del territorio ci dicono che queste vengono assorbite per la maggior parte dalla ristorazione e solo minimamente (il 9,2 per cento) dalla ristorazione agrituristica. Insomma, sono più alte le possibilità di mangiare prodotti nostrani in un ristorante tipico che nei vari agriturismi.»

«Agriturismo e sai come mangi (male)», commenta l'implacabile gastronomo Francesco Arrigoni. Durante i controlli effettuati nell'estate 2003 in 48 aziende di questo tipo, i Nas hanno trovato che una su tre non è in regola. Nel Lazio sono stati sequestrati 900 chili di carni ovine a rischio di Bse, situazione simile in Sardegna: le aziende avevano in frigorifero maialini macellati clandestinamente e refrigerati senza bollo. Nel febbraio 2004 i Nas hanno chiuso un agriturismo in provincia di Campobasso: otto persone erano rimaste intossicate. A Cava d'Ispica, in provincia di Ragusa, è stata scoperta una discarica abusiva con le carcasse di animali macellati da un agriturismo della zona. E a Reggio Emilia è stata sospesa per sei mesi la licenza al titolare di un'azienda agrituristica perché coltivava marijuana. Nel locale, dice l'ordinanza del sindaco, «sono state rinvenute pubblicazioni che illustravano l'utilizzo dei suoi semi come ingredienti per la preparazione delle pietanze». E va be': ma perché accanirsi contro di lui? Almeno serviva cibo drogato davvero, e non solo con gli estrogeni.

L'Emilia finanzia le siepi, la Sardegna i cartelli stradali

Non che negli altri ristoranti non si corrano rischi, naturalmente. Ma se uno non trova cibo genuino negli agriturismi, che ci va a fare? E soprattutto: perché negli agriturismi si è disposti a pagare di più servizi decisamente inferiori? Diciamola tutta: con la scusa della moda e una spruzzata di Mulino Bianco, c'è chi ha trovato una miniera d'oro. Ma in molti casi gli sbandierati paradisi del contadino non sono altro che normalissimi ristoranti, con la fortuna (non da poco) di poter incassare aiuti pubblici per fare concorrenza sleale agli altri locali. Un modo tutto italiano per foraggiare i furbi e punire i fessi, insomma, secondo la tradizione di prezzoliniana memoria.

In effetti, a spulciare le leggi regionali, di aiuti se ne trovano di tutti i colori. Tanto per dire: in Abruzzo, per chi apre un agriturismo è previsto il concorso del pagamento dei mutui fino al cento per cento. In Emilia Romagna, per chi ha un agriturismo, è sicuro il contributo persino per il «restauro delle siepi». In Friuli Venezia Giulia si istituiscono appositi uffici incaricati (addirittura) del «coordinamento della segnaletica agrituristica». In Calabria la legge prevede un programma annuale d'intervento che può «coinvolgere anche manifestazioni e convegni miranti a sensibilizzare l'ambiente agricolo all'attività agrituristica», oltre che «iniziative di diffusione dell'agriturismo nelle scuole e pubblicazioni con illustrazione degli itinerari agrituristici». In Sardegna si finanziano le strade di accesso, la sistemazione dei cartelli e la «realizzazione di locali adibiti a esposizioni etnografiche permanenti», purché abbiano a che fare con l'agriturismo. Nelle Marche si trovano i soldi financo per le piazzole di sosta dei campeggiatori presso agriturismi. E nel Molise sono stanziati contributi in conto capitale fino al 50 per cento che però possono arrivare al 60 per cento se l'agriturismo si trova a un'altezza superiore ai 600 metri, e al 70 per cento se l'agriturismo si trova a un'altezza superiore ai 700 metri. A chi apre un'attività oltre i 1000 metri cosa gli mandano? Un vagone d'oro e Manuela Arcuri per cameriera?

Si sta esagerando. È evidente che bisogna intervenire. O si riportano gli agriturismi allo spirito iniziale, oppure si eliminano agevolazioni e contributi. In nome della lotta allo spreco e della libera concorrenza: perché non provvedere subito? Bella domanda, ma non sappiamo dare una risposta. La commissione Agricoltura della Camera, per la verità, sembrava pure decisa ad agire. Nel settembre 2002 ha avviato un'indagine conoscitiva. Ma leggere gli atti è sconsolante. In sintesi succede questo: le Regioni si oppongono a qualsiasi cambiamento (la materia è di nostra esclusiva competenza, dicono, nessuno provi a ficcarci il naso) e i parlamentari si fermano subito, spaventati. «Riteniamo che ci siano margini di convergenza per addivenire alla stesura di una legge quadro...» balbettano pieni d'imbarazzo. «Siamo nella fase preparatoria... dobbiamo ancora arrivare alla definizione di un testo unificato sul quale potremo confrontarci...» L'indagine conoscitiva finisce in archivio dopo appena tre riunioni. Lavori chiusi, «senza l'approvazione di un documento conclusivo».

Va bene tutto così. Ma certo. Anche se, come sta scritto negli atti parlamentari, in alcune regioni, a cominciare dalla Puglia, «le cosiddette masserie sono per l'80-85 per cento di tipo abusivo e non vengono sottoposte ad alcun controllo». Anche se, come conferma il Secit, «siamo di fronte nella stragrande maggioranza dei casi a vere e proprie imprese commerciali, nei confronti delle quali appare assolutamente ingiustificabile il perpetuarsi di una politica di favore tributario e previdenziale». Anche se, come ha calcolato la Confcommercio, ogni anno l'evasione fiscale degli agriturismi è pari a 180 milioni di euro. Va tutto bene così. Sapete quanti sono 180 milioni di euro? Uno dietro l'altro una colonna che va da Milano a Perugia. Ma che importa? Nessuno interviene, il Parlamento chiude l'indagine, il fisco abbozza. Sono tutti contenti, e allora avanti: perché non aprite un agriturismo anche voi?

Il piccolo Fo, Jacopo figlio di Dario, l'ha fatto. Potevamo dubitarne? Come tutti gli alternativi Doc, critica il governo, il sistema, il potere, l'ordine costituito, ma se c'è una legge da sfruttare, ci salta sopra a piè pari. Contestatori sì, ma sempre a spese dello Stato. Così va il mondo, si sa. E a prenderlo per il verso giusto va anche benone. Infatti, tra centro massaggi e corsi di yoga demenziale, la clientela dell'agriturismo Santa Caterina nei pressi di Gubbio cresce. E il fatturato pure. Per stare al passo con le richieste, il figlio d'arte Jacopo Fo ha dovuto persino ingrandire la struttura. Lavori un po' audaci, per la verità: e infatti, tra il 1985 e il 1994, ha chiesto ben sedici condoni edilizi per sanare gli abusi. Un atteggiamento non proprio da amante della natura: eppure il Comune di Padova non ci ha pensato due volte ad affidargli una consulenza per la difesa dell'ambiente. Perfetto: contestazione, rivoluzione, legge statale, contributo pubblico, agriturismo, abuso edilizio e consulenza per la difesa dell'ambiente. Non è un percorso straordinario? Come dicevamo: avanti così, senza problemi. E se la digestione è difficile, pensate ai tamburi giapponesi. Quelli, se non altro, prendono più botte di noi. Forse.

L'omelette? Un milione e mezzo di lire (e il vino 28 milioni)

Nella primavera 2004 un giornalista del «Giornale» va a pranzo a Milano in un ristorante che sarà pure di lusso, ma certo non è il primo nelle graduatorie mondiali della gastronomia né vanta il massimo dell'esclusività. Si chiama Controvapore, via Goldoni numero 3. Qui, dicono le brochure, «non si rosicca con l'olio», «il sale usato è quello della Camargue raccolto a mano» e «le erbette degli infusi sono acquistate dall'erboristeria che serve il re di Spagna». Meraviglioso, sicuro, tutto meraviglioso. A parte il conto: 599 euro (1 milione e 200 mila delle vecchie lire) per due tagliolini, due bistecche, una grattata di tartufo, un'insalata e una bottiglia di vino. Solo le due bistecche valgono 240 euro, mezzo milione delle vecchie lire. La grattata di tartufo 192,5 euro.

«Non capisco lo scandalo» afferma il proprietario, Alessandro Grieco. Certo: quale scandalo? Le erbette sono quelle che piacciono al re di Spagna, il sale viene raccolto a mano e «non si rosicca con l'olio». «Diciamolo chiaramente: chi guadagna mille euro al mese non viene a mangiare nel mio locale.» Questo è poco, ma sicuro: il problema è che anche se uno ne guadagna 10 mila di euro al mese ha qualche problema a trasformare Controvapore nella sua mensa. «Quello che conta non è il cibo, ma l'atmosfera» conclude il patron. E l'atmosfera, si sa, è più salata del sale della Camargue. Se capitate da quelle parti, fate attenzione. E, soprattutto, non dimenticate: il proprietario, prima di diventare ristoratore, faceva il gioielliere.

Ecco, il gioielliere. Anzi: il gastro-gioielliere. È la nuova professione, promette bene, si guadagna un sacco. Nel menu del ristorante Norma a Manhattan servono un'omelette che costa 1000 dollari, 826 euro, oltre 1 milione e mezzo delle vecchie lire. Proprio così, avete letto bene: un'omelette da 1 milione e mezzo di lire. Per chi vuole risparmiare c'è la frittatina, che costa solo 100 dollari, cioè 82 euro, 160 mila vecchie lire. E che cosa ci sarà, dentro a questa preziosissima frittatina? Aragosta e caviale o smeraldi e rubini? Sempre a New York, nella pasticceria Serendipity è in vendita un gelato da 1000 dollari: crema alla vaniglia di Thaiti avvolta in una foglia d'oro 23 carati, rarissimo cioccolato venezuelano, mandorle e fiori di zucchero placcati oro. Scusate se insisto con le domande: ma si mangia o si mette in caveau?

Cibo e diamanti: sembra una boutade, invece è realtà. Durante la puntata di «Report» dedicata al vino (Raitre, 24 settembre 2004) il giornalista va nel centro di Roma ed entra in una gioielleria. «Ci fa vedere qualcosa?» chiede. E l'orefice comincia a esibire vini: «Solaia, Sassicaia». «Solaia, Sassicaia, oggetti da oreficeria» chiosa il primo. «Certo» risponde il secondo e senza la minima esitazione mostra il prezzo di una bottiglia del '92: 250 euro, mezzo milione delle vecchie lire. Nemmeno troppo, per la verità. Il giornalista, infatti, continua il suo giro e al ristorante La Pergola di Roma trova un Sassicaia dell'85 che costa 1500 euro. «Una bottiglia di Gaja» dice il sommelier «può costare tra i 1000 e i 1300 euro», ma c'è anche un Cos d'Estournel che arriva a 14 mila euro. Cioè 28 milioni delle vecchie lire. Praticamente un investimento. Pensate che delusione se uno compra una bottiglia così e poi scopre che non gli piace.

Quattro patate lesse, 40 euro

Eppure alla Borsa del vino, il più caro non costa più di 7 euro al litro. Com'è possibile arrivare fino a 14 mila euro? O anche solo a 1500? I produttori si lamentano: quando una nostra bottiglia entra al ristorante il suo prezzo ormai è esploso. A volte è aumentato anche del 500 per cento. «Il problema è il ricarico» dicono.

Ecco sì, il problema è il ricarico. E mica solo per il barbaresco. Prendiamo, tanto per dire, la pizza: difficile trovare una margherita che costi meno di 6,5 euro, si lamenta l'associazione di consumatori Aduc. Ma quanto costa davvero a chi la fa? Al massimo, tenuto conto di tutto, poco più di 1 euro. Cioè significa che il pizzaiolo applica un aumento del 490 per cento. Pizza Margherita, prezzo capriccioso. Anche un po' alla diavola. Comunque, indigeribile.

Volete un altro esempio? Sempre l'Aduc analizza nei dettagli il percorso di una tazzina di caffè: noi, in media, la paghiamo al bancone 78 centesimi, ma gli otto grammi necessari per confezionare l'espresso vengono retribuiti al coltivatore con 0,68 centesimi di euro. Ciò significa che il valore del nostro caffè, dalla pianta alla tazzulella, si moltiplica per 11370 volte. Proprio così: un ricarico dell'11370 (undicimilatrecentosettanta) per cento. I dati sono tratti da Bain&Company, osservano professionali all'Aduc. «Una salassata ai confini della realtà» commenta caustico il giornalista Cesare Lanza.

Quest'ultimo, nell'estate 2004, si è preso la briga di raccogliere su «Libero» le segnalazioni di decine di clienti truffati nei ristoranti. «Bisogna difendersi dai ladroni» dice senza mezzi termini. E scrive: «È un malvezzo diffuso: come se ci fosse stato un passaparola nei locali di tutta Italia, ai danni dei consumatori». Fra le altre pubblica una lettera mirabile per sintesi ed efficacia: «Postiglione 3, in via delle Fornaci 12/14 a Roma, vicino alla stazione San Pietro. 2 coperti, 3 euro; 1 acqua minerale 2,50; 2 secondi, scaloppine al vino e saltimbocca alla romana con razioni da dieta 19,50; 1 patate lesse 4; 1 patate fritte 4; 2 dessert 8; totale 41 euro. Nota: patate lesse 4 euro. Servizio con tovaglioli di carta, tavoli con grandezza per bambini da asilo, proprietario con maglietta da stirare. È successo il 1°/9/2004. Rino Stelletti».

Ottantamila delle vecchie lire per una cena così? Con tovaglioli di carta, razioni da dieta e quattro patate lesse in croce? Ma come può succedere? «I ristoratori furbastri hanno aumentato i prezzi dal 50 al 100 per cento con la scusa dell'euro», denuncia Raspelli. E persino la *Guida dell'Espresso* per il 2005 ha sentito la necessità di creare una speciale categoria dei «ristoranti salvadanaio», quelli dove puoi mangiare senza aprire un mutuo al più vicino sportello bancario.

Il filosofo Stefano Zecchi ricorda: «Trent'anni fa, dopo essermi laureato e con in tasca un modestissimo stipendio di professore di scuola media, potevo permettermi di mangiare tutte le sere fuori casa, invitando anche la ragazza... Oggi mangiare al ristorante è un lusso». Confesercenti si scandalizza: «Superati i livelli di decenza». I consumatori suggeriscono la rivolta: «Meglio non pagare». Nell'agosto 2004 a Nerola, provincia di Roma, un pensionato prova a seguire il consiglio: «È troppo caro», urla al gestore che gli presenta il conto. Poi tira fuori una pistola calibro 767, gliela punta in faccia e lo minaccia: «Ti sparo». Forse, come reazione, un tantino esagerata. Il fatto è che l'anziano vittima dell'esasperazione è stato subito arrestato dai carabinieri. Ma la corsa dei prezzi, quella, chi l'arresta?

Negli ultimi quattro anni il costo di una tazzina di caffè è aumentato in media del 26 per cento. Un bicchiere di acqua e menta può arrivare a costare 8 euro, una lemonsoda 7 euro, 2,50 euro per un cappuccino al banco, 4,50 euro (9 mila delle vecchie lire) per una focaccina piccola imbottita prosciutto e formaggio. Mezzo litro di acqua minerale al bar costa 1,50 euro, ossia come tre bottiglie da un litro e mezzo comprate al supermercato. Un chilo di gelato può arrivare fino a 24 euro, «manco fosse oro», come denuncia il Codacons. E «Altroconsumo» fa i conti della vita notturna: per una birra in un locale di Milano ci vogliono anche 8 euro, in quattro in pizzeria non si riesce a spender meno di 50 euro, anche rinunciando a dolce e caffè. «Come mai è tutto diventato così caro?» ci si interroga al Salone del Gusto di Torino nell'ottobre 2004, partendo dall'esempio di un chilo di linguine che passano come se niente fosse dal costo accettabile (1 euro) al salasso (12 euro).

Gli italiani bruciano ogni anno 74 miliardi di euro in ristoranti. Altri 9,4 miliardi se ne vanno in spese al bar. Ma che importa? Per il cibo è giusto versare denari, dicono i grandi guru della pancia piena. E allora avanti, aumentiamo i prezzi, qualche fesso che paga lo troveremo sempre. Nell'agosto 2003 il settimanale «Panorama» pubblica un elenco di quelli che secondo le guide sono considerati i 50 migliori ristoranti d'Italia. Risultato: solo uno negli ultimi due anni non ha aumentato i prezzi. E Vissani che ha fatto salire il conto finale (già di per sé piuttosto sostenuto) del 6,5 per cento viene presentato come un Robin Hood, un benefattore che regala leccornie all'umanità golosa. Possibile? Non resta che consolarsi ricordando la battuta del comico Lucio Salis: «A Milano» dice «i ristoranti hanno prezzi incredibili. L'altra sera due rapinatori hanno fatto irruzione in un locale del centro e invece di una pelliccia hanno portato via una pietanza».

Il cibo giustifica i mezzi

Eppure, come dicevamo, qualche fesso che paga lo si trova sempre. In fondo è un po' colpa nostra. Ci facciamo abbagliare dalla moda dell'abbacchio, adoriamo essere cucinati per bene e quando siamo nella teglia sorridiamo come agnelli al forno, desiderosi solo che qualcuno c'infili una cipollotta in bocca e una carota altrove. Forse ci piace così: lo dimostra l'organizzazione dei matrimoni, momento in cui la nostra vena di autolesionismo culinario si manifesta in tutto il suo gratinato splendore. Fateci caso: schiere di persone che si direbbero normali, perfino razionali, all'improvviso si perdono tra «menu fiore al buffet» e «menu campagnolo», e cominciano a girare come dei pazzi tra i diversi locali, quasi ansiosi di farsi ripetutamente elencare le solite drammatiche portate: verdure fritte al padellone, cestini di pizze calde, arrosto misto, coratella d'agnello, sformatine di finocchi e meringhe espresse con crema al caffè e cioccolato caldo.

E pazienza se le stesse cose si possono trovare normalmente, in un qualsiasi ristorante, fuori dalla lista nozze, a un prezzo che è quasi la metà, con qualità dei cibi decisamente superiore. Un gastronomo, Francesco Arrigoni, racconta: «Chi scrive da aprile a settembre riceve regolarmente telefonate e visite di lontani parenti, dimenticati compagni di classe delle elementari, conoscenti a titolo vario che vengono a chiedere a un esperto del settore un parere sul menu di nozze. Un compito al quale cerchiamo di sottrarci ogni volta, anche per evitare di incappare nella versione matrimoniale di molti ristoratori che si conoscono come stimati professionisti e che invece in queste occasioni mostrano il loro lato nascosto».

«Veniamo così a scoprire» continua Arrigoni «che notissimi ristoranti che si vantano della loro carta dei vini dotata di annate rare ed esclusive, nei banchetti di nozze servono dei vini improbabili, delle ciofeche bestiali comprate a due lire dall'industriale del vino (quello stesso industriale di cui dicono peste e corna quando sono alle riunioni con i colleghi) e rivendute a prezzi da grande bottiglia. Se per caso gli sposi provano a chiedere un vino diverso si paga, ovviamente, un supplemento; inoltre, per un inspiegabile motivo, gli sposi in questi casi devono essere pronti a pagare la bottiglia più del prezzo elencato nella carta dei vini. Ai pochi che osano porre delle timide obiezioni i ristoratori di solito rispondono che non è facile dare da mangiare a tante persone, che ci vuole la musica, il locale etc. Difficile credere a tutte queste giustificazioni. Un noto ristoratore ci ha confessato che, se si sa fare bene il proprio mestiere, con i banchetti da matrimonio l'utile rispetto a un pasto normale è superiore del 40-50 per cento.»

La dimostrazione? Sentite qui. Un signore ha chiesto a un ristorante il menu nozze. Gli sembrava troppo caro.

Così, con l'aiuto di alcuni amici, ha prenotato in quello stesso ristorante diversi tavoli a vario nome per un totale di ottanta persone, come se fosse una giornata qualunque, come se fossero persone tra di loro sconosciute. Il giorno stabilito, dopo la funzione religiosa, si è presentato con i suoi ospiti. Ognuno ha preso posto al tavolo prenotato, ha scelto alla carta i piatti che più gli piacevano e ha ordinato il vino che voleva. Il ristoratore si è comportato da ristoratore: in un paio d'ore ha dato da mangiare a tutti, in maniera egregia. Gli ospiti sono rimasti soddisfatti. E lo sposo ha scoperto di aver risparmiato alcuni milioni rispetto all'offerta che il medesimo ristoratore gli aveva fatto per il canonico pranzo di nozze.

Si badi bene: stesso ristorante, stesso numero di persone. Con il pranzo di nozze c'è meno scelta sul menu, servizio peggiore e prezzi più alti. E allora viene da chiedersi: ma perché? Perché si continuano a organizzare questi megabanchetti da sposi? Perché ci si continua a rovinare per abbuffate di risotti simil-colla interrotti da sorbetti che fa tanto di moda? Perché si continua a rischiare il divorzio fin dall'inizio dell'avventura coniugale? Perché si opprimono schiere di parenti con interminabili tavolate cui ci si sottopone con lo stesso entusiasmo con cui si va dal dentista? Forse perché «bisogna far bella figura, non dev'essere un matrimonio qualsiasi, dev'essere una cosa di cui si parlerà per anni», come dicono le zie. O forse perché, in fondo, in fatto di cibo, quasi ci piace farci fregare, quasi ci sembra bello. Un altro bicchiere di rosso scadente e via, avanti con gli stornelli: osteria numero sette, venite a tavola e vi fanno a fette. Ma sì, dai, metteteci le mani nel piatto, noi paghiamo e alla fine siamo pure contenti. Gabbati e contenti. Il cibo, si sa, giustifica i mezzi.

III

Cuochi d'artificio

E poi è caduto anche l'ultimo mito. Ma certo, proprio lei, la nostra bibbia all'aceto balsamico, il vademecum infallibile, la magna charta di ogni ghiottone ambulante. La dispensatrice delle stelle più succulente del firmamento, il libriccino rosso dei pensieri ingrassanti. Ebbene sì, stiamo parlando della *Guida Michelin*, il nostro Virgilio nel paradiso dei succhi gastrici, la guida celestiale di ogni brasato divino e anche un po' di vino. Ci è caduta. E ci è andata di traverso. Come una pasta scotta, più di un branzino senza sale.

La notizia è piombata nelle redazioni nel gennaio 2005: per la prima volta la *Guida Michelin* è stata ritirata completamente dalle vendite «causa errore». È successo per l'edizione del Benelux, ma è come se fosse un colpo all'immagine gastronomica dell'intero continente. Un cronista del quotidiano «Le Soir» ha scoperto che nel vangelo rosso della cucina era recensito un ristorante di Ostenda che aveva aperto i battenti l'8 gennaio, cioè quando la guida era già in stampa. Come avevano fatto gli ispettori a controllarlo e ad apprezzarne «l'ottimo rapporto qualità-prezzo» (due forchette e apposito segnalino big-gourmand), se al momento dell'ipotetica ispezione il locale era ancora chiuso? «Abbiamo sbagliato» ammettono i responsabili. O meglio «il processo di elaborazione della guida non è stato rispettato». Belle parole, ma lo smacco resta. E i giornali di tutta Europa si divertono a dileggiare «l'omino Michelin diventato un pallone gonfiato».

Così, si solleva la copertina rossa della nobile guida. E, nell'ordine, veniamo a scoprire che: a) gli ispettori incaricati di assegnare le ambite stelle non sempre sono esperti di foie gras, ma qualche volta solo di toilette; b) spesso i medesimi ispettori non hanno nessuna preparazione specifica; c) uno di loro, addirittura, nel timore di sbagliare è andato avanti per anni a ordinare lo stesso piatto: trancio di salmone affumicato. E soprattutto d) veniamo a scoprire che voti e giudizi vengono distribuiti un po' alla viva il parroco. A casaccio, insomma. Comunque, spesso senza che nessuno abbia assaggiato i piatti, pure minuziosamente descritti.

Adesso io so che cosa state pensando. Voi pensate che queste cattiverie le abbia scritte o suggerite il curatore di una guida rivale. O, peggio, un ristoratore appena bacchettato, un rivenditore di vini mai citato, un oste dileggiato. Macché. Queste cattiverie sono farina del sacco (anzi, visto il soggetto, più che farina direttamente michetta, magari anche baguette) di un ispettore della *Guida Michelin*. Uno che per sedici anni ha girato il mondo a distribuire gastronomici premi e incommestibili castighi. Uno di quelli venerati, temuti, attesi, paventati, sognati, maledetti, sospirati. Uno di quelli cui sta appesa tutta l'Europa che cucina. Uno di quelli che con un sì e un no può decidere il futuro di un ristorante. E fors'anche la vita di una persona, come dimostra il caso del famoso chef francese Bernard Loiseau, che si è ammazzato perché gli avevano tolto una stella Michelin.

«Ma nei ristoranti non ci andiamo»

Nell'aprile 2004 esce il libro *L'inspecteur se met à table*, l'ispettore si mette a tavola, del dipendente della Michelin Pascal Remy. Il mondo dei buongustai va sottosopra. Per la prima volta viene svelato il retrobottega di quella che è ritenuta la regina di tutte le guide, 800 mila copie vendute nel mondo, 104 anni di storia alle spalle. E non è un retrobottega rassicurante. «Gli ispettori non visitano tutti i ristoranti che recensiscono, almeno non tutti ogni anno» confessa l'autore. «Se non ci sono lamentele per la valutazione che abbiamo dato nell'edizione precedente, non ci muoviamo.» Perfetto: si giudicano i ristoranti senza andare nei ristoranti. È come se l'Accademia di Svezia decidesse di attribuire il Nobel della letteratura senza aver letto una riga del premiato. O come se l'Oscar fosse assegnato da una giuria che non ha mai visto i film in concorso. C'è da fidarsi? Ma sicuro. E se non vi fidate, fate come quell'ispettore insicuro: ordinate sempre trancio di salmone affumicato.

Ma sì, succede proprio così. «Alla fine del nostro giro, con stupore e terrore» racconta Remy, «scopro che egli sceglie regolarmente lo stesso menu: trancio di salmone crudo o affumicato, poi una carne alla griglia o raramente arrostita e, per dessert, l'immancabile sorbetto. La prima volta ho pensato che avesse fatto indigestione, la seconda e terza volta ho ipotizzato una malattia cronica dello stomaco. Poi ho dovuto arrendermi all'evidenza: era il suo pane quotidiano. Strano per un ispettore...» Strano? Macché: il medesimo ispettore era anche solito bere vino mescolato con l'acqua («certi chef hanno ancora le lacrime agli occhi dal ridere») e un giorno ha eliminato un hotel dalla guida soltanto perché davanti all'ingresso un'auto l'aveva tamponato: «Parking insicuro» ha segnalato nella nota. E se avesse litigato con il cameriere, che cosa avrebbe scritto? «Hooligans nella hall»? «Teppisti in livrea»? «Cucina infestata da penne all'arrabbiata»?

Eccolo qui, comunque, il libretto dello scandalo. *L'inspecteur se met à table*. Copertina rossa, 174 pagine, distico virgiliano in testa. Édition des Équateurs, piccolo stampatore, perché pare che nessuno dei grandi abbia osato. Linguaggio da diario minimo, pochi nomi, ampi sprazzi di disincantata sincerità. Il pentito Michelin svela senza pietà le piccolezze dei suoi colleghi, le meschinerie con cui cercano di guadagnare qualche lira, i tentativi di corruzione messi in atto da padroni di ristoranti e hotel. «La maggior parte degli ispettori delle guide francesi ha una conoscenza relativa dei prodotti» scrive. Non esiste preparazione, non esiste formazione. «Paradossalmente nella nostra epoca d'iperspecializzazione, in materia di gusto non è richiesta alcuna specifica competenza tecnica. Si entra nella schiera dei critici, come si entra negli ordini monastici, facendo voto di povertà. E di silenzio.»

Silenzio sulle proprie magagne, silenzio sui propri saltellanti criteri di giudizio, silenzio sulle copiature, sulle debolezze, sui colleghi che danno i voti ai ristoranti mangiando solo salmone e bevendo vino annacquato. Silenzio sul fatto che per coprire tutti i locali della Francia una volta c'erano undici persone, adesso non ce ne sono più di cinque. E anche se fossero Mandrake, come fanno cinque persone a controllare davvero, rispettando le regole dell'incognito e della precisione, tutti i locali della Francia? Silenzio. Silenzio in cucina, silenzio sulle guide. È la nuova regola magica per farsi strada tra i fornelli.

«Più che la valutazione dell'esperto» spiega ancora lo scandaloso Remy «vale l'autoreferenza dei cuochi, una cupola potentissima che condiziona la carriera degli sconosciuti e il grande pubblico. Gli chef parlano bene delle guide e le guide parlano bene di loro, anche se meno della metà merita davvero un'alta valutazione.» Secondo l'ispettore pentito, in Francia esisterebbe un club dei Cento, formato non solo dai grandi cuochi, ma anche da uomini politici, magnati, finanzieri, tutti appassionati di gastronomia, che decidono a tavolino ascesa e caduta degli dèi del piatto. Inutile dire che «privilegiano aspetti che poco hanno a che fare con quello puramente gastronomico». Insomma, promuovono i loro amici. Alla faccia dei 104 anni di storia e delle 800 mila copie. E di chi si suicida per una stella in meno, come Bernard Loiseau.

Il libretto rosso sulla *Michelin*, dicevamo, ha aperto un dibattito, almeno in Francia. Ma appena il dibattito si è aperto, la carriera di Remy si è chiusa. Ispettore licenziato.

Ci si poteva aspettare altro? La sua denuncia è uno choc. Più o meno come se sul pulpito comparisse un vescovo a chiedere scusa: «Abbiamo taroccato il Vangelo». Ma ci pensate? Distribuiscono sentenze di bontà divina, condanne al sugo eterno e gastronomiche penitenze, ma poi accade che nemmeno assaggino i piatti sottoposti al giudizio culinario universale. Roba da restare lessi, e persino un po' fritti per la sorpresa. Sorpresa, sì: anche se dubbi e sospetti sulle guide non sono nuovi, e non solo negli ambienti ristretti della gastronomia applicata. Leggere per credere (con gusto) il resto del capitolo.

Le guide? Copiano tutto

Edoardo Raspelli, uno dei primi giornalisti italiani ad applicare i rigorosi criteri della cronaca alla tavola, ha detto di essere stato allegramente licenziato dalla *Guida Ristoranti dell'«Espresso»* per un solo motivo: perché aveva osato criticare Rosetta e lo Sbarco di Anzio, due locali molto amati dal principe Carlo Caracciolo, editore del medesimo settimanale «l'Espresso» e della relativa guida. E analoga avventura stava per capitare anche a Camilla Baresani del «Sole 24 Ore»: anche lei, c'informa Camillo Langone, «colpevole di lesa Rosetta». Il club dei Cento forse esiste anche in Italia? O per quale altra misteriosa ragione le amicizie del principe Caracciolo valgono più di qualsiasi papilla gustativa?

L'unica consolazione è che Raspelli, da gran cattivo amante del buono, appena lasciata la poltrona di comando di una delle più importanti guide italiane, ha intinto la penna nell'aceto (naturalmente balsamico) e ci ha regalato un saporito ritratto di quel mondo («La Stampa», gennaio 2003). Un ritratto che merita di essere letto, anzi divorato, tanto per restare in tema.

«Guide o sguide? Ci prendono per mano, ci prendono per la gola oppure ci prendono per il naso?» si domanda l'esperto, uomo di peso e non solo dal punto di vista della bilancia. «Tirate in centinaia di migliaia di copie, in edizioni sempre più diverse e più numerose, ogni anno tengono banco: i ristoratori impazziscono, si deprimono o si esaltano, i giornalisti recensiscono, i critici gastronomici incrociano tabelle, contano cappelli, stelline, bicchierini, bottigliette per dare la palma al migliore.

«Ma qualcuno queste guide le legge e le controlla per davvero? Qualcuno le verifica? Qualcuno si chiede come nascono?»

La prima cosa che sorprende è trovare nelle diverse guide frasi esattamente uguali. Copiate di sana pianta. Sentite qui.

Ristorante Amici di Udine. La *Michelin* scrive: «Vanta un secolo di attività questa trattoria a gestione familiare: un ambiente semplice ed accogliente...». E la *Guida dell'«Espresso»* scrive: «Vanta un secolo di attività questa trattoria a gestione familiare: un ambiente semplice e accogliente...».

Ristorante Borgo di Rovereto (Trento). La *Michelin* scrive: «Ristorante di rappresentanza, situato nel centro storico. Il comfort di ottimo livello consente di apprezzare appieno la cucina prodiga di proposte di pesce e carne». E la *Guida dell'«Espresso»* scrive: «Ristorante di rappresentanza situato nel centro storico, con all'interno due salette contigue che offrono un comfort di ottimo livello. La cucina prodiga di proposte di pesce e carne...».

Ristorante Orso Grigio di Ronzone (Trento). La *Michelin* scrive: «Situato poco fuori il paese, al limitare del bosco, lungo la strada che porta al passo della Mendola. Tavoli spaziosi ed arredi eleganti...». E la *Guida dell'«Espresso»* scrive: «Il ristorante è situato poco fuori del paese, al limitare del bosco, lungo la strada che porta al passo della Mendola... tavoli spaziosi ed arredi eleganti...».

Fiaschetteria di Besenzone (Piacenza). La *Michelin* scrive: «Le sale sono state ricavate dalle ex scuderie di una casa colonica del Seicento. La cucina, che ha saldissime radici nel territorio, viene rielaborata con intelligenza». E la *Guida dell'«Espresso»* scrive: «Locale accogliente ed elegante, ricavato dalle ex scuderie di una casa colonica del Seicento... La cucina, che ha saldissime radici nel territorio, è rielaborata...».

Antica Osteria del Teatro di Piacenza. La *Michelin* scrive: «Un palazzo del Quattrocento vicino al Teatro Comunale, un locale elegante e curatissimo, che coniuga tocchi rustici, moderni, antichi; dietro le quinte, un giovane chef creativo». E la *Guida dell'«Espres-*

so» scrive: «Troverete il ristorante all'interno di un palazzo del Quattrocento, vicino al Teatro Comunale, con la sala da pranzo elegante e curatissima, che coniuga tocchi rustici, moderni e antichi. Dietro le quinte, un giovane chef».

Riva di Ponte dell'Olio (Piacenza). La *Michelin* scrive: «In un piccolo borgo con tanto di affascinante castello merlato, vicino all'antica rocca, una cucina raffinata e leggera, misurato equilibrio di territorio e creatività». E la *Guida dell'«Espresso»* scrive: «In questo piccolo borgo con tanto di affascinante castello merlato, vicino all'antica rocca, si trova il locale ... La cucina raffinata e leggera, è un misurato equilibrio di territorio e creatività...».

Ora: tante somiglianze a che cosa sono dovute? Carenza di sinonimi? Aggettivazione azzerata? Forse che gli ispettori delle diverse guide quando arrivano in un posto sono colti come per magia dalla medesima (ma proprio medesima) ispirazione? Oppure si copiano l'un l'altro? Oppure, peggio ancora, la verità è che se ne restano tutti a casa e l'ispirazione viene loro dalla medesima fonte, cioè il dépliant pubblicitario del locale?

«Ottimo locale». È chiuso da due anni

Ma c'è un'altra cosa delle guide che stupisce, e che la dice lunga sul modo in cui vengono compilate: è la loro capacità di resuscitare i morti. Davvero straordinaria.

Gambero Rosso, edizione 2003. A pagina 285 viene recensito il ristorante di Emilio Lancellotti. Il critico sdottoreggia e s'entusiasma: il locale «è tra i primi in Italia, non ci piove» scrive. Gli attribuisce un voto alto (75 punti) e si lancia in elogi iperbolici: «Anche gli apparati digestivi, testa in testa, annuiscono»; «Che grande cucina»; «Che odori, che gusti» e via esaltando piatti su piatti, celesti visioni, miraggi gastronomici descritti fin nei minimi particolari, un crescendo rossiniano di sollucchero e «succhi gastrici in ebollizione». «Purtroppo due anni fa il locale è stato chiuso» rivela la «Gazzetta di Modena». Chiuso, capito? Proprio chiuso. Anche gli apparati digestivi annuiscono, chissà che ne pensano i succhi gastrici in ebollizione. «Ma caro *Gambero*, dove hai mangiato?» sfotticchia il quotidiano locale.

Il caso, però, per quanto eclatante, non è l'unico. Soltanto il già citato Raspelli ne ha beccati almeno altri sette. Clamorosi. Il ristorante Pichler di Rio Punteria dopo aver chiuso i battenti riesce a ottenere ben due recensioni («l'Espresso» e «Quattroruote») e altri sei locali (il Petit Prince e il Toulà-Biffi di Milano, lo Steinboch di Villandro, il Sambuco di Porto Garibaldi, il Misenetta di Bacoli e il Casa Matilde di Quattro Castella in provincia di Reggio Emilia) conquistano i favori dei gastronomi pur essendo chiusi da un pezzo. Con i fornelli spenti si confezionano piatti caldi che entusiasmano i palati più severi d'Italia. Non è fantastico? Superfantastico. E poi dicono che la cucina non fa magie...

D'altra parte bisogna anche capirli, questi poveri critici. Per accorgersi che un ristorante è chiuso dovrebbero andarci. Pratica, s'intende, sempre più rara. Il pentito Remy, lo abbiamo visto, ha rivelato che alla Michelin per controllare 10 mila esercizi in tutta la Francia ci sono appena cinque ispettori. Anche calcolando abbuffate a ritmi pantagruelici (5 pranzi a testa al giorno, per 365 giorni l'anno, Natale e Ferragosto compresi) risulta davvero difficile immaginare una verifica effettiva di tutto ciò che viene descritto. In Italia gli ispettori Michelin fino a qualche anno fa non erano più di otto. Mettiamo che siano anche dieci: ma come faranno in dieci, si chiede giustamente Raspelli, a compilare una guida che cita 4067 alberghi e 3053 ristoranti?

Del resto che la maggior parte dei compilatori non veda tutto ciò che minuziosamente descrive è evidente anche dagli errori marchiani che vengono commessi, per l'appunto, nelle minuziose descrizioni. Per esempio un ristorante come la Villa Maiella di Guardiagrele (Chieti) viene indicata sempre dalla *Michelin* «ai margini della montagna e del parco»: ma basta avvicinarsi per vedere che in realtà è ai margini di tre enormi silos. La guida De Agostini per «Quattroruote» trasforma una struttura cittadina «moderna e glaciale» in un «romantico posto», inventandosi di sana pianta «una casa di campagna del Settecento». La *Guida dell'«Espresso»* sbaglia a collocare un ristorante di ben 60 chilometri (ma gli ispettori avranno trovato la strada? O non l'hanno mai cercata?). E del ristorante Belvedere di Valeggio sul Mincio elogia la bella vista sulle 200 torri della città. Peccato che di torri, come nota Raspelli, Valeggio non ne ha affatto 200. Ne aveva una sola. Ed è pure crollata.

Purtroppo quello della torre di Valeggio non è l'unico crollo di cui stiamo parlando. Anche la credibilità delle guide, per poco che si approfondisca, come avete visto, si riduce a macerie. Diciamo la verità: gli ultimi anni non sono stati molto felici per le cosiddette bibbie della gastronomia. Beccate in fallo più di una volta, irrise, sbeffeggiate. Avevano promesso di rifarsi nel 2005. «Vedrete il nostro riscatto» si mormorava nei corridoi impregnati dai profumi di tipografia e gourmet. E invece niente: è stato sufficiente osservare con attenzione la prima uscita in pompa magna, nell'autunno 2004, per scoprire, senza nemmeno troppa fatica, i soliti pasticci.

La *Guida dell'«Espresso»*, per esempio, si vanta di arrivare in edicola «prima di tutti» e si presenta con un orgoglioso distico iniziale: «Ci si può fidare». Ma basta andare a pagina 127, laddove c'è la cartina con i migliori ristoranti della Lombardia, per scoprire che il Lio Pellegrini di Bergamo è finito in provincia di Cremona; Pierino Penati dalla Brianza è stato spostato nella Bergamasca; il Sole di Ranco (Varese) viene dato con sede a Milano; Villa Fiordaliso da Gardone Riviera si trova deportata sul Verbano; il Via del Borgo di Concorezzo (Monza) è disperso nel Varesotto e Joia da Milano piomba a Mantova senza nemmeno bisogno del telepass. «Perfino una new entry come D'O, del talentuoso Davide Oldani» scrive Marco Gatti su «Libero», «fatte le valigie dalla sua Cornaredo finisce a Vigevano.» C'è da fidarsi?

Forse no, ed è un peccato perché al critico del gusto affidiamo cose importanti: il nostro palato e il nostro stomaco, anche un po' del nostro portafoglio, visti i prezzi che sparano gli chef menzionati dai sacri libriccini. Non possono fregarci: da loro pretendiamo serietà. E pretendiamo anche, per dirla tutta, che quando finalmente si decidono a sollevare il fondoschiena dalle adorate poltroncine per compiere fino in fondo la straordinaria fatica dell'assaggio, si muovano in incognito. Come clienti qualsiasi, insomma, e non preceduti dai trombettieri d'ordinanza. Altrimenti è troppo facile. «Arriva quello che ci dà le stelline, trattatelo con i guanti.» «Mi raccomando attenti alla cottura della pasta.» «Siate gentili.» «Tirate fuori il vino buono, non quello annacquato per gli ospiti qualunque.» E naturalmente «il conto non lo paga». Che prova può essere, se davvero la si fa così? Che valore può avere?

«Ero ad Alassio, al piccolo e famoso hotel Columbia, un po' di anni fa» racconta Raspelli. «Stavo pagando il conto del mio pernottamento. Arriva una giovane signora e presenta una tessera al patron Ermanno Bernardinello e si qualifica: "Sono un'ispettrice della *Guida Michelin*: mi fa vedere il suo albergo?". Altro che prova diretta in incognito, altro che notte passata in camera a controllare il servizio, il silenzio, la pulizia, se la doccia funziona, se le lampadine sono accese o bruciate...» Ma lo stesso Raspelli, d'altra parte, come può pensare di non essere riconosciuto avendo ormai alle spalle ore e ore di orgogliosa esposizione in programmi tv? Guardatelo: dopo aver insegnato a tutti la critica gastronomica, recensioni cattive, stroncature a bizzeffe, si pavoneggia su Retequattro come un'Alba Parietti qualunque. E dichiara con orgoglio: «Sono più vanitoso che goloso. Godo nell'essere riconosciuto per strada, persino nel fare le foto con i bambini».

Debolezze comprensibili, si capisce. Ma dopo che si fanno le foto con i bambini, si potrà continuare a compilare serenamente le pagelle dei ristoranti? Paolo Bianchi sul

«Giornale» risponde in modo severo: «La combriccola dei critici gastronomici» scrive «è sì seriosa, ma talvolta poco seria, fatta com'è di recensori vanesi e ciccioni che amano mettersi le foto sui giornali e andare in tv, consapevoli che saranno poi riconosciuti, ossequiati e omaggiati nel corso di un lavoro che andrebbe eseguito nella più cauta discrezione».

Quelle guide piene di pubblicità

Infatti: non farsi riconoscere è importante. Anche perché, altrimenti, può essere che al critico gastronomico venga offerto qualcosa in più di un pranzo particolarmente curato e un discreto carico di gentilezze. «Per quanto i giornali e la televisione dedichino tanto spazio al pianeta del gusto, siamo ancora a livello di abc con alcune punte di serietà in un mare di dilettanti e furbi gnam gnam» sostiene per esempio Paolo Marchi. E rivela: «Al momento di controllare i dati di un locale, ad esempio un numero di telefono, turno di chiusura, ferie e così via, mi è capitato sovente di captare al volo l'imbarazzo dell'interlocutore. Non era timidezza... Nella maggioranza dei casi a rispondere era il titolare, immagino scottato da precedenti esperienze: "Le dico tutto, ma prima lei mi può dire quanto devo pagare?". Che tristezza. Vuol dire che la maggioranza delle pubblicazioni è taroccata dalla pubblicità».

Sì, la pubblicità riempie le guide. Sarà normale? Anche uno dei padri della gastronomia italiana, il rivoluzionario Luigi Veronelli, celebrato come si conviene alla sua morte nel novembre 2004, fra una seduta al Leoncavallo e una lezione di anarchia gastronomica aveva trovato il tempo di mettere su una agenzia tutta sua per raccogliere publiredazionali. «Dal 1991 Quattro Punti è concessionaria per la pubblicità rubricata e tabellare della Veronelli Editore, realizzando all'interno delle guide del famoso scrittore enogastronomo particolari e specifici servizi dedicati al mondo della ristorazione, del vino e dell'ospitalità» scrive la brochure di autopromozione. E poi continua: «L'azienda si avvale di collaboratori professionisti che hanno costantemente un rapporto con i propri clienti». Costantemente, si capisce: ma per cosa? Per fare una recensione del ristorante o per raccogliere l'inserzione pubblicitaria? La differenza non è mai stata chiara, né lo stesso Veronelli, pur in tutta la sua venerata grandezza, ha mai contribuito a dissipare i dubbi dal momento che presentava gli inserzionisti sulla sua guida scrivendo: «È probabile che i meritevoli entrino nelle prossime edizioni». Ma il merito da che cosa si misura? Dalla qualità del cibo o dall'entità dell'inserzione?

Secondo Raspelli uno dei responsabili regionali della *Guida dell'«Espresso»*, nonché collaboratore della rubrica dei ristoranti del settimanale, sarebbe anche contitolare di un'enoteca. «Mica male» scrive «per una casa che stampa anche una *Guida ai vini* farcita di pubblicità gastronomica (così come la *Guida ai ristoranti* è piena di pubblicità dei vini).» Possibile? Andiamo a controllare. Edizione 2005. Seconda di copertina: pubblicità a Lo Zoccolaio, Cascina in Barolo; pagina 6: pubblicità ai vini Santa Margherita; pagina 10: pubblicità alle Tenute del Cabreo, Greve in Chianti; e così via fino a pagina 637: pubblicità al Guardiolo Doc; e alla terza di copertina: pubblicità al Brunello di Montalcino Castello di Banfi. Non ci scandalizziamo: la pubblicità è l'anima del commercio, si capisce. Ma come essere sicuri che i giudizi dei critici non ne risentano?

Durante la già citata trasmissione «Report» dedicata al vino (*In vino veritas*, Raitre, 24 settembre 2004) un curatore di una guida confida di essersi dimesso dalla carica dopo che si era ritrovato inserito nella sua pubblicazione, e pure con un buon punteggio, un vino che lui aveva bocciato. «[Quel produttore] faceva pubblicità e gli editori volevano che entrasse nella guida a tutti i costi» anche se «il vino era insufficiente». Gli editori, interpellati, naturalmente smentiscono. Ma la conclusione di Franco Maria Ricci, dell'Associazione italiana sommelier, è sommessamente ma inevitabilmente amara: «Sarebbe meglio se le guide non facessero pubblicità ai produttori di vino. Non che altrimenti non si è liberi di giudicare i vini: ma un conto è essere liberi di giudicare senza pubblicità. Un conto è esserlo con».

Nessuna irregolarità, sia chiaro. Tutto lecito, tutto legittimo. Solo tanta confusione. Ma le guide non dovrebbero dissiparla, la confusione? Il 3 maggio 2004 Philippe Bidalon, sul settimanale francese «l'Exprès», denuncia le pessime abitudini di *GaultMillau*, cui vanta di aver collaborato in passato inventandosi di sana pianta le recensioni di locali dove pure non aveva mai messo piede («Armato di una penna e di una sommaria documentazione ho descritto, promosso e retrocesso, senza stress né mal di fegato, centinaia di ristoranti»): «La guida gialla» attacca «arma i suoi giornalisti di biglietti da visita precisando che sono incaricati "della redazione e dello sviluppo". Quale migliore prova dei rapporti tenuti tra critica e pubblicità?».

Già: quale miglior prova? Francesco Arrigoni sulla rivista on line «Enotime» racconta di un vino che non riusciva ad avere l'ambito riconoscimento, che invece il suo produttore pensava di meritare. Che ha fatto? Ha cambiato le uve? Il processo? Le botti? Le cantine? Macché: ha cambiato enologo. Ha preso quello che lavorava come consulente per una prestigiosa guida. Il vino è rimasto lo stesso, ma il riconoscimento come per incanto è subito arrivato. E, di conseguenza, il prezzo della bottiglia, nel giro di un anno, è raddoppiato. Tutto molto più buono, tutti molto più ricchi. Basta poco, no?

Sulla bibbia del Gambero-Slow Food, il critico Gigi Piumatti si sente in dovere di puntualizzare: «Alla fine sono stati premiati solo quei vini usciti bene da ogni sessione di assaggio, dalle batterie preliminari alle degustazioni finali». «Perché in passato non era così?» si chiede giustamente Paolo Marchi. «O altri non premiano le bottiglie migliori?» In effetti: dire che una guida premia i «vini usciti bene da ogni sessione di assaggio» non è come dire che i cento metri alle Olimpiadi li vince chi corre più veloce? «"L'Espresso" fa ancora di meglio» continua Marchi. «In copertina possiamo leggere questo nuovo pistolotto: Una selezione rigorosa dei migliori vini e produttori italiani.» Ma «se uno precisa "selezione rigorosa" finisce, seppure involontariamente, con il dare ragione a tutti quelli che pensano che spesso le selezioni sono raccomandate». Esatto: raccomandate. O, almeno, non rigorose.

Eppure creano i miti

Rigorose o raccomandate che siano, più o meno zeppe di pubblicità, infarcite di errori come bigné alla crema, capaci di resuscitare morti, giuste o sbagliate, rigonfie di stelline o di forchettine, distributrici di cappelli o di cappelle, non importa: le guide dei ristoranti creano e distruggono, danno tutto oppure tutto cancellano. E soprattutto eleggono i miti del nostro tempo, i nuovi guru del pensiero alla cipolla soffritta, i maestri dello zen al sapore di salsa al curry e vino chardonnay. Quelli che, per presentarsi, modestamente, si definiscono «esteti della cucina» e, quando scrivono di carciofi e maccheroni, attaccano i loro articoli così: «Epicureo della gastronomia io non accetto privazioni se non per cercare piacere». E concludono: «Non confondiamo la cucina con la Cucina». Non confondiamo. Anzi: non Confondiamo.

L'autore di questa pregiata prosa è l'astro splendente della cucina (o Cucina?) mondiale: Alain Ducasse, uno che riesce a mandare in estasi persino i sempre misurati cronisti dell'Ansa. «Ha appena messo radici in Toscana e già prepara nuovi sbarchi: entro fine anno il suo impero gastronomico dove non tramonta mai il sole vanterà altri tre ristoranti. A Beirut, Tokyo e Las Vegas. Ducasse si espande senza posa e grazie all'incetta di stelle Michelin è sempre più l'indiscusso superchef di Francia» riporta nel giugno 2004 l'agenzia di stampa più istituzionale che ci sia, travolta da un insolito entusiasmo.

Novecentocinquanta dipendenti, una ventina di top locali sparsi per i cinque continenti, la supervisione di una catena d'alberghi, un giro d'affari da 20 milioni di euro l'anno: le stelle Michelin hanno portato bene al geniale Alain. E lui, forte dell'impero gastronomico su cui non tramonta mai il sole, può permettersi di dare lezioni a tutti: «Avevo vent'anni quando ho scoperto il Mediterraneo ... L'incontro è stato per me una rivelazione. Ho colto una musica giusta. Ho assaggiato la cucina dell'essenziale». Essenziale, ma certo, basta vedere i suoi locali: a Montecarlo è un trionfo di velluti, tappeti, specchi e argenti da mille e una notte; a Manhattan il conto non sta mai sotto i 350 euro a persona; e il suo nuovo ristorante in Toscana si trova all'interno di una tenuta, La Badiola, che ha 500 ettari di terra, una cucina da 200 metri quadrati, una villa principesca con camere disponibili a partire da 340 euro a notte. Niente di meno. Tutto essenziale, però.

Del resto in questo mondo c'è un'idea piuttosto strana dell'essenziale. Per esempio Enrico Barcella, gastronomo e consulente di «Linea Verde», sul suo sito Internet presenta una «cena minimalista». Sentite un po': per antipasto gelato al peperone rosso con pancetta croccante e tonno fresco; poi una «trilogia di quaglia menta e pecorino al cioccolato in tempura con purea di sedano rapa»; quindi «frange di pasta all'uovo con punta di vitello confit e ragù di cipolla»; una «sella di maialino alla cannella con frittelle di mele, verza e guanciale» e per finire «un piccolo tripudio dolce» (in effetti ci mancava), e cioè: «cannolo al cioccolato con mousse di mascarpone e zuppetta di prugne». «Una degna chiusura» conclude «per una cena minimalista.»

Ma certo: una cena minimalista. Con il peperone rosso, gelato, trilogie di quaglia, vitello, ragù di cipolla, maialino con frittelle, guanciale, cannolo, mousse di mascarpone e zuppetta di prugne. Ma che cos'ha Barcella al posto del fegato? Un tritatutto? Se questo è il minimalismo, quando va a farsi una mangiata coi fiocchi che combina? Dimezza la popolazione bovina italiana? Assorbe in un boccone la produzione nazionale di zuccheri? Si fa di crème caramel in endovena?

È straordinaria la «satira preventiva» di Michele Serra su questi esperti. «Come sarà il vino di quest'anno?» si chiede. «Non ne so una mazza, ovvio. Purtuttavia da qualche tempo è assolutamente obbligatorio che ogni italiano di mondo, specie se giornalista, specie se di sinistra, dimostri una raffinata competenza in materia enogastronomica.» E così avanti con il barolo dall'«inconfondibile perlage grigiastro e l'apprezzato retrogusto di detersivo per pavimenti»; con il frascati vinificato «con le bucce di fava», il vino lombardo con «pigiatura a copertone di camion» e la «caratteristica bottiglia a schiera Brianza» fino ad arrivare agli imperdibili rossi toscani. «Dopo Sassicaia e Ornellaia, apprezzatissimi perché nessuno è così idiota da parlare male di una bottiglia dopo averla pagata 120 euro, è il momento del Sudiciaia, del Corteccione e del Marronaia. Li seleziona il principe Metello Incisa Antinori Frescobaldi della Gherardesca che raccoglie solo acini numerati e spremuti direttamente dalla moglie Ugucciona, a piedi scalzi. Inconfondibile il retrogusto di smalto per unghie o, ad anni alterni, di acetone. Insuperabile Vincenzo Vincenzi della Vincenza che nel suo podere-orto, dieci metri quadrati in tutto, produce ogni anno solo una bottiglia di Impiccone. Costa 7 mila euro e si chiama così perché in genere sa di tappo e l'acquirente s'impicca.»

Camillo Langone, nella sua «guida reazionaria» intitolata *Maccheronica*, scrive che i compilatori di guide sono «professori universitari mancati» che si consolano «del loro semifallimento professionale bocciando e promuovendo non studenti ma cuochi». Non so se sia davvero così. Però ha davvero ragione il medesimo Langone quando subito dopo dice che questi critici fanno un po' paura. Si prendono troppo sul serio, non hanno mai dubbi, sono persino un po' noiosi; emettono sentenze tranchant, eternamente oscillando tra entusiasmi sfrenati e condanne senza appello; non riescono a fare a meno del pH del cabernet, e sono soddisfatti solo quando le carte dei vini si avvicinano alla Treccani, così vaste che nemmeno vivendo come Noè si riuscirebbe ad assaggiarli tutti; sono chiusi, settari, faziosi, presuntuosi. Sono, per paradosso, la compagnia meno adatta per andare a cena. Dunque, fanno paura.

Eppure c'è una cosa in cucina che fa più paura dei critici gastronomici: sono i cuochi mitizzati dai medesimi critici gastronomici. Per averne un'idea basta osservare con attenzione le nuove dieci star della gastronomia internazionale, gli chef all'avanguardia descritti dall'«Espresso» sull'imperdibile numero del 23 settembre 2004. C'è Thomas Keller, che per lavorare a New York ha chiesto l'installazione di un sistema di videoconferenza in cucina; c'è l'italiano Massimo Bottura che punta tutto sui sacchetti di plastica; c'è l'americano Tom Aikens che mescola tartare di capesante e gelato al sapore di pomodoro e basilico. E soprattutto c'è l'inglese Heston Blumenthal «che abbina senza paura cavolfiore e cioccolato, salmone e liquirizia, scompone e riassembla, riduce allo stato liquido o al contrario rende solido», sdottoreggia («faccio parte di un gruppo di chef, psicologi e scienziati che guardano al cibo da un nuovo punto di vista») e poi serve gelato all'uovo e pancetta con marmellata di pomodori e gelatina di tè, seguiti da sorbetto di sardine su toast.

Ditemi voi: non è una roba da far paura? Non fa paura uno che parla degli chef, considerandoli insieme a psicologi e scienziati? Non fanno paura questi che «stanno rivoluzionando l'universo dalla ristorazione», come scrive «l'Espresso», «tramutando l'arte della cucina in una filosofia concettuale?». Siamo sicuri di voler tramutare l'arte della cucina in una filosofia concettuale? Di volere attorno ai fornelli pentole e videoconferenze? E il cavolfiore con il cioccolato? Il gelato all'uovo e pancetta? All'inaugurazione del Settembre musicale torinese, anno di grazia 2004, uno di questi chef avanguardisti ha cercato di stupire tutti servendo l'ostrica virtuale, cioè una lamella di bottarga su un cubetto di anguria che, premuta sul palato con la lingua, richiama in maniera sorprendente il sapore dell'ostrica. Meraviglioso. Ma perché se uno vuole l'ostrica non si può mangiare un'ostrica vera, anziché quella virtuale? Da dove nasce l'idea? E non fa paura uno che ha un'idea così?

Ma sì, dài, fa paura. Fa paura Alain Ducasse con il suo lussuoso essenziale su cui non tramonta mai il sole. Fa paura l'astro nascente Adriá con il suo «fast good», «cibo di qualità per chi ha fretta» perché, spiega, «prima o poi arriva il momento in cui la grande cucina annoia». Fa paura lo chef preferito dai presidenti americani che sforna dolci allo zenzero sotto forma di Casa Bianca o torte di cioccolato che assomigliano al cane di Bush. Fa paura Giorgio Locatelli, aiuto cuoco di Corgeno (Varese) che ora ha conquistato Londra, e sfama Woody Allen, Madonna, Putin, Blair, discetta di Lady D, si autodefinisce «bohémien della cucina» e fa la star alla Bbc. Fanno paura gli sfornellatori che arrivano dalla Baviera e vengono esaltati come «maestri della cucina mediterranea» («La mia passione» spiega uno di loro, Heinz Beck «iniziò all'insegna del caso: con il lancio della monetina»). E fanno paura naturalmente le grandi star create dai gastronomi e rilanciate dalla tv, come l'inglese Jamie Oliver di Channel Four, che adora i «sapporri ittalliani», talmente intensi da meritare uno strascico su ogni lettera; come l'italoamericano Rocco Di Spirito della Nbc che ha trasformato il suo locale di New York in un set. E come il nostro Gianfranco Vissani, naturalmente.

E a proposito di miti (due parole su Vissani)

Permettetemi di parlare ancora un po' di lui. Del resto, senza di lui, molti piatti non esisterebbero, molti programmi di cucina non esisterebbero, forse nemmeno questo libro, a pensarci bene, esisterebbe. Vissani è un mito.

Cuoco bravissimo, dicono, anche se a molti resta un dubbio: quando lo troverà il tempo per cucinare? La domanda se l'è posta Michele Serra su «Repubblica»: «Ma il cuoco Vissani quando cucina? Ho spento la tv, a tarda sera, che Vissani stava vociando le sue opinioni da Sanremo. L'ho riaccesa al mattino dopo e Vissani, tra i palmizi, stava riparlando da Sanremo. Si suppone che, nel frattempo, Vissani abbia fatto come me, e cioè sia andato a dormire. E il ristorante? E i clienti? E i fornelli? E i suoi cari? Ormai, sfumata l'ebbrezza delle prime duecento ore di diretta, possibile che questo genio del soffritto non avverta nostalgia di casa? L'argomento trattato ieri mattina era il tipico campanello d'allarme. Vissani, stimolato da un intervistatore decisamente malvagio, si è dilungato sulla bontà dei panini con la mortadella ... Nel frattempo, in Umbria, la fricassea di rigaglie di cappone con uova di merluzzo al succo di ribes stava bruciando, dimenticata nel forno. Qualcuno soccorra Vissani. Sanremo può fare a meno di lui, la fricassea no».

Fate conto. È come se uno andasse alla prima di teatro a vedere, che ne so?, Giorgio Albertazzi: paga il biglietto, si siede, e gli dicono che Albertazzi non c'è perché sta facendo la comparsa a «Domenica In». «Però, guardi, non si accorgerà della differenza.» Ma come, non mi accorgo della differenza? Scherziamo? Provate voi a spiegare a un musicofilo incallito che «il maestro Muti oggi non può dirigere perché l'hanno chiamato ad accordare i clavicembali per "Unomattina estate", però il concerto sarà diretto dai suoi allievi, che sono tanto bravi». Provate. E cercate di spiegare perché, invece, i grandi chef, con tutta l'aria che si dà la gastronomia di essere patrimonio culturale, accademia, università, corso di laurea, arte e filosofia, si comportano ancora come venditori di frittelle alla fiera del paese: oggi li trovi, domani chissà dove sono.

Se io mi faccio due ore di auto per raggiungere il ristorante di Civitella dei Laghi, se metto in conto di spendere, oltre la benzina, 190 euro a testa per assaggiare astice blu e soufflé d'anatra ai pistacchi, ebbene avrei piacere che a prepararlo fosse lui, Vissani, in persona. Esattamente come a teatro applaudo (o fischio) Albertazzi, così come alla Scala mi emoziono o no con Muti. Non credete? Ma la realtà è che ormai Vissani non è più uno chef. O meglio non è solo uno chef: è molto di più, è una griffe, un nome di moda, un'etichetta che vende sul mercato. Un passepartout telegenico che ha conquistato lo schermo e dunque può permettersi di tutto: di lanciare come suo delfino un cuoco giapponese innamorato dei bucatini all'amatriciana; di fare lobbying con il lobbista principe Velardi attraverso l'associazione «Amici del fungo cardoncello» («patrocinatrice ad Altamura della nota fiera dell'orecchietta più veloce del mondo»); di lanciare la campagna di Russia, per conquistare la gastronomia della vodka con «teatri della genuinità» e «salotti di degustazione». Sicuro: può permettersi di tutto. Persino, fra uno slalom e l'altro con la sintassi, di vincere un premio letterario. Ma sì: ventunesima edizione del Bancarel'Vino, il libro di Vissani *400 ricette in 100 menù* è stato premiato, ci tengono a sottolineare tutti, non per il suo contenuto gastronomico, non per il suo alto valore culinario, ma proprio come opera di scrittura. Capite? Ricette di Vissani, premio letterario. Che è un po' come dire che un uovo sodo cucinato da Umberto Eco vince il concorso per il miglior piatto dell'anno.

«Vissani ha ulteriormente allentato i freni inibitori», scrive sul «Giornale» Roberto Levi, ironizzando sull'«eloquio sempre più dipietresco» con cui lo chef catodico striglia le «sciure Maria» davanti alle telecamere Rai. «Si lamenta se l'anguria non viene tagliata a dovere, si stizza se la panna non è stata montata bene, assume pose da padreterno quando illustra la semplice preparazione di una insalata di riso.» Tra un esamino e l'altro, gioca con i doppi sensi goliardici e «non si fa scrupolo di atteggiarsi a cascamorto con Sonia Grey e a lanciarsi in disinvolti proverbi popolari sulla falsariga del sempreverde l'uomo è cacciatore». L'effetto finale, conclude Levi, è che «il cuoco Vissani si sente un Dio». Perfetto: vorrà dire che, in mancanza di un premio letterario adeguato, lo faranno almeno vescovo.

L'unica emozione è il conto

Ma lasciamo stare Vissani, le orecchiette più veloci del mondo, la cucina russa, la sua occupazione sistematica del video, il gigantismo al burro d'ostriche e olive nere, la continua espansione sgrammaticalmente cotta al punto giusto. Lasciamo stare i suoi colleghi dell'avanguardia, cavolfiore e cioccolato, la cucina come filosofia concettuale. Lasciamo stare anche l'ostrica virtuale e la psicologia applicata alle fettuccine. Lasciamo stare tutto. Teniamoci, però, la domanda centrale. Che è la seguente: ma questi eroi, creati eroi, celebrati eroi, questi uomini che si permettono di definirsi esteti della gastronomia, che si fanno chiamare «maestri» sottintendendo di vita e di pensiero, questi teorici del tortellino che discettano sul mondo e sulla filosofia, sul non essere e sull'in-assenza fra uno stracotto di manzo e un supplì, ebbene questi eroi dei nostri giorni saranno davvero così eroi? Teniamoci la domanda, appunto. E per risposta avanziamo qualche legittimo dubbio.

Camilla Baresani del «Sole 24 Ore» va nel celebrato «Altro-luogo» di Aimo e Nadia (ma sì, proprio loro quelli dell'in-assenza, quelli che per servirti tagliatelle fresche e zuppetta di mare ti intontiscono con 15 mila battute – le ho contate – sull'universo de-materializzato e sul nulla generatore astratto del campo vuoto) e che ci trova? «Il servizio è assai lento, i piatti arrivano appena tiepidi come se qualcuno li avesse portati a piedi per le scale da una cucina posta al dodicesimo piano e il cameriere interrogato su che razza di pesce sia il suro va in confusione e farfuglia che è di carne bianca». Capite? Il pesce di carne bianca. Certo: il menu è filosoficamente corretto. Sotto la faraona c'è scritto: «Forma e temperatura, possibili declinazioni». E sotto la lasagna: «Le dolcezze della terra. Sottili vibrazioni interne». Però i piatti sono freddi. Ma non sarebbe meglio un po' meno di in-assenza e un cameriere che corresse veloce? O, almeno, che conoscesse la differenza tra il pesce azzurro e un pollo allo spiedo?

«A Montecarlo chez Ducasse l'unica emozione è quando si paga» sentenzia Raspelli su «La Stampa» il 5 luglio 2003. «Nel ristorante più famoso del mondo ho mangiato con 268,50 euro: cose buone, ma senza cuore.» «La mitica cucina del francese Michel Bras? Di grande ha solo il conto» fa eco Paolo Marchi pochi giorni dopo, aggiungendo pepe nero a volontà: «Per gli chef bisognerebbe ricorrere alla data di scadenza come è obbligatorio fare per le merci deperibili». Camilla Baresani va a provare il Bulgari a Milano e sentenzia: «Una cucina simile alle letture da treno, né memorabile né dannosa». Però a caro prezzo. Fra i piatti assaggiati un carpaccio di tonno da 25 euro e gli «gnocchi di patate ai porcini, taleggio, zucca e foglie di spinaci che non sanno né di patate né di porcini» (24 euro). Ma come? Quasi 50 mila delle vecchie lire per un piatto di gnocchi? E senza nemmeno sentire il sapore delle patate? Ma non vi sembra troppo? Forse ha ragione quel comico americano: «Un bravo cuoco è solo un individuo che sa dare alla sua zuppa un nome diverso ogni giorno».

Sempre che la zuppa non sia andata a male. Esagerazioni? Macché. Nel giugno 2004 uno dei ristoranti più famosi e più celebrati d'Italia, il Savini, la leggenda di Milano, il salotto buono dei pranzi d'élite, la storia della cucina meneghina ricostruita in Galleria («Savini è Milano come è Milano la Scala», vanta nel proprio sito Internet), il locale dall'aria Belle Époque dove erano soliti pranzare Verdi, Puccini, D'Annunzio, i Pirelli, i Falck, Enrico Cuccia, dove sono passati Grace Kelly, Ranieri, la Callas, Charlie Chaplin, i principi di Monaco, Luchino Visconti, Ava Gardner, Hemingway, Henry Ford, il menu che profuma di ricordi e quei ricordi te li fa pure pagare a peso d'oro, ebbene proprio quel Savini finisce nel mirino dei Nas. I carabinieri trovano «gravi carenze igienico-strutturali» in cucina, tubature «coperte di fuliggine», «sporco pregresso» e, cosa ancor più grave, «cibi scaduti anche da mesi», carne e pesce «in evidente stato di alterazione con odore tipico di alimento avariato». Evidentemente la storia è davvero una grande passione per il Savini: oltre che alle pareti, tengono cimeli anche nel frigorifero. «Non li avremmo mai serviti in tavola» si difendono. Ma certo: è noto che lì si conserva tutto (compresa la carne con la muffa) esclusivamente per rispetto della tradizione. Solo quei cattivi dei Nas non l'hanno voluto capire: il Savini è stato costretto a chiudere per tre giorni.

Pochi mesi dopo è toccato a un altro mostro sacro di Milano, il celebratissimo Boeucc, trecento anni di storia alle spalle, la casa del Manzoni di fronte, il ristorante della tradizione meneghina che entusiasmò Carlo Porta e Guido Piovene, la mensa di lusso dei vip da Moratti a Confalonieri. «Cibi mal conservati» decretano gli ispettori. I frigoriferi vengono sequestrati. La cronaca della «Repubblica» è impietosa: «Nelle immagini si vedono chiaramente i frigoriferi aperti ... dentro, una non meglio definibile vasca in plastica bianca. Dentro la vasca, nemmeno coperta con un foglio di cellophane, un centinaio di ossobuchi già cotti e ammucchiati ... A fianco un'altra vasca, sempre in plastica, sempre scoperta. Dentro questa si vede una marea gialla: il risotto alla milanese, immancabile nel menu». Titolo: *Il Boeucc scivola sull'ossobuco.*

Prima il Savini, poi il Boeucc. «Due episodi tanto simili e tanto gravi così ravvicinati nel tempo» commenta il procuratore aggiunto di Milano, Francesco Dettori, «non possono non far riflettere. Evidentemente l'incuria è un problema che riguarda anche i ristoranti di più alto livello.» E Fulvio Pierangelini del ristorante Gambero Rosso di San Vincenzo, grande chef e antidivo, osa addirittura richiamare i suoi colleghi all'ordine: «Noi addetti ai lavori ci crediamo dei padreterni, mentre dovremmo ritrovare l'umiltà del mestiere». Giuste le dosi, di buon senso e di sale (in zucca).

Diciamocelo: Pierangelini a parte, questi eroi non sono così eroi come sembra. Sapete che cosa è successo a Barbara Palombelli, nota giornalista nonché moglie di Francesco Rutelli? Sentite qui. Va alla cena di gala del Gambero Rosso (proprio così: Gambero Rosso), ai fornelli cinque fra i migliori cuochi italiani, settecento persone attovagliate nei saloni dell'Hilton, un elegante menu (tanto per dire: zuppa tiepida di ricotta di fuscella con triglie dei galli e ricci di mare, paccheri di Gragnano mantecati con scampetti, calamaretti e vongole veraci, trancio di pescato di paranza con salsa d'acciughe, pomodori appesi, pinoli, involtino di scarola maritata, babà al rum con crema pasticcera e fragoline del Faito, da bere greco di tufo e tomaresca rosso dei feudi di San Gregorio, al dessert aleatico di sovana '99 dei marchesi Antinori, a chiudere piccola pasticceria con sfogliatelle mignon e minipastiera). E alla fine che succede? Barbara Palombelli rimane intossicata. «Sto male» scrive sul suo sito nel dicembre 2000. «E anche metà redazione ha vomito e diarrea. Per un marchio così sofisticato non è un bel risultato.» No, decisamente: vongole veraci e tomaresca dei feudi a parte, non è un buon risultato.

Dal Gambero Rosso al gambero rotto? «Mangiare è un diritto, ma digerire è un dovere. Avvelenata Barbara Palombelli» strilla il sito «Dagospia». E subito si becca una duplice reprimenda del «Velino» e del «Messaggero». Del resto è così: i grandi cuochi, una volta ascesi nell'Olimpo dei celebrati e riveriti, diventano inattaccabili. Proprio come ha denunciato l'ispettore della *Michelin*, Pascal Remy, nel suo libro scandalo: è una potentissima cupola, legata a filo doppio con la critica, un'alleanza inossidabile, un mondo chiuso che detta le leggi e impone i miti. Guai a chi sgarra. Provate a chiedere, per esempio, a Camillo Langone, uno dei pochi che s'aggira al di fuori dei soliti circuiti e che tenta di scrivere (per di più bene) di testa sua. Nel febbraio 2003 ha osato criticare il tanto celebrato Dal Bolognese, ristorante assai di moda a Roma, ed è stato travolto da una filippica dei proprietari: «Ci sentiamo di potere e di dovere dire che quando il signor Langone avrà ottenuto in campo giornalistico lo stesso numero di riconoscimenti, attestazioni e premi che ha ottenuto in campo gastronomico il ristorante Dal Bolognese, allora, forse, potremo dare credito ai suoi giudizi» scrivono. E poi lo bollano come «vate della lasagna».

«Sono il vate della Lasagna in persona, per servirla» replica Langone, aggiungendoci pure una maiuscola. E dopo aver ribadito alcune delle sue critiche al ristorante («doppi turni, tavolini ravvicinati anzi quasi incollati, grissini confezionati», caratteristiche che sono «tradizionale appannaggio di pizzerie, trattorie per camionisti, self service per impiegati in pausa pranzo, posti dove si spendono 15 euro e non 150») e dopo aver confermato di aver pagato 82,5 euro soltanto per una bottiglia di Cesanese del Piglio e due calici di prosecco, attacca il malcostume della «gloriosa categoria dei ristoratori romani», incapaci di sopportare qualsivoglia critica.

Di certi posti, insomma, non si può parlare che bene. Nel recensire il medesimo Dal Bolognese, tanto per dire, il vademecum del *Gambero Rosso* trabocca di politicamente corretta ammirazione: «Quando si pensa a un locale dove poter stare in pace per incontrare qualcuno e dove avere la assoluta certezza di uno standard qualitativo sempre costante, è uno dei primi e pochi posti che vengono in mente». Commento di Langone: «Se l'autore avesse il dono della sintesi che consentì a Longanesi il fantastico "Mussolini ha sempre ragione" avrebbe scritto anche meglio: "Da oltre quarant'anni Dal Bolognese è uno dei migliori ristoranti del mondo e costa pure poco"». Vietato discutere, vietato anche solo instillare dubbi. Come diceva Joyce: Dio fece il cibo, il diavolo ha fatto i cuochi. Ma, mi chiedo io, le guide da dove sono spuntate?

IV

Ma che cosa c'è nel würstel?

La robiola vien dal Canada. E l'asiago? Dal Wisconsin. Si capisce: Asiago, noto altopiano fra Marostica e l'Illinois. Poi ci sono anche il pecorino romano di Milwaukee e il *parmesan* dell'Ohio. Quest'ultima è una novità assoluta made in broccolino: ha la crosta nera e si compra a meno di due dollari la libbra. Di italiano questi formaggi hanno a mala pena un profumo lontano, tanto quanto sono lontane le violette dal gorgonzola. Ma non fatevi problemi: se la merce vi interessa, potete trovarla facilmente in Internet, cercare nel sito antigocheese.com. Il catalogo è ampio. E ci sono anche suggerimenti all'amatriciana. O meglio: pseudo-amatriciana: «In Italy the fashion is to serve Parmesan for dessert with fresh figs, walnuts and a sweet red wine known as Vin Santo». Traduzione: servire il parmigiano reggiano con fichi freschi, noci secche e vin santo. Vin santo, proprio così: come i cantucci di Prato. Ottima ricetta: benvenuti nella repubblica del Vin santo con i fichi e il formaggio Wisconsin.

Un'indagine della Coldiretti rivela: il parmigiano reggiano è il bene gastronomico più taroccato del mondo. In effetti: diventa *regianito* in Argentina, *parmesão* in Brasile, *parmesano* in Sudamerica e *parmesan* dovunque, dagli Stati Uniti all'Australia passando per il Giappone. In Germania va fortissimo il *cambozola* (gorgonzola al sapor di crauti), dall'Argentina arrivano il chianti classico e il crudo di Parma, in Canada si producono il salame di Milano, il salame genovese e il salame calabrese. In Australia non esitano a marchiare i loro vini con nomi tradizionalmente italiani, da marsala a lambrusco. Anche se il meglio forse lo si raggiunge in Florida, dove si tenta di far passare per aceto balsamico tradizionale l'Alessi White Balsamic Raspberry Blush Vinegar, ovvero l'incredibile Aceto Balsamico Bianco al Lampone Rosato di marca Alessi. Lampone Rosato? Ma sì: Lampone Rosato. «Sta al vero aceto balsamico come una bambola gonfiabile a Cameron Diaz» commenta il gastronomo Paolo Marchi. Si potrebbe far l'amore con entrambi, per la verità. Ma c'è qualche differenza.

La pizza? Macché Napoli, è americana

Eppure, a ben guardare, di differenze sembra ormai che non ce ne siano più. Il *Tuscan oil*? È prodotto in California. L'*Italica* con vere olive italiane? Arriva dalla Turchia. Basta un'assonanza, un nome che richiami il nostro Paese e (in basso in basso, pressoché invisibile) la dicitura «italian style». Il gioco è fatto. Se vai su Internet trovi di tutto: i broccoli con il parmigiano (ricetta tradizionale dell'Oregon), i veri fusilli siciliani venduti in Australia che dei fusilli non hanno nemmeno la forma, vini sudamericani che per farsi belli (buoni è impossibile) usano nomi come «Venezia» o «Etrusco», la pasta pollo-funghi targata sanremo.com, il *San Daniele ham*, il *taleggio cheese*, il *caciocavallo cheese* e persino la *pizza cheese* (tutte specialità Usa). Vi sorprende? Ma come? Non lo sapete? Anche la pizza è un prodotto americano, parola del sito aboutpizza.com: macché Napoli, basta con questa favola di Sorrento. «La margherita è yankee come il baseball e l'apple pie.»

Pizza&apple pie: che ci volete fare? Il cibo va di moda, e chi può si butta dentro come la pasta nel sugo. Buon appetito a tutti. A volte, poi, ci pensa chi governa a completare la cottura. L'Unione Europea, per esempio, in questo è maestra. Da che esiste, non perde un colpo. E, fra le trovate dell'ultima ora, ce n'è una che merita la menzione d'onore. Nel febbraio 2004, infatti, le teste d'uovo (sodo) di Bruxelles hanno pensato bene di autorizzare i Paesi extracomunitari a produrre diciassette (dicasi: 17) vini tipici italiani. Il brunello? Lo si fa in Uruguay. L'amarone? In California. E il toscano? In Australia o Paraguay. Per offrire del morellino si può anche non sapere dov'è Scansano, e il falerno lo può vendere anche chi confonde la Campania con una campana. In pratica, uno scippo legalizzato. Uno scippo, per altro, che rende bene: secondo i dati Nomisma, negli Stati Uniti i vini italiani autentici fatturano 396,6 milioni di dollari l'anno. I vini italiani taroccati, invece, fatturano 943,1 milioni di dollari. Più del doppio. Cin cin. E viva Bruxelles.

Del resto come stupirsi? L'Europa è anche quel continente dove per fare il cioccolato serve tutto meno che il cacao. Bastano un po' di grassi vegetali, e via: ciò che un tempo veniva definito «surrogato» adesso arriva sulle nostre tavole come se fosse un gianduiotto di Peyrano. E se per la pizza si cerca di mettere riparo, seppure in ritardo, con il marchio Stg, cioè specialità tradizione garantita, per tutto il resto il mercato dell'agropirateria continua a fiorire indisturbato: secondo la Cia (la Confederazione italiana agricoltori), un piatto tipico italiano su tre viene regolarmente imitato e in questo modo ogni anno il nostro Paese ci rimette oltre 2 miliardi di euro. Tanto per avere un'idea: 2 miliardi di euro sono all'incirca il fatturato annuale della Barilla. Proprio così: ogni anno tra *cambozola*, asiago del Wisconsin e *pizza cheese* ci giochiamo un'azienda come la Barilla.

Ci sono le condanne, certo. Nel giugno 2002 per esempio la Corte Europea ha stabilito che *parmesan* è la traduzione letterale di parmigiano reggiano e dunque non si può usare per formaggi che non vengano dalla pregiata terra. Stop a tutti quei miscugli simil-segatura che volevano spacciarsi per squisite prelibatezze. Ma sarà poi vero? Basta andare su Internet per vedere che di *parmesan* è pieno il mondo. E d'altra parte alcuni Paesi stranieri, in primis gli amati *kartoffeln* della Germania, non si sono ancora rassegnati all'idea. E così regolarmente tornano all'assalto. «È paradossale che si discuta ancora l'autorizzazione a un evidente imbroglio» dichiara per esempio il presidente di Confagricoltura nel giugno 2004. E pochi giorni dopo il «Sole 24 Ore» dà notizia della denuncia presentata dalla Commissione europea contro Berlino: «Non applica le direttive sul *parmesan*». Sembra il pianto di un gigante impotente.

Contro l'impotenza è nata, è vero, l'Authority alimentare. Sede a Parma, budget di 40 milioni l'anno, 330 dipendenti. Ma quanto passerà prima che si vedano i risultati? Già tra il momento della decisione (dicembre 2003) e il momento dell'operatività, come accade di solito per queste strutture elefantiache, trascorrono interminabili mesi. Dopo un anno di vita, tanto per dire, cioè nel dicembre 2004, l'Authority si era riunita una sola volta. In attesa della sede definitiva (quella di rappresentanza, il Palazzo Ducale, risulta ancora occupata dal comando dell'arma dei carabinieri; quella operativa, il Dus, in fase di ristrutturazione) ha preso possesso di una sede provvisoria: 6200 metri quadrati, 90 uffici attrezzati di tutto punto, una scuola di lusso per i figli dei funzionari. C'è solo un problema: i funzionari non ci sono, i figli nemmeno. A Parma sono arrivati solo 7 dei 330 dipendenti che dovrebbero trasferirsi da Bruxelles, alla scuola sono iscritti quattro bimbi d'Europa. Dicono che questo succede perché la burocrazia resiste, non vuole spostarsi dal centro dell'Unione, forse teme di perdere qualche privilegio. Così, per non perdere qualche privilegio, si organizza una scuola per bambini che non ci sono. E si mettono 7 persone a lavorare in 90 uffici, in pratica 13 uffici per ogni persona, su un'area di 6200 metri quadrati: ma che cosa faranno di tutto quello spazio? Organizzano feste in maschera? Gare di motocicletta nei corridoi? Oppure giocano a nascondino nelle stanze vuote? Intanto i tempi si allungano ancora. La sicurezza può aspettare. E l'impotenza continua.

Lo scandalo del peperoncino

Ma l'impotenza può essere pericolosa. Lo dimostra il caso del peperoncino rosso del Sudan. Sui nostri giornali non ha avuto lo spazio e l'attenzione che forse avrebbe meritato, ma è stato definito (e forse è davvero stato) «il più grande allarme alimentare degli ultimi anni».

Tutto comincia nel giugno 2003, in Francia. L'agenzia per la sicurezza alimentare scopre che dall'India arriva peperoncino colorato con il rosso di Sudan, una sostanza usata per tingere solventi, oli, cere, scarpe e detergenti per pavimenti, considerata cancerogena e «genotossica», cioè in grado di alterare il Dna delle persone, e perciò bandito dagli alimenti in tutti i Paesi Ue. Bruxelles corre ai ripari: si bloccano le importazioni e si va a controllare quali sono i prodotti già contaminati. Si scopre che, a loro insaputa, sono coinvolti i più grandi marchi dell'alimentare, dalla Cirio alla Kraft, dalla Barilla alla Star. Tutti, in effetti, usano fornitori che a loro volta usano peperoncino indiano. In fondo, perché no? Costa meno (1,5 euro contro i 5-6 del Made in Italy) e ha una bella tinta brillante.

Peccato che sia velenoso. E dunque proibito. I prodotti con il peperoncino Sudan vengono così ritirati dal mercato, le autorità assicurano verifiche severe, barriere invalicabili, accertamenti micidiali. Parole al vento: un anno dopo «il Salvagente» scopre e denuncia che «milioni di italiani continuano a mangiare, senza saperlo, cibi contaminati». «Nonostante il ministero della Salute assicuri che il pericolo Sudan è stato superato» scrive il settimanale nel luglio 2004 «ben 15 mila chilogrammi di peperoncino manipolato con il colorante tossico, sfuggiti alle maglie dei controlli, sono finiti in più di 1100 quintali di alimenti, approdati negli scaffali di negozi e supermercati, e purtroppo anche sulle tavole dei consumatori.»

La Procura di Ascoli Piceno apre un'inchiesta: ci sarebbero 500 aziende coinvolte. Fra queste anche alcune molto celebri: nonostante il divieto in vigore da tempo, per esempio, il peperoncino Sudan viene trovato nella zuppa di pesce e nel sugo alla marinara, due prodotti surgelati firmati Mare Pronto, marchio di proprietà dell'Arena, quella dei polli. «Colpa dei burocrati, troppo lenti a muoversi» accusano gli imprenditori. «Non è vero, abbiamo informato tutti» rispondono al ministero. Fatto sta che, rimpallo dopo rimpallo, anche il secondo allarme rischia di cadere nel vuoto: passano altri tre mesi e, nell'ottobre 2004, «il Salvagente» trova in vendita nei negozi almeno sei alimenti contaminati. E nel gennaio 2005 è di nuovo emergenza: peperoncino al colorante cancerogeno Sudan viene trovato nella salsa Worcester e in altri 428 preparati alimentari esportati dalla Gran Bretagna in dodici Paesi, fra cui l'Italia. Sughi pronti, salami piccanti e spaghetti all'arrabbiata: praticamente un attentato alla nostra salute. Resta solo un dubbio da chiarire: chissà se alla fine sono più arrabbiati gli spaghetti o chi li ha mangiati per mesi senza sapere...

Le fragole? C'è solo l'odore

Nel suo libro *L'imbroglio nella zuppa*, Hans-Ulrich Grimm rivela che «la produzione mondiale di fragole basterebbe appena a coprire il 5 per cento del fabbisogno statunitense di prodotti a base di fragola». In altre parole: se si utilizzassero veri frutti, solo 1 su 20 dei fan americani della fragola potrebbe essere soddisfatto. E per di più non rimarrebbe niente per italiani, francesi o tedeschi. In realtà, come sappiamo, vengono accontentati tutti, fuori e dentro gli States: com'è possibile? Risposta semplice: solo gli ingenui pensano che per yogurt e dessert si usi vera frutta. Vedi alla voce: aromi sostitutivi.

L'aroma sostitutivo viene prodotto in grandi aziende poco conosciute, ma molto importanti. La più importante di tutti è la International Flavors&Fragrances, sede a New York. Qui viene composto l'odore di gran parte del mondo, qui vengono progettate le gioie del palato per tutto il globo, come scrive ancora Grimm, «qui vengono stabilite le illusioni dei sensi di domani». «Questo gruppo influenza l'alimentazione di milioni di persone, regna sul sapore delle minestre e della carne in scatola, degli spuntini da scaldare al microonde e della pizza surgelata.» L'azienda non si fa pubblicità, non ha un addetto stampa. «Per motivi legati alla politica dell'impresa siamo impossibilitati a rivelare dettagli sull'attività della stessa» dicono.

I dettagli, dunque, non si sapranno mai. Quello che si sa, anche grazie a Grimm, è che basta ordinare il numero giusto e si possono avere a domicilio gli odori di mango, mandarino, latte, miele, ma anche quelli di cibi pronti come hamburger, carne con funghi, pasta o gulasch. Spaghetti alle vongole? Un numero e via, l'aroma è servito. Brasato al barolo? Proviamoci. Fagioli e cotiche, gamberi fritti, tortelloni di zucca? Chiedete e vi sarà dato. L'odore, s'intende, perché la sostanza è un'altra cosa. Del resto, bisogna sapersi accontentare. La zuppa di pollo con pasta della Knorr, per esempio, contiene solo due grammi di pollo secco sotto forma di palline, che corrispondono a sette grammi di carne di un vero pennuto. «Nessun cuoco al mondo, con queste quantità può dare sapore di pollo a quattro piatti di minestra: la Knorr invece ne è capace.» Lo vedete? Accontentatevi e sarete felici. Se volete, sono disponibili sul mercato anche «aromi d'ananas tipo frutta in scatola», l'aroma Coca Cola, l'aroma «tipo carne di manzo secca» e l'aroma «techno» con il «tipico sapore delle bevande energetiche alla moda».

Se poi volete un salmone affumicato, non c'è problema: dimenticate pure gli antichi metodi di conservazione da pescatori. Il nuovo metodo è molto più rapido: basta una doccia. Proprio una doccia. Si pigia il bottone, e via: scende giù il fumo liquido. «Si consigliano 30-90 secondi di durata, l'applicazione può essere regolata sul colore desiderato» come spiega l'apposito dépliant. Il procedimento è particolarmente adatto anche ad affumicare salsicce, perché «gli aldeidi formano collegamenti incrociati con le proteine», che rassodano la pasta suina. Inoltre, in misura inferiore e mescolato ad altri ingredienti, il fumo liquido viene impiegato anche in minestre, salse, verdure in scatola, spezie e in alcuni spuntini. In questi casi chi mangia non percepisce direttamente il sapore, ma l'insieme, assicurano gli esperti, risulterà assai gradevole.

Il fumo liquido si trova in abbondanza sui nostri scaffali. Ma non sempre lo sappiamo. Se è spruzzato solo esternamente, infatti, essendo considerato non un ingrediente ma solo un «coadiuvante di lavorazione», non va nemmeno indicato sull'etichetta. Che volete farci? La chimica applicata alla pentola ultimamente ha fatto davvero passi da gigante e nessuno la ferma più. Pensate che un'industria americana è riuscita a produrre pancetta artificiale, senza bisogno del maiale: solo acqua, grassi e proteine. Un'altra ha ottenuto una licenza per trasformare piume d'uccelli in additivo per caramelle e dolci. E un'altra ancora ha brevettato una ricetta grazie alla quale si trasformano batteri in panna per caffè o formaggi fondenti. «Il pisello può far concorrenza al marzapane come ripieno di confetti, dal fango arriva un ottimo gulasch, la crema di alghe sostituisce alla perfezione fragole e banane» elenca Grimm nel suo libro. «Per altro si tratta di ottime imitazioni. Nonostante tutto, infatti, il sapore continua a essere buono.»

Miracoli della tecnica. Per esempio: un giornale svizzero ha svelato l'esistenza di un procedimento attraverso cui i minuscoli gamberi luminescenti che si trovano nel mare in grandi quantità si possono trasformare in blocchi di pesce senza sapore dal quale «con un paio di interventi e aromi modificati» si ottengono senza difficoltà salumi suini, würstel, ma anche dolci, latticini e pasta. E il «Journal of Food Science» dimostra che si può anche scegliere il percorso inverso: dalla carne di maiale ai molluschi. Trasformazione complicata, e anche un po' alchemica: ma in fondo si tratta sempre di roba da mangiare. Più spericolato il viaggio che ci porta dall'incommestibile al commestibile. Finora, per esempio, rivela l'autore dell'*Imbroglio nel-*

la zuppa, «i trucioli non erano mai stati presenti nell'alimentazione umana, ma usati semmai come materia prima per pannelli in truciolato». Ora invece c'è chi trasforma «i trucioli in aroma di fragola».

Avviene così: «Si prendono dei trucioli, più precisamente trucioli australiani. (Perché australiani? Sono i migliori. Andrebbe bene anche segatura? No, devono essere proprio trucioli.) Si aggiungono alcol e acqua, alcuni altri ingredienti (segreto, segreto) e si mescola il composto sino a formare una pappa. Il tutto viene cotto un po' e in breve tempo acquista un aroma naturale di fragole. Variando leggermente la ricetta, i trucioli mutanti possono diventare anche aroma al cacao o alla vaniglia».

Aroma, ecco la parola magica. Anche se viene creato in un laboratorio chimico si guadagna il nome di «aroma naturale», basta che ne sia stata accertata l'esistenza nel mondo, sotto qualsiasi forma. Esiste in un letamaio? In una farfalla? Nella saliva di un serpente? Non importa, si tratta di aroma «naturale». Viene utilizzato persino negli alimenti per gatti: pare ne vadano matti. «Nell'era della naturalezza artificiale i confini tra naturale e chimico non sono più tracciabili in maniera esatta» scrive Grimm. «Quando gli aromi naturali vengono ottenuti dai trucioli e altri ingredienti vengono ottenuti dalla soia assieme a particelle di arachidi e siero, presto tutto appare come artificiale.»

La *mousse au chocolat*? Viene mescolata in parte con la stessa materia usata per i cani. Il vino da dessert? Deve il suo sapore a una sostanza che sta pure nel colluttorio. L'acido citrico? Non arriva da limoni, ma da microrganismi come la muffa *aspergillus niger*. «L'alimentazione è caduta nelle mani degli ingegneri.» Anche se a volte i consumatori si ribellano. È accaduto in Germania, quando un'azienda ha cercato di diffondere il «sostituto della carne» Quorn: era ottenuto da colture di muffe, ha avuto vita breve. Un'altra volta hanno tentato di lanciare un salame industriale con il sorriso: veniva lavorato in modo tale che, tagliandolo, apparisse sulla fetta un viso raggiante. «Qualcuno si chiede come mai nessuno risponde al sorriso del salame» scrisse allora un giornale. «Ma la risposta è semplice: nessuno risponde, perché quel salame è un orrore.»

Sono piccole ribellioni, magre consolazioni. In realtà la tecnica applicata al cibo avanza implacabile. Spesso con risultati devastanti. La sostituzione dello zucchero con prodotti chimici, per esempio, non solo si è rivelata inutile dal punto di vista dietetico, come dimostreremo nei prossimi capitoli, ma anche assai pericolosa dal punto di vista fisico e psichico. «La percezione del sapore dolce» conclude Grimm «appartiene alle prime esperienze gustative dell'essere umano. Un neonato può, ancor prima di trovare il capezzolo materno, percepire il sapore dolce; reagisce positivamente a una soluzione zuccherina perché il dolce segnala energia, alimentazione sostanziosa per il corpo. Oltre a questo provoca, anche negli esseri umani adulti, una lieve euforia a livello cerebrale, perché stimola la produzione dell'ormone della felicità, la serotonina.» Perché abbiamo voluto abolire tutto ciò? E quanti danni abbiamo provocato?

Gli spaghetti si fanno col grano russo (e la carne della Valtellina...)

Ora: non vorrei nemmeno dare troppo credito ai rivoluzionari pretecnologici, nostalgici della lampadina spenta e del carciofo marcio. Avremo modo di parlare ampiamente nei prossimi capitoli delle esagerazioni e degli errori di chi finge di inseguire chissà quale luminoso passato per rifugiarsi in realtà soltanto nell'ultima moda new global o new age. Non vorrei dare troppo credito ai rifkiniani dell'ecocidio, ai teorici del «mangiar carne è l'ultimo peccato dell'umanità», a quelli che spargono sospetti a piene mani su margarina e latte pastorizzato. Non vorrei perdermi dietro i grandi nemici delle multinazionali, quelli che dicono «Mangiare al McDonald's è come mangiare un bullone» e nel frattempo, tanto per non sbagliare, i bulloni li tirano contro le vetrine. Non vorrei allinearmi a chi vede dietro ogni angolo il complotto imperialista del prosciutto geneticamente modificato.

Però, ecco, come dire? Un po' di chiarezza non guasterebbe. Per esempio: uno compra la pasta Barilla e non sa se è fatta con grano italiano o canadese o del Minnesota. Oppure: uno compra una bottiglia d'olio extravergine e non sa se dentro c'è davvero extravergine (e quanto). Ma vi pare normale? Oppure ancora: uno compra un pacchetto di biscotti o patatine e non sa quanti grassi saturi contengono. (Con il rischio che «quasi tutti i prodotti in commercio in Italia contengono talmente tanti grassi saturi che basta una sola porzione e si raggiunge, spesso si supera, la quota di una dieta equilibrata giornaliera».)

«Perché sull'etichetta non date indicazioni precise ai vostri clienti?» chiede l'inviato di «Report» al responsabile della Barilla. «Scelta di marketing» risponde lui. «L'industria alimentare è libera di mettere sull'etichetta quello che vuole» spiega Paola Testori Coggi, della Direzione sicurezza alimentare della Commissione europea. «Ognuno può scrivere quello che gli pare ... Non c'è nessun sistema che verifichi l'attendibilità di queste dichiarazioni» conferma Nicola Ruggiero, presidente dell'Associazione produttori di olive. Il responsabile di un'azienda, in vena di confidenze, si spinge anche più in là: «Se uno mette al dieci per cento l'olio di nocciola nell'olio d'oliva non se ne accorge nessuno...». Ma sì: non se ne accorge nessuno. E allora perché non farlo? Il general manager della Heinz, quella del famoso ketchup, a un giornalista che un giorno gli domandava come mai sulla confezione avessero scritto «57 varietà», ha risposto: «Molti anni fa il nostro fondatore vide in un negozio di scarpe un cartello con su scritto "57 varietà". La cosa gli piacque così tanto che sul logo della salsa rossa scrisse "57 varietà". Riteneva fosse un bel numero».

Un bel numero, sicuro. Ma vi sembra una cosa sensata? Mettere numeri e parole sulle etichette così a caso? Non sarebbe meglio dare a un consumatore la possibilità di consumare cibo e non il fegato? Una società di ricerche, la Total Quality Food, ha fatto nel 2004 uno studio su 50 tipi di pasta, marchi piccoli e grandi, scoprendo «una sfilza di trabocchetti e cialtronerie». Su alcune confezioni, per esempio, sta scritto: «Senza conservanti né coloranti» (per forza: sono vietatissimi). Un altro dice: «Essiccata al sole» (ma questo procedimento è proibito). Due marchi vantano «prodotti lavorati a mano», anche se in realtà a mano vengono effettuati soltanto «passaggi secondari e irrilevanti» («esempio: si caricano a spalla i sacchi di farina dai camion. Il resto è tutto fatto a macchina»). Eppure, dice il capo di Total Quality Food, Giuseppe Patat, «più le scritte sulla confezione imbrogliano il consumatore, e più il prodotto costa caro».

E pensare che conoscere quello che ci arriva sulla tavola sarebbe importante. La Coldiretti rivela che un pacco di pasta su quattro viene fatto con grano importato dall'estero, il 20 per cento del concentrato di pomodoro utilizzato per produrre salse è Made in Cina. E il maialino sardo? Arriva dall'Olanda, come dimostrano i carabinieri nell'agosto 2004 bloccando un carico di 400 suini, per altro di scarto, che hanno fatto il giro d'Europa prima di guadagnarsi la patente di autentici *porceddu* isolani. Il ministero delle Politiche agricole lancia una campagna pubblicitaria: «Pollo con il bollo», per promuovere il pollo italiano: due mesi dopo la Procura di Torino scopre che due confezioni su quattro, nonostante la «I» di Italia sulla confezione, contengono carne bianca brasiliana.

Centottanta milioni di litri di olio d'oliva vengono acquistati ogni anno per essere mescolati, come se nulla fosse, con quelli pugliesi e toscani. Ma se uno compra l'olio d'oliva chiamato toscano non avrà il diritto di pensare che è stato prodotto con le olive della Toscana? E se invece ci sono olive turche non dovrà essere avvertito? La Federalimentari pensa di no. «Sapere che il grano duro arriva un anno dall'Australia e un altro anno magari dal Nordamerica, cosa aggiunge alle conoscenze del consumatore?» si chiedono bel belli gli industriali (7000 imprese nell'intero settore food, un fatturato che supera i 100 miliardi di euro) in un apposito dossier. E rivelano: gli spaghetti si fanno con il grano russo del mar d'Azov, i rigatoni con il grano francese, la bresaola della Valtellina con carne brasiliana e lo speck dell'Alto Adige con le mandrie dell'Argentina. «C'è qualcosa di strano?»

No, per carità. Niente di strano, cari settemila industriali. Solo che forse sarebbe bene saperlo, che ne dite? Il 10 marzo 2002 «Report» (Raitre) manda in onda una bella inchiesta sul mondo dell'olio. La conclusione è avvincente: l'olio Carapelli Firenze? Solo il 30 per cento è di Firenze. Il resto arriva dalla Grecia. L'olio Sasso? Solo il 15 per cento è italiano. Il resto arriva dalla Spagna e dalla Grecia. E l'olio Bertolli? Al massimo il 30 per cento è italiano. Il resto arriva dalla Tunisia e dalla Turchia. Ma come? Uno si vanta della tradizione toscana, scrive sull'etichetta «passione italiana», Lucca, dal 1865, la tradizione, il campanile, classico, fragrante, rocca dell'Uliveto, e poi ci mette dentro l'olio tunisino? «La legge non prescrive nessuna indicazione» spiega il direttore della Bertolli, gruppo Unilever, dal suo ufficio di Milano. Ma come funziona, gli chiede l'intervistatore: la famiglia Bertolli vi porta l'olio qui e lo imbottigliate? Risposta: «La famiglia Bertolli ha venduto il business dell'olio d'oliva molti anni fa». Domanda: «Avete comprato anche gli uliveti Bertolli?». Risposta: «No, gli uliveti Bertolli non ci sono. Noi abbiamo comprato solo il marchio». «Per marchio cosa intende?» «Beh, il nome.»

Il nome, ecco. Il nome della Toscana da applicare sull'olio turco e tunisino. Va bene, va benissimo. Tutto buono, ottimo, regolare. Ma un consumatore non avrebbe diritto di sapere? Tenete presente che, rivela la medesima inchiesta di «Report», lo stesso olio esportato negli Stati Uniti deve riportare sull'etichetta l'indicazione: «Il prodotto contiene selezione di alta qualità di extravergine dall'Italia, dalla Grecia, dalla Spagna e dalla Turchia». Perché negli Usa sì e in Italia no? «Se non è richiesto dalla legge perché dobbiamo farlo?» spiegano i diretti interessati. Obiezione interessante. Ma perché la legge non lo prevede?

Nell'agosto 2004 arriva la risposta: vengono approvate in Parlamento le norme che introducono la carta d'identità per tre cibi importanti: l'olio (va indicato il luogo di coltivazione delle olive), il latte (proibito scrivere «latte fresco» se è «latte microfiltrato»), pomodoro (la denominazione «passata di pomodoro» può essere usata soltanto se si usa vero pomodoro). Qualche tempo per i decreti attuativi, assicurano gli esperti. E poi cambierà tutto. Sperèm.

Codice da Vinci dell'albume

Sì, forse con le nuove leggi cambierà tutto. O forse no. Delle leggi, in fondo, ci si può fidare fino a un certo punto. Prendiamo l'esempio delle uova. Dal gennaio 2004 è entrato in vigore l'obbligo dei codici stampigliati. «Norme di tracciabilità» le chiamano. Provate a recuperare nel frigorifero un bel frutto di gallina e guardate su. Vedete quei numeri? Bene. Vi dovrebbero rivelare da dove viene l'uovo, com'è cresciuta la gallina, come si è nutrita. Però c'è un piccolo particolare: non lo potrete mai scoprire. Esatto: non vi affannate, tanto non ci capirete mai nulla. Ma non è per sfiducia nelle vostre capacità. No, anzi. Se vi può consolare, il «Venerdì di Repubblica» ha messo alla prova un esperto dell'Indicod, l'ente internazionale che gestisce i codici a barre di tutto il mondo, un cervellone insomma, uno che di queste cose ci vive. Ebbene: di fronte all'uovo si è arreso. Non ce l'ha fatta. Impossibile trarre informazioni utili. Come si può vedere, siete in buona compagnia.

Ma allora, se tanto nessuno ci si raccapezza, perché sporcate il guscio, scusate? Chi ve lo fa fare? Chi ci guadagna? Perché poi, oltretutto, non è mica finita qui. Ah, no: il bello è che se anche uno per caso riuscisse a decifrare il mistero, che ne so?, se un Einstein del tuorlo, il Leonardo da Vinci dell'albume, un sacerdote dell'omelette fosse in grado finalmente di capire che cosa vogliono dire quei numeri, comunque si bloccherebbe tutto. Sforzo inutile: non si può sapere nulla. E sapete perché? Semplice: perché c'è la privacy.

Ora: vi pare un discorso sensato? Uno scribacchia numeri e cifre, codici segreti, ricopre di segni mistici il nostro ovetto, e poi però impedisce a quei numeri di assumere un qualsivoglia significato perché c'è la privacy. Il paradosso lo enuncia Piergiorgio Sabatini, docente universitario ed esperto di sistemi di tracciabilità: «Dagli elenchi dei codici non si può arrivare ai nomi dei produttori perché siamo stati costretti a toglierli. Abbiamo inviato una richiesta formale al garante, dopo 14 mesi ha risposto che il dato è coperto se non c'è il consenso degli interessati». Fantastico: e chi mette sul mercato avanzi di pollame e simili cibi farlocchi, secondo voi, poi dà il consenso a farsi ritrovare? Altro che uova, qui si è fatta direttamente la frittata.

«Leggi sempre l'etichetta» insegna il decalogo della Coldiretti. Grazie tante. Ma se l'etichetta non si capisce? Ma voi ve la vedete la casalinga di Pizzighettone al supermercato, consueta folla del sabato pomeriggio, cassa che sta per chiudere e parcheggio quasi scaduto, che si mette lì a ragionare sull'interpretazione dell'ultimo segno del codice a barre? Che fa? Per ogni würstel che compra, telefona al garante? Ci possiamo credere? O anche la storia delle etichette in realtà serve solo per aumentare un po' i prezzi e rifilare altri pacchi (alias sòle) al consumatore? Dal 1° gennaio 2005, stabilisce la nuova legge, le aziende devono garantire la «rintracciabilità» dei prodotti, la «rintracciabilità di filiera» e la «rintracciabilità di filiera controllata». Che cosa significa? Se volete ci si può scrivere anche un libro. Di fatto tutto questo malloppo rischia di essere, come scrive il «Corriere Salute», solo «un protocollo per addetti ai lavori ignorato dai più».

Ma che cosa c'è nel würstel?

Protocolli di facciata, regole inapplicabili, formalismi incomprensibili: a questo è affidata, finora, la sicurezza del nostro pasto. In compenso sui siti Internet, sull'onda della novità, prolificano le iniziative spontanee. Andiamo, per esempio, su www. socosamangio.it, portale sulla rintracciabilità. Si propone come «strumento per conoscere prodotti e produttori». Se si inseriscono i codici si dovrebbero ottenere tutte le informazioni al riguardo. Il 22 luglio 2004 facciamo la prova con i codici di acqua naturale Crodo, biscotti Ringo Pavesi e yogurt Unes. Alimenti assolutamente comuni, normali, quasi banali, a portata di spesa di ogni sabato pomeriggio. Risposta: «Attualmente non è presente alcun prodotto di questa marca nel sistema di rintracciabilità». Grazie tante. Ma allora a che serve? Il sito appartiene a Geca Solutions e Omega Generation: vendono software per le aziende, «dallo studio di fattibilità allo sviluppo e manutenzione». Anche la sicurezza alimentare può diventare una bella vetrina. E magari un business.

Il fatto è che, business dopo business, il risultato rimane distillato nella sfiducia dilagante. Lo dimostra una ricerca della Doxa, presentata a Parma dalla Federazione delle industrie alimentari (fonte non sospetta dunque, e tutt'altro che rivoluzionaria): fra la primavera 2003 e la primavera 2004 il numero delle persone che legge regolarmente le etichette si è ridotto (dal 27 al 25 per cento). E il numero delle persone che si dice «molto» o «abbastanza soddisfatto» per la sicurezza dell'alimentazione è addirittura sceso dal 77 al 75 per cento.

Del resto come non capire tanta diffidenza? Un mensile specializzato nella salute ha provato a fare un'indagine su quello che si può rifilare legittimamente all'ignaro consumatore. C'è da rimanere basiti. Per esempio: leggete sull'etichetta dei würstel «carne suina»? Mica si specifica cosa si intende per carne: potrebbe trattarsi di grasso, tendini, nervetti o altre parti di scarto. I fagioli freschi? Possono essere tranquillamente fagioli secchi cui è stata reiniettata una grande quantità d'acqua. Il tonno in scatola? Può essere ricavato da tonno congelato senza alcun obbligo di specificarlo sulla confezione. E se nel carrello, per soddisfare la vostra golosità infilate una confezione di fragole con la panna, attenzione: quella sostanza bianca potrebbe essere una miscela di grassi idrogenati, che nulla ha a che vedere con la vera panna.

Il moltiplicarsi dei marchi, purtroppo, serve a poco: Dop, Doc, Docg, Igp, Igt, Stg, alla fine è più facile perdersi che orientarsi. Lo dimostra il caso del vino. Uno dei primi prodotti ad avere avuto protezione, uno di quelli che ancora oggi nasconde il maggior numero di truffe. «Dai dati dell'Ispettorato repressioni frodi risultano falsi Doc proprio nelle zone più famose: Piemonte, Veneto, Toscana» dice Milena Gabanelli in una puntata di «Report» non a caso intitolata *In vino veritas* (24 settembre 2004). Uno dei suoi autori sente al telefono uno dei più importanti produttori della Toscana. Domanda: «Non è che i suoi colleghi imbottigliano per Doc un vino che non è Doc?». Risposta: «Lo hanno fatto e lo stanno facendo. Fanno anche contrassegni falsi». Il meccanismo è semplice, conclude la Gabanelli: «Dal tuo vigneto puoi tirare fuori 1000 litri con il marchio Doc. Mettiamo che un anno ne produci 700 litri. Essendo tu autorizzato a venderne 1000 con il marchio, può darsi che i 300 che ti mancano li compri da qualche commerciante e poi ci piazzi il marchio Doc...».

Può darsi. Truffa per truffa, sempre meglio di quella messa in piedi da alcuni commercianti di ghiottonerie d'alta gastronomia: compravano cibo per cani in Bulgaria, e voilà, lo vendevano come foie gras. Dalla ciotola di Fido alla cena di gala: che ci vuole? È un gioco da ragazzi. Bastava cambiare l'etichetta sulla scatola. Vai a fidarti di quello che leggi. E (di conseguenza) vai a fidarti delle leggi.

Qualcuno vuol darcela a bere

«Qualcuno vuol darcela a bere» scrive in un bel libro il giornalista di «Famiglia Cristiana» Giuseppe Altamore. Ogni anno, rivela, gli italiani ingurgitano 172 litri di acqua minerale a testa, più di chiunque altro al mondo. La spesa pro capite è pari a 260 euro l'anno, oltre 500 mila delle vecchie lire. Un investimento sulla salute, direte voi. Ma davvero quest'acqua comprata al supermercato è più pura e salubre di quella che sgorga del rubinetto?

In realtà basta documentarsi un po' per scoprire che è vero proprio il contrario. E cioè: l'acqua del rubinetto, normalmente, deve rispondere a parametri di qualità superiori a quelli previsti per la minerale. Tanto per fare un esempio: quando nel 1993 l'Organizzazione mondiale della sanità stabilisce che le acque non devono contenere più di 10 microgrammi di arsenico per litro, ebbene quelle potabili si adeguano immediatamente alla normativa, quelle minerali, invece, continuano per dieci anni a contenere arsenico fino a 50 microgrammi per litro (cinque volte di più). E lo stesso avviene con il manganese: la sua tolleranza per le acque minerali è fissata a 2000 microgrammi per litro. Per le acque potabili ci si deve fermare a 50 microgrammi.

Volete andare avanti? Allora diamo un'occhiata alle etichette: la potente lobby dei produttori di acqua minerale ha ottenuto di non dover citare sulle bottiglie diciannove sostanze che pure meriterebbero attenti controlli, come il cadmio, il nichel, il cromo trivalente, i nitrati. Sostanze che, al contrario, vengono costantemente monitorate nelle pubbliche condutture. Infatti per l'acqua del rubinetto si controllano accuratamente 200 componenti, per le acque minerali ci si ferma a 48. Senza contare che l'acqua minerale, una volta imbottigliata, non la analizza più nessuno, mentre l'acqua del rubinetto viene analizzata più volte al giorno. Nel maggio 2003 l'associazione Altroconsumo ha passato al setaccio i rubinetti di 16 città italiane. Risultato:

«L'acqua potabile non ha niente da invidiare alle più costose minerali» scrive. «La qualità è mediamente buona, o accettabile. Eppure solo l'1 per cento viene usata per bere o per cucinare.»

Ma perché? Semplice. Lo rivela una ricerca di AcquaItalia pubblicata nell'agosto 2004: il 30 per cento degli italiani è convinto che l'acqua del rubinetto faccia male. Proprio così: anche se, ribadiscono i ricercatori, «indagini di laboratorio dimostrano come gli acquedotti italiani forniscono in media un'acqua davvero ottima e con caratteristiche biochimiche assolutamente encomiabili»; anche se le medesime caratteristiche «a volte non vengono invece rispettate dalle acque minerali in bottiglia (che fanno riferimento a parametri diversi di una legge ad hoc)»; anche se alcuni nutrizionisti come Oliviero Sculati si spingono ad affermare: «Sono talmente certo delle garanzie dell'acqua del rubinetto che personalmente bevo solo quella»; ebbene, anche se tutto questo è scritto, riscritto e strascritto in ogni testo scientifico credibile e ufficiale, il mercato delle acque minerali continua a crescere senza sosta. Come si spiega ciò? Non con la chimica, evidentemente, ma solo con la psicologia: siamo infatti tutti come magicamente convinti che l'acqua minerale ci faccia star meglio. La pubblicità ce l'ha cacciato in testa, e niente riesce a togliercelo. Nemmeno qualche improvvisa e clamorosa delusione choc.

Nel 2003, per esempio, la Coca Cola lancia in Gran Bretagna la nuova acqua minerale «Dasani». Bottiglietta stilizzata di colore azzurro, grande investimento in spot (7 milioni di sterline), l'obiettivo dichiarato di conquistare il mercato inglese e poi quello tedesco. Bastano pochi mesi, in effetti, alla nuova bibita per raggiungere il successo: scalata in vetta alle classifiche, supermercati ingolfati, richieste altissime. Subito dopo, però, arriva una botta micidiale: l'associazione dei consumatori di Sua Maestà svolge infatti un'accurata indagine e rivela che la «Dasani» non è nient'altro che acqua di rubinetto, proveniente dall'acquedotto pubblico della contea del Kent. «Non è vero che è la stessa acqua: noi la sottoponiamo a un processo di purificazione altamente sofisticato, lo stesso usato dalla Nasa per i fluidi sulle navette spaziali» si difende la Coca Cola. Ma gli inglesi non si lasciano convincere: in orbita, al massimo, ci sono le loro scatole. Che, per la verità, girano a mille.

In effetti: mezzo litro di Dasani costa 95 pence, circa 1 euro e mezzo. Mezzo litro di acqua del rubinetto del Kent costa 0,03 pence: circa 1350 volte in meno. «Un guadagno non indifferente per la società americana. O, da un altro punto di vista, una clamorosa presa in giro per la gente», scrive Enrico Franceschini su «la Repubblica» (3 marzo 2004). La vicenda finisce sulle prime pagine di tutti i giornali d'Oltremanica. «Ecco la prova che la nostra acqua è di eccellente qualità» commenta soddisfatto e seraficamente *british* il direttore degli acquedotti inglese, Barrie Clarke. «Per bere bene non importa spendere. Basta girare la manopola del rubinetto.»

Ecco appunto, girare la manopola del rubinetto. Spesso non farlo non è solo sciocco, come dimostra il caso Dasani, ma è anche pericoloso. Durante una puntata di «Mi manda Raitre» (giugno 2003) viene denunciata la presenza, in alcune bottiglie di minerale, di una quantità di fluoro tale da rendere l'acqua inadatta ai bambini. Vengono avviate inchieste dalle Procure di Bari e di Torino. E il «Corriere della Sera» pubblica un articolo di Anna Bartolini, nota paladina dei consumatori, in cui si riferiscono voci non ufficiali sul fatto che sarebbero state trovate irregolarità nel 73 per cento delle confezioni esaminate. Interpellanze parlamentari, interrogazioni, richieste di nuove norme per regolamentare da principio tutta la materia: eppure il ministero che tutela la nostra salute, sempre così lesto a muoversi su tutto per proteggerci a puntino, in questo caso resta immobile. O quasi.

Così il mistero continua: liscia, gasata o un pochino avvelenata? Non c'è dato che venga tenuto nascosto quanto questo. Acqua in bocca, è proprio il caso di dire. Il motivo? Provate a indovinare. Di sicuro sulle bollicine nuota un business davvero effervescente. Le aziende sono 160 con 250 etichette, ogni anno imbottigliano 7 miliardi di litri, ma il 70 per cento del mercato è in mano a soli sei grandi gruppi, il più importante dei quali fa capo alla multinazionale Nestlè. Il settore fa grandi investimenti pubblicitari: 300 milioni di euro l'anno, è una delle fette più consistenti della torta complessiva degli spot. Hanno assoldato come testimonial anche Alessandro Di Pietro, quello di «Occhio alla spesa», quello che si occupa delle compere al mercato, e che in teoria dovrebbe stare sempre e soltanto dalla parte della massaia. Ma quale massaia è in grado di pagare cachet come quello degli spot?

In effetti, spot dopo spot, Di Pietro dopo Di Pietro, le aziende sono riuscite a convincerci che l'acqua minerale fa bene anche a noi, oltre che alle loro casse. E sono riuscite pure a farsi consegnare l'acqua delle fonti, cioè del sottosuolo, cioè di tutti noi, a prezzi irrisori: nel 2002 la Levissima ha pagato la concessione 3 milioni di lire, la San Pellegrino poco più di 5 milioni. Costa quasi di più la colla con cui s'attaccano le etichette. Alcune Regioni sono già corse ai ripari, il prezzo è stato leggermente aumentato. Chissà forse, di conseguenza, le aziende avranno già aumentato anche il prezzo della bottiglia. Ormai ci hanno convinto che non se ne può fare a meno. Altro che mani nel piatto. Ce le mettono pure nel bicchiere.

Torroncini coi vermi e pane all'amianto

Nel luglio 2004 viene pubblicato il dossier sulle *Truffe a tavola* a cura di «Salute&Gusto», sportello informativo sulla sicurezza alimentare. Basta leggere il capitolo con le sentenze sulle sofisticazioni (si badi bene: si tratta di sentenze passate tutte in giudicato) per rovinarsi definitivamente l'appetito. A Cordenons (Friuli) è stato servito un panino imbottito di setole, plastica e una mosca. A San

Lazzaro di Savena è stata versata acqua minerale con mozziconi di sigaretta. Ad Aviano sono stati scoperti in un magazzino prodotti alimentari pronti per essere portati in tavola ma già abbondantemente mangiucchiati dai topi. Topi in carne e ossa sono stati trovati nella farina per la pizza in un bar ristorante in Piemonte, mentre a Limbiate (Lombardia) sono state vendute sei confezioni di torroncini morbidi invase da vermi e ragnatele.

Non vi basta? Avanti con il menu. Funghi porcini con larve morte (a Viguzzolo, Piemonte), pane all'amianto, lasagne con sugo e cerotti usati (a Calenzano, Toscana), pop corn con parassiti e topi morti, speck all'additivo chimico, carne macinata alla salmonella, spezzatino con coliformi fecali, e per dolce i pasticcini di Lentini Sicilia, con marzapane e scarafaggi, o il celebre panettone genovese arricchito di abbondanti muffe. Se vi viene voglia di bere per dimenticare fate attenzione: potrebbero servirvi vino alla trielina.

I rapporti dei Nas sono impressionanti: dieci giorni di indagine nei self service e si scoprono 379 infrazioni (su 580 locali controllati). Dieci giorni di indagine nel settore dei molluschi e si scoprono 229 infrazioni (su 475 attività controllate). Un salto nelle gelaterie e si scopre un numero di infrazioni (938), addirittura superiore agli esercizi controllati (934). Si passa dal supermercato e saltano fuori 531 infrazioni (su 905 negozi controllati). E per quanto riguarda mense di stazioni, aeroporti e traghetti bastano otto giorni per scovare 293 infrazioni (su 519 controllate). A Catanzaro vengono sequestrati 400 chili di gelati: contenevano liquami maleodoranti. In un buffet della provincia di Napoli vengono rilevati stafilococco e salmonella. A Sassari è stata chiusa la mensa di una scuola materna per la presenza di «escrementi di roditori», come dice nemmeno troppo burocraticamente il rapporto. Il 50 per cento delle pescherie controllate in tutta Italia non sono in regola, nella ricca e internazionale Milano risultano fuori legge un banco dei formaggi su tre.

Dello stesso tenore la relazione dell'attività 2003 dell'Ispettorato centrale repressione frodi, istituito presso il ministero delle Politiche agricole. Su 15 mila operatori controllati quasi 3 mila (2956) sono risultati irregolari, il 19 per cento del totale. L'anno prima erano stati circa 2600, cioè il 16 per cento del totale. Come a dire: si va sempre avanti. In testa alla classifica dei più indisciplinati il settore lattiero caseario e quello degli alcolici, ma anche sui dolci le irregolarità non mancano. «Tra i casi eclatanti un maxisequestro di 2 milioni di etichette di olio extravergine recanti il simbolo della Repubblica italiana a garanzia della qualità del prodotto.» Qualità inesistente, *ça va sans dire*.

Mucca pazza non è bastata

Ma non c'era stata mucca pazza? Non era stata il «campanello d'allarme»? Non venivano promesse in quei giorni «grande attenzione e verifiche a tappeto»? A leggere il rapporto sulle *Truffe a tavola* del 2004 sembra che tanto strillare, come al solito, non abbia prodotto nulla. Anzi, quello delle carni e degli allevamenti resta, mucca pazza o no, uno dei capitoli più allarmanti: «Medicinali zootecnici non registrati, medicinali vietati importati dalla Cina, carni brasiliane vendute come nazionali, macellerie con strutture non adeguate, prodotti scaduti messi in commercio con una etichetta nuova, certificati contraffatti, animali privi di marchi di riconoscimento e non vaccinati. Non mancano i casi di maltrattamento e i ritrovamenti di carcasse smaltite in modo non corretto. Veterinari compiacenti, impiegati collusi e imprenditori senza scrupoli fanno della carne uno degli alimenti più pericolosi» recita il documento.

Il quadro fosco si nutre (anzi è il caso di dire: si avvelena) con le notizie di cronaca. A Parma vengono trovate uova con la salmonella: sequestrate 2085 galline. Mattatoi abusivi individuati e chiusi a Salerno, Cosenza (2), Crotone, Chieti, Benevento, Lodi e Caltanissetta. A Napoli recuperati 10 quintali di vitello in cattivo stato di conservazione, 2 quintali di salumi guasti, 1000 confezioni scadute e 286 litri d'olio di dubbia provenienza. A Siracusa c'era una discarica abusiva con carcasse di pecore, a Padova le uova destinate agli animali venivano prese e immesse normalmente nei supermercati, a Verona sono stati distrutti 1600 chilogrammi di carne «invasi da parassiti e pronti per la commercializzazione con falsa data di scadenza». A Torino è stata sequestrata un'area di 2000 metri quadrati dove si allevavano bestie da macellare: era realizzata con scarti industriali pericolosi.

A Napoli una operazione dei carabinieri («Meat Guarantor») ha portato all'arresto di trentasette persone appartenenti o vicine al clan camorristico Fabbrocino: vendevano sul mercato nazionale bistecche derivanti da animali malati. Sono stati accusati inoltre di somministrare alle mucche anabolizzanti e antibiotici dannosi per la salute umana. Pure nella provincia di Asti è stato scoperto l'uso indiscriminato di anabolizzanti: sequestrati 1065 capi. «Una vasta indagine partita da Brescia ha individuato numerose confezioni di medicinali spagnoli e italiani non ammessi, antibiotici e sostanze liquide e in polvere, aspirina cinese vietata in zootecnia. Coinvolti anche più di 1100 tra bovini e suini.» Altri 66 bovini sono stati bloccati in «un'azienda che non rispettava le norme igieniche e adulterava le carni».

Durante la già citata operazione «Meat Guarantor» vengono registrate alcune conversazioni telefoniche. Vale la pena leggerle con attenzione (e magari conservarle).

A.C. (macellaio): ... La carne non si riesce a vendere... è verde dentro, è tutta verde.

F.L. (venditore): ... Realizza i quarti, realizza qualche cosa. C'è sempre un po' di carne che si può recuperare... in qualche maniera... Macinata...

A.C.: ... Senti un poco... io ho chiamato pure a B. e gliel'ho detto... le due cosce di carne non sono proprio buone! Sono tutte «turlupiate», hanno «materia» dappertutto... ora il macellaio le ha sfasciate e mi ha detto: «Io le devo buttare proprio... le devo buttare proprio tutt'e due».

F.L.: ... Quella vitella di F. ... è uscita scura come il carbone... gli ho detto di non preoccuparsi, di venderla comunque... poi venerdì vediamo di sistemare la situazione...

R.B. (titolare di una macelleria a Caivano in provincia di Napoli): Non sappiamo più come dirtelo... un animale della settimana scorsa venduto... sono venute una ventina di persone a dirmi... «la carne non me la conservare più». La carne il giorno dopo puzzava. Il colera... non ci volevo credere. Tutti hanno buttato la carne. Pure l'altra settimana... un vitellone uscì con la carne... era più chiara del solito però la carne attaccava le mani. Tagliando due fette di carne e mettendole una sopra l'altra diventavano una crema... un liquido...

L.R.(veterinario): Senti... martedì o mercoledì i miei colleghi vengono ad ispezionare la stalla di ingrasso ed ho pensato di dirtelo...

M.: Hai fatto benissimo... così sospendo i trattamenti.

L.R.: L'ho saputo per vie traverse...

D.M.: Sei un fetente... quella vitella piccola che puzzava perché me l'hai mandata?

F.L.: ... Fagli qualche siringa, che ti devo dire...

D.M.: Quella puzza. Ho chiamato pure il veterinario... il veterinario è uno di casa, non è che può succedere niente, non preoccuparti... ci vediamo domenica...

S.S.: Si deve tirare fuori quella vitella morta nel box. [Prima della regolare mattazione, *NdR.*]

R.A.: ... La dobbiamo buttare

S.S.: No, tirala fuori, poi la svisceriamo e vediamo a chi consegnarla...

R.C.: ... Siamo tutti sudati... una vitella di queste, «pazza»... dopo cinque minuti che loro sono andati via è sbattuta a terra... soffiava... sbatteva... emetteva schiuma dalla bocca... quando ho visto che piegava le cosce di dietro... si stendeva a terra in continuazione... l'abbiamo scannata... l'abbiamo messa in frigorifero... sono belve queste bestie... troppo bruciato...

M.: ... In vena! in vena! vai giù in vena! ... puntura in vena! [Farmaci antibiotici e cortisonici broncodilatatori vengono somministrati in dosi elevatissime, sia endovena che intramuscolo, ad animali che vengono macellati senza rispettare i tempi di sospensione, ponendo sul mercato carni cariche di farmaci dannosi per la salute. In alcuni casi venivano utilizzati farmaci provenienti dall'estero, non registrati dal ministero della Salute, *NdR.*]

F.G.: ... Farle in vena... poi ti fa vedere P. ... nella stalla ci sono delle bestie che hanno della bava alla bocca e sangue al naso.

G.C.: ... Mi ha chiamato don A., mi ha parlato del trattamento.
F.L.: Ancora non lo hanno portato... Dobbiamo ritardare di qualche giorno... in poco tempo gli animali diventano fenomeni... e li macelliamo appena dopo Ferragosto...

Interessante, no? Tanto più se pensate che tutto questo succede pochi mesi dopo la paura di mucca pazza. E se non c'era la paura che succedeva allora? Ci servivano direttamente la carne di vermi? Roast beef al topo morto? Tagliata di farmaco scaduto con aceto al metanolo?

Fagiano ripieno (di antibiotico)

L'8 giugno 2004 Legambiente denuncia: «Di mucca pazza si parla ormai pochissimo ... Sui casi umani si tende a tacere per non alimentare il panico ... Di polli provenienti da allevamenti in Brasile e Thailandia non si fa più parola. Eppure arrivano sottoforma di preparati conservati e piatti pronti. E arrivano ancora, nonostante i controllori della Commissione europea sulla sicurezza dei consumatori abbiano dichiarato molti di questi allevamenti non idonei per gli standard igienico-sanitari europei e non sicuri per la scarsità dei controlli in loco».

Se poi i virus non bastano, ci si aggiunge anche un po' di chimica. Nell'ottobre 2002 la medesima Legambiente sollevava lo scandalo degli pseudopolli nei piatti: «Provengono dal Brasile dove sono stati trattati con antibiotici vietati in Europa e additivi alimentari sospetti cancerogeni, passano per l'Olanda, dove vengono ulteriormente modificati con proteine di maiale per aumentarne il quantitativo di acqua assorbita, e quindi il peso, e arrivano indisturbati sulle tavole degli ignari consumatori europei».

Nel febbraio 2004 i Nas di Bologna sequestrano 1000 confezioni di medicinali, 7 mila chilogrammi di nomi semi-impronunciabili: dimitridazolo, cloramfenicolo, boldione e 17beta-estradiolo. Tutti destinati ai maiali, tutti cancerogeni per l'uomo. *Che bel maiale farmacologico*, titola «il Salvagente». E la settimana dopo torna all'attacco: «Oltre ai maiali, scoperte sostanze illecite destinate a gonfiare fagiani, conigli, bovini, polli». E persino le anguille. «Tra il materiale sequestrato anche interi flaconi, 25 litri ciascuno, di Olaquindox, il cui uso non è stato mai consentito perché provoca tumori.» Non è una novità: nel gennaio 2002 erano stati bloccati ingenti quantitativi di gamberetti cinesi ricolmi di antibiotico.

Pensate che bello. Uno ordina un salame cotto e fa indigestione di medicine con la vocazione a far venire il cancro. Fagiano ripieno? Sì, ma di chimica farmaceutica. Il pesce è azzurro solo per il colore del dimitridazolo. E per mangiare una coscia di coniglio arrosto ci si riempie di anabolizzanti come nemmeno un culturista al massimo del doping. Ormoni, dietilstilbestrolo, diossina, cadmio, piombo, arsenico, cromo: se davvero, come dice Feuerbach, siamo ciò che mangiamo, eccoci pronti per il laboratorio di analisi tossicologiche.

Quattro sberle in padella

Secondo l'Unione dei panificatori il 20 per cento delle pagnotte vendute a Roma proviene da forni abusivi: portate in laboratorio presentano muffe superiori ben 17 volte ai valori consentiti. A Napoli il business del pane nero, anzi nerissimo è stimato in oltre 65 milioni di euro l'anno: spesso l'acqua usata per impastare arriva da pozzi inquinati, possibili veicoli di epatite. Recentemente sono stati scoperti alcuni forni in cui si cuocevano gli sfilatini con legno di bare e pneumatici. A Palermo ogni domenica vengono venduti 20 mila chili di biovette sui cofani delle auto. Potete immaginare con quale garanzia d'igiene.

«Alcuni prosciutti cotti» scrivono Stefano Carnazzi e Stefano Apuzzo nel loro *Quattro sberle in padella* «costano meno del crudo perché la materia prima sono prosciutti crudi invendibili, andati a male, o deteriorati. Ritirati dal commercio ricevono prima un lavaggio che li depura da vermi e parassiti, poi vengono cotti in svariati modi e infine trattati chimicamente con sieri (proteine del latte essiccate e manipolate chimicamente con fosfati o, per esempio, idrossido di sodio che per intenderci è lo stura lavandini Niagara).»

Nel giugno 2004 la Guardia di finanza ha scoperto nel Salento 300 mila bottiglie di vino (circa 250 mila litri) destinate al Nord Italia: il vino era appena il 10 per cento. Il resto erano fertilizzanti e zucchero. Pochi mesi prima, nel novembre 2003, a Nocera Inferiore sono state individuate circa 34 tonnellate di formaggi avariati, cioè formaggi ammuffiti che venivano ripuliti, rietichettati e rivenduti. Poche settimane dopo nella stessa zona sono state sequestrate 4000 confezioni di pomodoro concentrato: dalle analisi è risultato che quella sostanza era pericolosa per l'uomo. E nel dicembre 2004 i Nas trovano a Cremona 600 mila (dicasi: 600 mila) confezioni di latte con «eccesso di carica batterica».

Né si può star più tranquilli andando in bar o ristoranti. Nel giugno 2004 il «Corriere della Sera» pubblica alcuni dati preoccupanti su Milano: «Ogni anno la Asl visita 5 mila tra bar, panetterie, mense, tavole calde. Esito: poca igiene nel 50 per cento dei locali ispezionati. Va ancora peggio nei ristoranti: secondo i controlli dei Nas nei primi mesi del 2004 tre quarti degli esercizi erano fuori legge». Ogni anno circa 50 ristoranti vengono chiusi per «gravi irregolarità nella conservazione e nella somministrazione dei cibi». E le associazioni dei consumatori denunciano: «Malori dopo pranzi e cene, il fenomeno diventa sempre più frequente». Si badi bene: si sta parlando del capoluogo della ricca Lombardia, la metropoli più internazionale e controllata d'Italia. Che cosa succede nel resto del Paese? Quando nel luglio 2004 i Nas vanno a controllare bar e ristoranti di stabilimenti balneari, servizi di ristoro di aeroporti, treni e navi, scoprono, in soli dieci giorni, ben 900 infrazioni. In pratica, un locale su due non è in regola. La tragica conferma arriva pochi giorni dopo dalla cronaca: Ferragosto a Monte Livata, il pranzo finisce con quindici persone intossicate. Primo, secondo, contorno e per dessert una stanza d'ospedale. Voilà.

La Fipe (Federazione italiana pubblici esercizi) ha calcolato che negli ultimi trent'anni la spesa media per consumi alimentari fuori casa è aumentata del 78,7 per cento, raggiungendo 2118 euro per famiglia. Soldi ben spesi? «Non sempre» risponde il settimanale «Panorama» con un'accurata inchiesta sul campo (anzi, in cucina). «Che si tratti di un panino tra un appuntamento e l'altro o di un banchetto di nozze, ciò che ci viene servito nei locali pubblici non sempre è all'altezza del palato, del conto che viene presentato e, soprattutto, delle norme igieniche. Anche le più elementari.»

Insomma, ci truffano. Anzi, ci mettono le mani nel piatto. Certo, nulla di nuovo, o almeno di nuovissimo. La storia recente è piena di casi clamorosi di avvelenamenti programmati e cibi avariati. Dall'olio denaturato venduto come commestibile in Spagna (586 morti), al vino al metanolo in Italia (25 morti), passando per il pesce al mercurio e le caramelle ai coloranti. Poi la già citata mucca pazza, i polli alla diossina dal Belgio (1999), il botulino nel mascarpone che provocò sempre nel 1999 dodici intossicazioni e la morte di un ragazzo. Tutte le volte la stessa storia, tutte le volte lo stesso ritornello: non si deve ripetere più, bisogna aumentare i controlli. Ma dura poco.

Il fatto è che siamo sempre più voraci. E mentre noi siamo voraci di cibo in casa e fuori, c'è chi trova il modo di diventare vorace di soldi. I nostri, per l'appunto. L'unica arma che ci resta, per difenderci, è l'ironia. A Salerno, per esempio, Salvatore Casillo, un professore universitario dotato d'ingegno purissimo, ha voluto dedicare alle truffe addirittura un museo. Dentro, sotto teche di vetro sono esposti caffè contraffatti, olii di oliva alla clorofilla, formaggio danese spacciato per made in Italy, pomodori pelati fatti esclusivamente con polpa di carote e coloranti e tante altre delle meraviglie che vi abbiamo descritto fin qui. «Il falso è servito» si consola Casillo. E allora consoliamoci pure noi. Chi vuol essere vero sia: a tutti gli altri, che gli vada il cambozola di traverso.

V

Che buono lo stracotto d'asino (se lo chiami tajine)

D'antipasto un po' di camembert francese fritto con ananas e mirtillo, poi in rapida successione sushi vietnamita, ceviche peruviano, scandinavian fish, tiropita greca, fajita messicana a base di pollo speziato, sashimi alla thailandese, salteñas alla boliviana, ceci all'egiziana, parrillada del gaucho argentino, tempura giapponese, polpettone libanese, cetriolo indonesiano all'agrodolce, apple pie made in Usa, senza dimenticare la birra tedesca o il vino campano alternato a un cabernet cileno e magari per finire una crema catalana con l'aggiunta di Sachertorte viennese e gelato ai pistacchi indiani. In pratica, un pranzo mondiale: basta aggiungere filetto di canguro ai capperi australiani e merluzzo eschimese, e il mappamondo è servito. Avete fatto il giro dei cinque continenti, pur mantenendo le vostre gambe saldamente ancorate sotto il tavolo. La pancia si gonfia, il portafoglio si sgonfia: ma non preoccupatevi. Se vi sembra di aver speso troppo, potete sempre affogare i dispiaceri con mirto sardo, tequila messicana e soprattutto Vana Tallinn, liquore estone ad altissima gradazione alcolica, da servire con caffè italiano o champagne francese.

Altro che ristoranti etnici: ormai quelli fanno parte dell'archeologia dello stomaco. Da qualche anno impazza il multietnico. O meglio, *fusion*, cioè fusione. «Una parola» come ci spiegano gli esperti di «Panorama Travel» «che da sola rievoca un'idea, una sensazione, un'emozione. Un richiamo sottinteso all'erotismo.» Addirittura. E di più:

«Fondersi, confondersi, perdere confini e identità». Gli involtini primavera? Roba da preistoria. Il pollo alle mandorle? Mesozoico culinario. E se una volta ci si sentiva internazionali interrompendo la triste litania di minestrine con un maiale in agrodolce alla Pagoda o due spaghetti di soia alla Grande Muraglia, adesso per sentire il gusto della novità bisogna per forza entrare in uno di questi locali, che le guide alla moda definiscono «valigie capaci di contenere l'intero scibile culinario». Magari, quando si esce, si ha più fame di prima. Però c'è il «richiamo sottinteso all'erotismo» che fa «perdere confini e identità». Com'è chic.

Curry, nachos e canne di bambù (moda fusion)

Bisogna essere fusion, dunque. Non se ne può fare a meno. E non è solo questione di gusti, spezie e sapori. No. Ormai il fusion cooking è uscito dal cooking e ha invaso un po' tutto, anche il salotto buono, persino l'impianto hi-fi. C'è la musica fusion, la cultura fusion, l'arredamento fusion e il fusion design. C'è addirittura un «gusto fusion per vassoi e per taglieri». Ci manca il gusto fusion per l'asse della toilette e poi, voilà, ogni angolo della casa sarà magicamente riempito dalla nuova tendenza. O dalle sue sottospecie, come la «curry cultura», speciale intruglio di India e Occidente, che in poco tempo ha già avuto l'onore di assurgere a dimensione esistenziale e persino a titolo di programma tv.

Curry cultura, sì: ma come stupirsi? I locali che vanno forte adesso sono quelli come lo Zythum di Milano, dove puoi spaziare come se nulla fosse tra filosofia giapponese e churrasco brasiliano, pesce spada alla turca e meditazioni thailandesi, paella valenciana, anatra australiana con rucola e pinoli e spirito messicano, passando per carpaccio alla piemontese, atmosfere indonesiane e un mastro birraio cecoslovacco. O come il New York Café, dove si mescolano in un unico grande cocktail braciole neozelandesi, tacchino arrosto e Buffalo winks all'americana, piatti creoli a base di tonno annerito, thai curry chicken all'orientale, pâté di foie gras alla francese, carne asada alla sudamericana e zuppa di pesce cajun. O come The Globe, all'ottavo piano di un Coin, dove facendosi largo fra una giacca e una sciarpa plissé, si possono indossare (pardon: ingurgitare) senza troppi distinguo bouillabaisse alla provenzale e nachos messicani, tandoori murgi indiana e fajitas tex mex, e se tutto questo vi sta stretto anche zuppa thai, feijoada ed escargot alla bourguignonne.

Curry, tanto curry, chili, sushi e canne di bambù: mescolate il tutto, agitate, perdete confini e identità, come dice «Panorama Travel». La «fusion morbida ed estrema» ora conquista anche la provincia: a Bergamo la puoi trovare persino negli ex circoli pane e salame dell'Arci. Ma il suo centro, naturalmente, è nelle grandi città come Milano e Roma, dove te la portano finanche a domicilio con il «catering multietnico». E dove fa nascere ristoranti locali come lo Shambala, «locanda asiatica con grandi alberi», bambù, salici contorti, fiori dalle sembianze tropicali, «una vera fusione anche botanica e di interior design per un menu davvero fusion nella sua filosofia più profonda». Il luogo ideale, insomma, per «cibarsi d'Oriente tra profumi e quiete, rosso tepore, fuoco di forme, luce e cristallo...», come dice la presentazione che è tutto un esaltare piante orientali, tavolini bassi orientali, infusi orientali, piatti orientali. Salvo scoprire, alla fine, che lo chef è brasiliano.

«Vecchia Milano», specialità maghrebine

Cibarsi d'Oriente, per altro, costa piuttosto caro. Ma pazienza: mano al portafoglio e via, un po' di chapati (pane stile frittella originario dell'Est India), un vattalapam (che non è un insulto, ma un dolce dello Sri Lanka a base di cocco), tortillas, tofu e mussaka, e ti senti subito palato del mondo. Ormai è un dovere sociale: l'etnico è glamour, l'etnico è chic, l'etnico è persino kitsch quel tanto che basta per conquistare i grandi gourmet, i critici più severi, le pagine dei giornali, le strade delle città. Nella sola Milano i ristoranti internazionali si contano a centinaia. La guida ufficiale del settore (*Pappamondo*) ne riconosce 243, di cui 11 multietnici-fusion, 47 cinesi (3 si chiamano La Pagoda, 3 Hong Kong, 3 La Muraglia e uno La Grande Muraglia), 30 messicani, 27 misto europei (greci, francesi ma anche moldavi), 24 giapponesi, 16 indiani, 14 genericamente africani, 11 genericamente americani, 15 brasiliani, 12 mediorientali, 11 caraibici, 4 thailandesi, 3 coreani, 2 israeliani, 2 argentini, 2 russi, 2 peruviani, 1 australiano, più alcuni egiziani, malesi, spagnoli e 3 maghrebini. Uno di questi si chiama Vecchia Milano.

Avete capito bene: ristorante maghrebino Vecchia Milano. Un «angolo di Africa del Nord nel capoluogo lombardo», dove tra velluti e ori si possono scoprire «i valori e i sapori della cultura *ergastronomica italiana,* la più apprezzata del mondo» (ergastronomica? La pubblicità dice così: nella Vecchia Milano, è noto, l'italiano non è la lingua principale). Ma sì dài, allora, andiamo a gustare sotto l'insegna meneghina i piatti tipici della nostra tradizione: risotto allo zafferano? cotoletta? cassoeula? Macché. Cous cous di agnello, shish kebab, haraimi, burik e ghiottonerie libiche, «ogni giovedì e venerdì sera spettacoli di balli spagnoli (flamenco) e orientali (danza del ventre)», giorno di chiusura la domenica, «si accettano tutte le carte di credito». Sul sito Internet c'è anche una bella odalisca che ancheggia come si deve al suono dei pifferi: altro che zona Ticinese, sembra di stare in una tenda del deserto. Vecchia Milano, provincia di Tripoli.

Uno dice: è Milano, bellezza. Milano è multietnica, internazionale, accogliente, questo è il suo bello. Sicuro. Il fatto è che ormai la cucina etnica la trovi dappertutto, persino a Vibo Valentia, in quel profondo Sud dove una volta potevi rifugiarti per gustare virili pecorini e maialissimi insaccati. Adesso no, adesso ci trovi Maracatà, specialità gastronomiche brasiliane, piccola Rio de Janeiro trasferita con tutte le sue morbidezze in contrada Perara al bivio per Conidoni Briatico. Come se una feijoada carioca potesse mai essere più buona di una pasta e broccoli calabrese. E Arezzo? Niente maccheroni co' l'ocio, si va a mangiare messicano da El Sol. A Verona anziché la sopa coada con il brodo di piccione, trionfa la carne argentina della Pampa; a Parma si rinuncia ai tortellini: è venuto il momento di scegliere beg alichà, lo stufato di pecora della cucina etiope. E persino la mitteleuropea Trieste si lascia conquistare da Mille e una notte, ristorante tipico marocchino: addio struccoli cotti e pinza pasquale, anche la bora porta l'odore del kebab.

Guardatevi intorno. Gli stessi che fanno a gara per autonominarsi difensori dell'autenticità locale (ne parleremo ampiamente nelle prossime pagine), organizzano poi corsi di cibo multietnico, fusion e cucina di Babele. Esaltano a più non posso i tajaren della nonna e poi ci versano sopra abbondanti dosi di curry. Occupano i centri sociali per inneggiare alle tradizioni contadine, poi impartiscono lezioni di moghul e banane fritte. E così nelle rubriche dei settimanali non è difficile scoprire che persino i più grandi puristi della pentola antica, quelli che teorizzano ristoranti rigorosamente legati alla terra, accettano in fondo di farsi accompagnare, fianco a fianco, da ricette dell'altro mondo. Altro che polenta e brasato al barolo: chele di granchio colombiane, methi, malambo (grande moda dell'estate 2004) e bistecche di coccodrillo.

«Replicare a casa le cucine asiatiche richiede un buon vocabolario di sapori e una notevole capacità sintattica» s'affrettano a spiegare le riviste femminili. Poi aggiungono: «A meno di non iniziare con un trucco: le insalate». E avanti, allora, cancelliamo la niçoise, anche nelle pagine dedicate alle sciure Marie arrivano le insalate dei cinque continenti: il rujak balinese di frutta, il gado gado indonesiano, la vietnamita di pollo e bock choi, la coreana di melanzana e la birmana ai gamberi, che «fanno proustianamente riaffiorare alla memoria gusti di un viaggio già fatto o premonire i sapori di un itinerario già sognato».

Ma sì, dài: proustianamente, la menta vietnamita e il cavolo cinese affettato alla julienne. Metti l'Asia in tavola e, se proprio vuoi essere alla moda, manda in cantina le forchette. Come? Non lo sapete? L'ultima esterofilia in fatto di cibo non riguarda la sostanza, ma il modo di consumarla: a Parigi già spopola nel Buddha Bar, a Barcellona fa faville nel Camper Foodball ed è naturalmente comparso anche a Milano, zona Giambellino. Benvenuti nel finger food: si mangia con le mani, si mangia solo in piedi, «all'africana, all'araba o se preferite alla primitiva». Multietnici fino in fondo, insomma. Magari scomodi e con le mani sozze. Però, davvero «in».

Chiamatemi chef Kumalè (ma sono piemontese)

Come ogni religione, anche la cucina etnica, anzi multietnica, ha il suo sacerdote. In Italia, senza dubbio alcuno è chef Kumalè. È lui che pubblica *Pappamondo*, la guida ai prodotti esotici appoggiata dall'Unione Europea. È lui che cura il manuale didattico ai prodotti del world food. È lui che scrive *Bevande dal mondo*, *Cucina africana*, *Ratatuia. Un mare di uomini, migrazioni e pietanze*. È lui «gastronomade insaziabile», come si definisce nel suo sito Internet, formatosi «alle cucine e alle culture del mondo in occasione dei numerosi viaggi effettuati all around the world» (notare l'uso dell'inglese), che «collabora con svariati enti e istituzioni sui temi delle culture materiali nelle metropoli dell'Europa meticcia». È lui, insomma.

«Kumalè è il nome di un profeta» si lascia andare sulla «Stampa» Edoardo Ballone. Lo scrittore Giuseppe Culicchia lo proclama entusiasticamente capo del Cous Cous Clan. E in questo crescendo al kebab il fondatore di Slow Food, Carlo Petrini, si spinge a paragoni evangelici ancora più arditi: «Anche il redentore in Cana, dopo aver miracolosamente trasformato l'acqua in vino, chiese alla sua mamma: "Cumal'è?". "L'è bon, Cristo" esclamò la donna». (E se vi sembra blasfemo perdonatelo, forse aveva mangiato troppo. Probabilmente male.)

Ma poi chi è questo chef Kumalè? Chi è questo profeta, quasi messia, che dispensa ricette straniere sulle pagine del «Venerdì di Repubblica» proprio sotto sua maestà Vissani? Chi è questo supervisore dei corsi dove si insegnano insieme i piatti di semola della tradizione berbera e i segreti della cucina giapponese? Chi è questo esperto delle cucine arabo-mediorientali che nel suo sito declina il baccalà con le ricette dei cinque continenti (il bacalao a la criolla del Venezuela, il bacalhau à gomes de sá alla brasiliana, il baccalà alla menta alla marocchina, il kedgeree di baccalà all'indiana e il baccalà alle mele o aebletorsk alla danese)? È un piemontese. Sicuro: proprio un piemontese. Anzi: un paleopiemontese, come è stato definito. Il suo vero nome è Vittorio Castellani e Kumalè non è altro che la versione arabizzata del torinesissimo «alura, cum a l'è? Las mangià bin?» (Allora, com'è? Hai mangiato bene?), suo intercalare preferito. «Di fronte a un piatto di tajarin mi commuovo come fosse la prima volta» confessa. E poi va in giro a distribuire nozioni e porzioni di cous cous. Ma perché?

Semplice. Perché è di moda, perché se fosse rimasto a dir «cum a l'è» senza diventar Kumalè, nessuno gli avrebbe dato una rubrica alla radio o lo spazio sul settimanale della «Repubblica». Nessuno avrebbe comprato i suoi libri, nessuno lo avrebbe chiamato ai convegni, nessuno gli avrebbe chiesto servizi etnogastronomici o rubrichette sul world food. E noi, quasi sicuramente, non ne avremmo parlato qui. Non c'è niente di male, beninteso. Tutti gli esperti che hanno studiato la materia rivelano che il boom della cucina etnica è dovuto anche in buona parte al bisogno degli extracomunitari di trovare un'occupazione. Il ristorante che parla straniero è uno sbocco professionale, cioè una bella opportunità lavorativa per tanti immigrati. Che male c'è se ne ha approfittato anche un paleopiemontese?

Viva il Cous Cous Clan

Viva Chef Kumalè, allora, e viva il Cous Cous Clan. Viva il suo baccalà multietnico, viva la fusion di langhe e sapori del deserto. Viva la cucina che arriva da lontano, viva la cultura del curry, le zucchine con la zuppa di latte alla libanese, le patate di Bombay, il finger food, l'insalata greca e la macedonia planetaria. E viva Armani Nobu, nome magico, quasi esoterico, sicuramente fusion, artistico e ontologicamente alla moda.

Se uno vuole raccontare la cucina veramente chic, in fondo, con buona pace di tutti i Kumalè, non può fare a meno di passare da qui, da Milano, da questo tempio della cucina nippo-meneghina, sodalizio di due geni (il sarto italiano che non ha bisogno di presentazioni e lo chef giapponese che viene giudicato uno dei dieci migliori del mondo), non può fare a meno di passare da un locale definito dagli addetti al settore come un «autentico fenomeno di costume e di cultura». Non può fare a meno di passare di qui perché «una città non è divertente se Nobu non vi ha aperto un ristorante» come ha detto Madonna. E perché «Nobu è maestro di fusion» (ah, rieccola), è colui che «ha fatto per il sushi quello che Bocuse fece per la nouvelle cuisine, ovvero trasformare un'impronta locale in una passione globale» come ha detto il medesimo Armani. (Non ci ho capito nulla, ma dev'essere una frase molto intelligente. Sicuramente elegante.)

Già: non si può fare a meno di passare di qui, anche se magari rischi di incappare in delusioni, brutte sorprese, amarezze. È capitato per esempio a Paolo Marchi, gastronomo onesto e sincero. Si è avvicinato con entusiasmo al non propriamente economico tempio dei due geni, si è cimentato nella difficile scelta tra ben quattro (dicasi quattro) Lounge Bento Box, due a base di pesce, uno di carne e uno vegetariano (e guai a chi non sa che cos'è un Lounge Bento Box: io non lo so spiegare), ha ordinato, si è preparato all'esperienza divina, molto fusion e sopraffina. E invece che cosa è successo? Che i camerieri gli hanno rovinato tutto. Lo hanno mandato in bestia. Non sono riusciti nemmeno a servirgli il vino richiesto. «Il prosecco ha la sua dignità, è Armani Nobu che l'ha persa» sentenzia con amarezza l'esperto. E dopo aver criticato l'ambiente così ricercato («ricorda una sala d'attesa della Stazione Centrale»), si domanda: «Ma Armani ha mai mangiato nel suo locale? È contento di un servizio da grandi magazzini?». Quindi conclude: «E Nobu? Gli basta incassare?». Già, perché così va il mondo: c'è sempre qualcuno che incassa. E tanti altri che s'incassano. Oh, come s'incassano (detto con le esse per pudore. Ma, se volete, ripristinate le zeta).

Uno su due serve avanzi

E, in effetti, motivi per ripristinare le zeta ce ne sarebbero davvero molti. Dalle cucine etniche, multietniche, fusion, extrafusion e strabilianti arrivano quotidianamente notizie che sono meno rassicuranti di un faccia a faccia con Mike Tyson in un vicolo buio in piena notte. E sembrano confermare la vecchia battuta di Daniele Luttazzi sul cibo greco: «Roba del genere dovrebbe uscire dal mio corpo, non entrare».

Cominciamo dal lato dietetico. Le ultime ricerche rivelano che «la cucina etnica costituisce un grave attentato alla linea». Troppi condimenti, scarso rispetto delle nostre abitudini, porzioni esageratamente ricche. «L'eccessiva frequentazione di questi ristoranti aumenta in maniera esponenziale il rischio obesità» dicono cento esperti alimentaristi e nutrizionisti intervistati nel giugno 2004 dalla rivista «Dimagrire». In testa ai ristoranti più pericolosi per l'adipe quelli cinesi, seguiti da quelli messicani, quindi churrascherie brasiliane, poi indiani, francesi (troppe salsine) e turchi. Le portate peggiori? Pesce fritto cinese, kebab, chili messicano, stufato di montone arabo, mussaka greca, feijoada brasiliana («letale»), kefta maghrebina e pollo al curry indiano. «Piatti coloratissimi, scenografici e stracolmi che spingono ad abbuffarsi fino all'eccesso» sentenziano gli esperti. Così si ingrassa a dismisura.

Grave, certo, ma forse non basta per rinunciare alla tentazione xenofilo-alimentare. Per essere alla moda uno accetta anche di metter su qualche chilo, non è vero? Bacchette in mano e tempura in bocca, molti di noi sono disposti perfino a perdere la quotidiana sfida con la bilancia, a patto che si possa declinare il tutto in qualche affascinante lingua che non sia l'italiano. E va bene. Ma c'è qualcuno che, per non far brutta figura in società, oltre che alla linea è disposto a rinunciare pure alla salute?

Quando nell'ottobre 2002 i Nas hanno organizzato un blitz nei ristoranti etnici ne è venuto fuori, in effetti, un quadro davvero desolante, e non solo per la nostra ciccia: su 636 locali controllati sono state accertate 837 infrazioni (quindi in media, più infrazioni per ogni locale) con 425 persone denunciate, 10 ristoranti e punti vendita chiusi, 4 clandestini espulsi, il sequestro di 12.695 chili e 53.068 confezioni di beni alimentari, per un controvalore complessivo di 592 mila euro. 592 mila euro: 1 miliardo e 200 milioni delle vecchie lire di cibo giudicato invendibile: «Più che freezer, quelli ispezionati sono dei suk sottozero» commenta «Repubblica», acida come certa birra cinese. E il titolo dell'articolo è tutto un programma: *Un ristorante etnico su due serve avanzi*. A Firenze gli avanzi, pronti per essere serviti, erano pure invasi dagli insetti. Così, tanto per non farsi mancare nulla.

Quell'inchiesta a tutto campo dei carabinieri suscitò piuttosto scalpore. Ma se pensate che i ristoranti etnici si siano fatti impressionare, vi sbagliate. Anche dopo la retata hanno continuato a comportarsi come sempre: pietanze congelate e scongelate più volte (pratica pericolosissima, vietata dalla legge fin dal 1962), cibi scaduti, cibi conservati nella sporcizia, cibi non lavati, e tutto quello che ha trasformato il «topo nel piatto» al ristorante cinese in una specie di leggenda metropolitana. Che, purtroppo, leggenda metropolitana proprio non è.

Per averne conferma basta prendere un breve periodo d'osservazione. Un periodo qualunque, e si viene travolti da notizie come le seguenti. Ancona, 10 luglio 2004: chiusa una rosticceria cinese. Vendeva gamberetti e verdure recuperate nei cassonetti dell'immondizia. Prima di essere consegnato ai clienti il cibo veniva trattato con trielina e alcol. Milano, 28 luglio 2004: chiuso un ristorante cinese. In cucina c'erano carne, pesce ma soprattutto scarafaggi. Cremona, 31 luglio 2004: chiuso un ristorante di Castelverde dove si servivano «piatti cubani e etnici in genere». Sono stati trovati parassiti un po' dappertutto, persino nella farina. Intanto la televisione centrale di Pechino annuncia che circa la metà del cibo cinese che viene esportato non rispetta gli standard d'igiene («Quanto ne circola in Italia?», si chiede l'Aduc, l'Associazione per i diritti degli utenti e consumatori). E nello stesso tempo esce il rapporto *Truffe a tavola* di Legambiente e Movimento di difesa dei cittadini, dove i cibi etnici vengono colti in flagrante a più riprese. Il caso più clamoroso? Quello della provincia di Treviso: sequestrate ben 530 confezioni di prodotti tipici africani, congelate fuori da ogni regola e per di più scadute. Il titolare è stato denunciato per manipolazione degli alimenti.

Quello che stupisce è che nel loro Paese, in genere, gli stranieri sono molto più severi e scrupolosi di quanto siano da noi. «In Giappone per diventare cuochi professionisti bisogna sostenere un esame e conseguire un diploma nazionale. E dopo la scuola si affronta un lungo periodo di praticantato» spiega al quotidiano «Libero» Naoko Aoki, segretario dell'associazione italiana ristoratori giapponesi. «Qui invece tutti possono cucinare, senza studi e senza esperienza.» Basta esibire un paio di occhi a mandorla, due bacchette, musica, luci soffuse e pesce crudo: il pranzo orientale è servito, 50 euro come minimo il costo finale. E più pagate, più dovete essere contenti, spiega ancora Aoki, perché se il prezzo è alto, c'è qualche probabilità che sia tutto autentico. Tutto autentico, appunto, compresa la fregatura.

Il chorizo spagnolo? È come la luganega

Eh sì, perché alla fine di questo giro per ristoranti etnici, multietnici e fusion, ultima moda, molto chic, danza del ventre, profumi orientali, spezie, sapori del deserto, pampa argentina, gelo danese, pappe francesi e spruzzata di allegria caraibica, ci resta, non so perché, come una sensazione insopportabile e planetaria di fregatura. Confessiamolo, dài: siamo così impegnati a restare al passo con la moda che buttiamo giù di tutto, entusiasticamente, pagandolo a caro prezzo, senza nemmeno sapere di che si tratta.

Per esempio: vai in un ristorante argentino e ti senti davvero tanto glamour. Ordini menu Patagonia. E che cos'è? Testualmente: due salsicce alla griglia, un'insalata, una birra piccola e un caffè. E il menu Pampa? «Strisce di petto», un'insalata mista piccola, mezza di acqua minerale e un quarto di vino rosso. Praticamente, il tipico «a prezzo fisso» di qualsiasi trattoria di paese. Ma «menu Pampa», via, è tutt'altra roba, lo si può fare pagare anche diversi euro in più.

E il ristorante persiano? Provate a guardare la lista dei piatti (io ho qui in mano quello di Teheran Pars di Abano Terme). Leggi nomi altisonanti: Ciolokabab Soltani, Ciolo Kubidè, Lubiapolo. Vai a guardare l'ingrediente base e trovi: «Riso con zafferano». Sarà pure molto persiano, ma anche a Milano lo sanno fare benissimo. E le polpette? Roba da vecchia zia, impresentabili in qualsiasi cena che si rispetti. A meno che non le si spruzzi con un nome indiano: «Koftas Pulao», e via, il piatto della zia diventa una portata chic.

Ma sì, è tutta una questione di nomi. Per esempio: nessuno ormai mangia più lo stracotto d'asino. Ma se lo chiami tajine e dici che appartiene alla tradizione marocchina, tende berbere, deserto e tribù, vedrai che fai un figurone. Il chutney indiano? È uguale alla mostarda mantovana. I ravioli cinesi? Sono simili ai tortelli della cucina lombarda. La choucroute? È la versione francese della cassoeula. Il pesce secco? Non c'è bisogno di prenderlo dalla Norvegia, basterebbe stare ad ascoltare i pescatori del lago di Como. E chi è disposto a fare pazzie per un piatto di chorizo spagnolo forse non sa che, più o meno sottile, più o meno affumicato, in fondo non si allontana di molto dalla luganega alla brianzola.

È la lingua che ci frega, è la lingua che ci fa passare tutto per l'esofago come se fosse nuovo. La lingua non intesa come papille gustative, ma come suono gutturale: è lei che ci fa sembrare buonissimo persino il menu dietetico se si basa su insalata mista indiana e focaccia paratha, che ci fa ingurgitare il tris di primi al ristorante egiziano, che ci fa ordinare zighinì misto, sambussa, kategna, lebleb, kitfo, gored gored, spriss bianco o spriss rosso, dorho, zilha, fitfit al ristorante eritreo senza nemmeno avere un sussulto di sorpresa se alla fine il cameriere ci chiede: «E da bere vermentino, Heineken o vino calabrese?». È la lingua che ci fa digerire persino la pizza india naan, versione orientale, un po' ghandiana e sicuramente meno buona della nostra materialista quattro stagioni.

Nel settembre 2003 il settimanale «Lucignolo» di Italia Uno ha fatto un viaggio nel mondo dei ristoranti etnici. «Che cosa stai mangiando?» chiede Stefania Cavallaro a un ragazzo seduto a un ristorante giapponese. «Non ne ho idea» risponde lui. Al ristorante indiano la telecamera zooma impietosa su una bottiglia di italianissima barbera. Al ristorante maghrebino un cameriere che sta portando dolcetti arabi assai elaborati confessa: «In fondo sono come la pasta di mandorle siciliana». Al ristorante messicano l'intervista è ancora più sconsolante: «Se vi dico fajitas salad? Insalata con pezzi di carne. E enchiladas? Non lo so, è la suggestione che mi piace. Durango? Sembra la marca degli stivali». Il cuoco che cucina chapati non ha difficoltà ad ammettere: «È un tipo di pizza». E il cliente davanti a un costoso piatto giapponese commenta sconsolato: «In fondo è come un'insalata». Però, ecco, «si prova di tutto» è la parola d'ordine. Si prova tutto: anche se si spende di più, anche se non si capisce niente, anche se non si apprezza, anche se non ci si sfama eppur si ingrassa, anche se è solo per essere trendy o per ridere un po'. «Si prova tutto» come conclude «Lucignolo». «Mal che vada, una volta a casa, c'è sempre tempo per due spaghi.»

VI
Come Bio comanda

Sanremo 2004. Conferenza stampa. Parla Simona Ventura. Non è un bel momento. Il festival va male. Polemiche, litigi, tonyrenis infuriati che s'aggirano per il teatro Ariston. Il gran carrozzone della Rai perde colpi, Canale 5 realizza lo storico sorpasso in ascolti, le canzoni lasciano un po' a desiderare, i grandi ospiti promessi non arrivano. Di star internazionali nemmeno l'ombra. Il gruppo di lavoro è stanco, demoralizzato, persino un po' demotivato. L'unica che sprizza energia da tutte le lentiggini è proprio lei, SuperSimo. Ride, scherza, salta, s'entusiasma ancora, reagisce. Inossidabile. Appena finito di condurre la kermesse delle canzoni, rieccola in onda con la maratona in diretta della sua trasmissione domenicale, «Quelli che il calcio». «Ma come fai, Simona?» le chiedono in conferenza stampa. E lei rivela: «Ho un segreto: la papaya».

La papaya, ecco. Verde, naturale, molto bio, in capsule o in succo, rimedio ideale per ritrovare forza e benessere, indispensabile per recuperare energia. Da quel giorno a Sanremo diventa un must. Obbligo sociale tenerne una confezione in borsetta. «Tu ce l'hai?» «E tu?» «Eh, sapessi, io l'ho provata e non ne posso più fare a meno.» «Mi sentivo così stanco...» «Ora invece...» «Un miracolo...» «Praticamente...» Si scopre che la papaya fa bene contro Alzheimer, Parkinson, sclerosi multipla, Sars e Aids (per le sbucciature al ginocchio non ancora, ma ci si sta attrezzando). Uno scienziato di fama, come Luc Montaigner, uno dei primi studiosi del virus Hiv, se ne fa paladino:

«Vogliamo utilizzarla anche nella cura dei tumori» dice. Nella schiera dei testimonial, più o meno involontari, viene persino assoldato il pontefice: gliene regalano una confezione, poi dicono che ogni piccolo progresso della sua vacillante salute sia dovuto proprio alla pillola magica. Notizia mai confermata dalla Santa Sede. Ma che importa? Fra papa e papaya, in fondo, è solo questione di una sillaba.

La papaya di Simona Ventura

I medici si affannano a precisare che non c'è nulla di certo né di scientifico. «L'effetto di questo composto di papaya è così blando che è difficile possa servire a qualcosa» dice l'immunologa Lucia Lopalco del San Raffaele di Milano. «Ancora non riesco a capire come un ricercatore del livello di Montaigner possa farsi promotore di un preparato del genere» commenta Silvio Garattini, direttore dell'Istituto Negri di Milano. «Lo studio si basa su un campione troppo piccolo» rileva l'epidemiologo Gianni Tognoni. E Adriana Maggi, del Centro di eccellenza per le malattie degenerative del cervello dell'Università di Milano, sentenzia: «Per ora quel che vediamo è solo un fenomeno commerciale. Di ricerche nemmeno l'ombra».

Un fenomeno commerciale, come no. Effetti blandi e studi inattendibili. Eppure, è tutto inutile, la pillola della Ventura continua a far furore. Sarà la novità. Anche se, a ben guardare, la novità ha una storia ultracentenaria: nei Paesi tropicali, infatti, la papaya viene usata da sempre per combattere le infezioni intestinali, nei Paesi asiatici è farmaco tradizionale contro verruche ed eczemi, e i cubani la chiamano «fruta de bomba» perché, dicono i vecchi saggi, contiene una grande quantità di vitamine. Meraviglioso. I vecchi saggi hanno sempre ragione. Ma perché far passare questo flebile rimedio della nonna, questa specie di camomilla esotica, per un elisir di lunga vita? Perché attribuirle capacità taumaturgiche come nemmeno alla fata Turchina?

Perché illudere sulla possibilità di curare con essa persino l'Aids, la sclerosi multipla e addirittura i tumori? Non occorrerebbe un po' di prudenza?

Eh no: le operazioni commerciali non si fanno con la prudenza. Avanti a tutta energia, è il caso di dirlo: dopo aver conquistato Giappone, Stati Uniti e Francia, la papaya sotto forma di bustina arriva anche in Italia. Mikura, «elisir naturale per combattere stanchezza e invecchiamento», la «sinergia completa contro lo stress ossidativo». La mette sul mercato la Roeder: 30 capsule al prezzo di 23,8 euro, il flaconcino contiene 490 ml e costa uguale. 23,8 euro, 46 mila delle vecchie lire: mica bruscolini. Ma, per non invecchiare, chi non è disposto a spendere anche molto di più? E per mantenersi in forma come la conduttrice di Sanremo? La sua testimonianza di vita vissuta forse non vale più di tutte quelle ricerche che gli scienziati giudicano insufficienti? Viva la papaya e viva la Roeder-Mikura, che organizza una megacampagna di «comunicazione» da 3 milioni di euro e invade farmacie con i suoi manifesti e i suoi dépliant. Sopra c'è pure il volto del testimonial. E il testimonial, chi è? Vediamo se indovinate... dai che ci siete vicini... Ancora un piccolo sforzo... Acqua... fuocherello... fuochino... Ma sì, ecco, ci siamo: Simona Ventura, proprio lei.

Guarda un po' che coincidenza. Uno va a Sanremo, parla bene di una pillola magica e qualche mese dopo si trova ingaggiato per far la pubblicità alla pillola medesima. Ecco la vera magia: altro che invecchiamento precoce, Sars, Alzheimer e Aids, ecco a che cosa serve davvero la papaya. Non è uno scherzo: fa star bene sul serio. Lo dimostra Simona Ventura.

«Così resterete giovani»

Del resto, purtroppo, quello della papaya magica non è un caso isolato. L'ansia di sostanze naturali, integratori, vitamine, pillole magiche che ci diano d'incanto benessere, salute, forza fisica, energia, magari anche felicità e qualche anno in meno, è tale che il mercato negli ultimi tempi è stato invaso da prodotti del genere. Con tutte le inevitabili e spiacevoli sorprese che ne conseguono.

«L'invecchiamento si può vincere» promette per esempio la pubblicità di Q 10 Complex, messo sul mercato a metà degli anni Novanta dalla Sirc di Caleppio di Settala, provincia di Milano. E ancora: «Volete restare giovani? Questa pillola vi aiuterà». Poi aggiunge anche che questo «antiossidante» ha «un'efficacia preventiva verso alcune forme cancerogene» e inoltre «stimola il processo di fertilità»; come se non bastasse «protegge dall'inquinamento ambientale, influisce positivamente nella regolazione della pressione arteriosa, è utile nella prevenzione dell'infarto»; e, infine, addirittura «pare abbia stimolato l'attività sessuale». Praticamente, la lampada di Aladino. In effetti: «Proprietà insostenibili e irrealistiche» sentenzia il garante della concorrenza e del mercato, «pubblicità ingannevole» con l'aggravante della «particolare insidiosità» per i consumatori. E tante scuse a chi ci ha creduto.

Il 7 maggio 2002 viene giudicata pubblicità ingannevole quella della Memosan Energy, prodotta pure lei dalla Sirc: le compresse promettono di «migliorare la memoria», «di aumentare il potenziale di apprendimento» e persino di «aiutare a pensare più chiaramente». «In realtà la vantata efficacia del prodotto sulla performance mentale dell'uomo non risulta comprovata.» Anzi, «alcune delle sostanze contenute potrebbero avere controindicazioni o produrre effetti collaterali».

Pochi mesi dopo (19 settembre 2002) la stessa sorte tocca a Dicoman 5 della ditta Dicofarm, un integratore alimentare che promette di essere «la soluzione naturale ed efficace contro la stipsi»: in «soli 15 giorni» sarebbe in grado di «risolvere il problema della stitichezza, ripristinando il corretto funzionamento dell'intestino». «Dicofarm, il meglio della ricerca, il buono della natura» conclude lo spot. Ma anche in questo caso «la vantata efficacia del prodotto non risulta comprovata». Anzi, «per le sue caratteristiche il prodotto reclamizzato potrebbe avere controindicazioni particolarmente rilevanti se assunto da anziani e bambini».

Le condanne vengono regolarmente pubblicate. Ma chi le legge? In fondo nessuno vuole davvero sapere. In fondo è più facile credere alle voci suadenti della pubblicità che promettono una papaya per qualsiasi male, disturbo o disagio. Dalla mancanza di memoria ai deficit sessuali, dalle malattie più gravi all'intestino pigro, non c'è problema manifestato dal nostro corpo che non trovi la sua risposta in una pozione magica. E ovviamente naturale, naturalissima e purissima come l'acqua che sgorga dalle fonti in alta montagna.

Sono quasi 3 milioni gli italiani che si servono abitualmente al supermarket della felicità monodose. Ognuno di loro spende in questo modo circa 500 euro l'anno, distribuiti su oltre 5 mila prodotti diversi e quasi 300 milioni di confezioni. Per il 36 per cento si tratta di erbe, per il 22 per cento di vitamine, per il 17 per cento di minerali, per il 25 per cento di altri integratori. Dal punto di vista scientifico le certezze sono poche o nulle. La Food and Drug Administration consiglia moderazione, gli esperti come Alessandro Nobili dell'Istituto Mario Negri di Milano suggeriscono di affidarsi a metodi più tradizionali («Un'alimentazione ricca di verdura e frutta e uno stile di vita appropriato sono meglio di qualsiasi integratore»), altri invitano alla prudenza, soprattutto quando si tratta di pillole per la memoria e la concentrazione («Il sistema nervoso è un terreno molto delicato»). Niente da fare: la polverina delle meraviglie continua ad appassionare.

«Soffri di uno dei seguenti disturbi?» La televendita di «Aloe energia vitale» promette bene. Il «prodotto alimentare» sarebbe in grado, da solo, di portare benefici alle persone che soffrono di: ansia, artrite, asma, depressione, eczema, acne, spossatezza, emicrania, rinite, letargia, sinusite, gonfiore, diarrea, tensione, esantema, capogiri, affanno, nausea, prurito, inappetenza, intestino irritabile, psoriasi, otite media, costipazione, fibromialgia, cefalea, orticaria, dolori addominali, ritenzione idrica, disturbi dermatologici, perdita di peso, crampi allo stomaco, autismo, dolori, iperattività, stanchezza, gonfiori frequenti. Ora, voi capite che se esistesse davvero una sostanza capace di guarire tutto ciò, il prurito e l'autismo insieme, la depressione e la diarrea, l'otite media e l'emicrania, sarebbe un peccato offrirla in una televendita su «Serenissima Tv» a 103 euro, più spese di consegna (in omaggio *Il nuovo libro del Lotto* e *La nuovissima tecnica del gioco*). Sarebbe un peccato. Come minimo, a chi ha inventato tale meraviglia, bisognerebbe dare il premio Nobel.

Altro che penicillina, altro che antibiotico. «Aloe energia vitale»: ecco la scoperta medica del secolo. Guarisce da tutto, anche dall'acne e dall'affanno, dice la televendita. Peccato solo che l'Authority per la concorrenza la pensi diversamente. Sentenza del 6 maggio 2004, provvedimento numero 13171: «Il messaggio» è «idoneo a indurre in errore i consumatori riguardo ai risultati ottenibili attraverso il suo impiego» e inoltre induce «i destinatari a trascurare le normali regole di prudenza e di vigilanza, con conseguente pericolo per la loro salute». Condanna: «Pubblicità ingannevole». Aloe addio, il Nobel sarà per la prossima volta.

Vitamine: ma non è meglio un'arancia?

E le vitamine? Il 22 per cento degli italiani che spendono soldi in integratori alimentari, abbiamo visto, si affidano alle vitamine. La sigla Ace (che sta per vitamine A, C ed E) è diventato ormai sinonimo di bevanda multivitaminica. Poi ci sono gli integratori multivitaminici-multiminerali «completi dalla A allo Zinco», gli «integratori di vitamine con D, L-fosforlesertina ed edulcoranti» («utili nei periodi di stanchezza mentale e fisica»), le vitamine idrosolubili, le vitamine liposolubili, le tavolette masticabili con vitamine a effetto immediato (massima prestazione, energia pura all'aroma di limone, formula arricchita al gusto di pompelmo rosa) e persino gli oli spray multivitaminici «contro l'invecchiamento della pelle». «Non servono, anzi fanno perdere il gusto di mangiare» dice Carlo Cannella, professore di Scienza della nutrizione all'università di Roma. E giustamente si chiede: «Perché ingurgitare una pillola o una polverina, quando si potrebbero gustare una bella arancia, una bistecca o un piatto di verdure?». Già: perché?

Un conto, ecco, è se uno è malato. Un conto è se uno ha un'allergia. Un conto è se uno fa l'alpinista, e mica si può portare sulla cima della montagna il frigo con i mandarini; o se fa il velista, medesimo discorso per la cambusa in mezzo al mare. Ma se uno sta a casa sua, anno di grazia 2005, se può uscire quando vuole, andare al supermercato e trovare in natura tutte le vitamine che vuole, perché per essere più naturista della natura si deve zeppare la pancia di coriandoli colorati e ribattezzati con un po' di latinorum d'occasione?

Nel marzo 1998 il garante della concorrenza e del mercato ha condannato «Multicentrum, il più completo multivitaminico multiminerale». Lo spot: «Multicentrum è l'apporto di benessere completo e sicuro per fornire all'organismo le sostanze indispensabili per stare bene e in forma» è stato considerato «pubblicità ingannevole», idonea a «indurre in errore i consumatori». Nella medesima seduta il garante ha condannato pure la Bayer per la pubblicità delle compresse «One-a-Day». («Con una sola compressa al giorno» garantiva «siamo in grado di integrare la nostra alimentazione, certi di assumere la quantità giornaliera raccomandata di vitamine e minerali.») E per completare l'opera viene pure sanzionata «Repubblica», che nell'inserto «Salute» con un articolo intitolato *Nuovi integratori. Ai bambini servono più vitamine e minerali* nasconde sotto il velo del giornalismo un messaggio pubblicitario a favore del medesimo integratore One-a-Day («L'articolo si sostanzia quindi in un mero pretesto per illustrare il prodotto in questione, dopo aver attirato l'attenzione dei lettori con un titolo che fa riferimento alle esigenze nutrizionali dei bambini»).

Bella primavera, quella del '98. Nel giro di pochi giorni finiscono nel mirino dell'Authority tutti i principali marchi di multivitaminici sul mercato: Confiance donna, Fon Won, Integra, Magnesium ok donna, Pharmaton gegorvit, Selenium Ace. Dopo aver sentito gli esperti dell'Istituto superiore della sanità e del ministero della Salute, il garante stabilisce che gli italiani non hanno bisogno di razioni in più di vitamine A, B, C, D o E, o di altri minerali, perché tutti questi principi sono già contenuti in una equilibrata dieta giornaliera, ossia nelle verdure, nel latte, nella carne, nel pesce, nei cereali. «Gli esperti» riporta «Repubblica» «danno una spallata anche a un altro leitmotiv di questi ultimi anni: l'impoverimento dei cibi brutalizzati dalle pratiche di conservazione e di cottura (surgelati, precotti, scatolame, etc.). I nutrizionisti hanno smentito cioè che i cibi che appaiono sulle nostre tavole siano depauperati dai loro principi tanto da giustificare un uso così diffuso degli integratori.» Cercate di mangiar bene senza andare in farmacia, sintetizza il quotidiano romano. Il «Corriere della Sera» è ancora più esplicito: *Sono inutili i cocktail vitaminici*. L'esperto di alimentazione, Marcello Ticca, intervistato un po' dappertutto, è severissimo: «Non c'è bisogno di vitamine in più. Le aziende hanno diffuso inviti diseducativi».

Bella primavera. Eppure il mercato degli integratori naturali vitaminici e multivitaminici continua a crescere. I soldi girano. E le opinioni, guarda caso, cambiano. I giornali ben presto si riempiono di nuovo di inviti ad assumere «fonti di energie» e «risorse per l'organismo», minerali di tutti i generi, magnesio, potassio, naturalmente «al gusto d'arancia» (ma oggi anche in tavolette masticabili al gradevole gusto di cacao). E la stessa «Repubblica» torna sui suoi passi: *Una vitamina salva la vita, pastiglie e bibitoni per tutti*, titola trionfante a tutta pagina nell'anno di grazia 2000. Ma come? Pastiglie e bibitoni per tutti? Non erano inutili? Non erano diseducativi? Che cosa è successo? Che cos'è cambiato dal '98?

Niente. O, forse, tutto. Di sicuro la mania dilaga come mai prima. E così, anche se sembra assurdo, la voglia di naturalismo produce l'effetto esattamente contrario, cioè alla fine favorisce la smisurata diffusione di prodotti sintetici. Ci si appella alla terra, alla natura, ai cibi rovinati dalla cottura (perché, i nostri nonni non li cuocevano?), ai pesticidi che tolgono proprietà a frutta e verdura. E si spiana la strada alle multinazionali del benessere in bustina. Con grande gioia delle concessionarie di pubblicità.

«Gli integratori fanno bene» si dice. «Gli integratori salvano la vita.» Addirittura. «Gli integratori servono a prevenire il cancro.» Ma è vero? Una ricerca pubblicata sulla prestigiosa rivista scientifica internazionale «Lancet» nell'autunno 2004 smentisce tutto. Quattordici diversi studi confrontati, oltre 170 mila persone coinvolte. Risultato: non solo gli integratori scientifici non proteggono dai diversi tipi di cancro, ma «sarebbero addirittura dannosi». Infatti le persone che hanno assunto antiossidanti (betacarotene, vitamina A, vitamina C e vitamina E), quotidianamente o a giorni alterni, per periodi anche molto lunghi (fino a dodici anni), non sono state meglio rispetto a chi aveva assunto soltanto sostanze placebo. «Non ci sono prove convincenti che questi supplementi prevengano i tumori» conclude Goran Bjelakovic, il professore di epatologia dell'università di Copenaghen che ha coordinato i lavori. «Anzi, potrebbero addirittura far aumentare la mortalità.» «Panorama» sintetizza con un titolo che dice tutto: *Meglio con il cibo che con le pillole.*

Certo, meglio con il cibo che con le pillole. Lo sostiene anche il ministero della Salute, che dopo un'accurata indagine, nel luglio 2003 emette la solita saggia circolare di raccomandazioni. «Prima di passare in farmacia conviene tentare con la cucina» concorda «il Salvagente», pubblicando un'inchiesta sui multivitaminici che si conclude con un avvertimento: «Troppa vitamina A provoca solo danni». Si muovono anche le associazioni dei consumatori. L'Adiconsum lancia una campagna «per un uso più consapevole degli integratori». Il segretario dell'Aduc, Primo Mastrantoni, avverte: «La maggior parte di essi contiene le sostanze che si trovano in una banana, ma costano il 300 per cento in più. (E poi si dice che i soldi non bastano mai)». Ma niente, neppure le proteste, le ricerche scientifiche, il caro prezzi, la crisi economica o le circolari ministeriali, niente riesce a fermare la folle escalation della pillola che regala la felicità a piccole dosi (sciogliere nell'acqua dopo i pasti, leggere attentamente le avvertenze e le modalità d'uso).

Morire di eucalipto

Eppure a volte è pericoloso. «Sempre più americani si stanno ammalando seriamente o addirittura muoiono dopo aver assunto integratori dietetici a base di erbe che promettono qualsiasi cosa, da un extra di energia a un sonno ristoratore» scrive il «Washington Post». In soli quindici mesi a Pittsburgh si sono verificati 198 incidenti a causa di integratori erboristici: fra le sostanze più pericolose vengono elencate l'efedra, «venduta come metodo naturale per aumentare il metabolismo», l'erba di San Giovanni, il ginseng, il ginkgo biloba e la senna, purgante naturale. «I sostenitori di cibi naturali e le aziende produttrici di integratori ammettono che i nuovi prodotti necessitano di test più rigorosi, ma dicono che molte sostanze in vendita sono rimedi naturali testati dal tempo, la cui efficacia e sicurezza sono determinate da centinaia, se non migliaia di anni» aggiunge il «Washington Post».

E invece no. Invece sono pericolosi. «L'anno scorso, per esempio, a Long Island una madre ha dato al suo bambino di 18 mesi un cucchiaino di olio di eucalipto. Le avevano detto che era efficace contro la febbre. Il piccolo ha riportato un danno neurologico permanente e stava per morire.»

Morire di eucalipto? Star male di sostanze naturali? Soffrire per le essenze che in Cina o in Perù utilizzano da secoli? Ecco l'abbaglio linguistico, la sottile ambiguità che nasconde dietro parole antiche un mercato tutto nuovo. «Viene richiamata l'attenzione sul fatto che il termine naturale, con cui spesso vengono qualificati alcuni prodotti alimentari salutistici, non dà di per sé garanzie in termini di sicurezza d'uso o di effetti favorevoli per l'organismo» scrive il ministero della Salute nella circolare del 25 luglio 2002. Ma il richiamo finisce seppellito nel solito silenzio della «Gazzetta Ufficiale». Forse sarebbe stato più chiaro usare la battuta del comico Milton Berle: «Ho smesso di comprare cibo naturale quando ho scoperto che l'80 per cento della popolazione muore di cause naturali».

Realistico e divertente, certo: ma che cosa avrebbero detto quelli della pubblicità? Sì, dài: confessiamolo. Nessuno osa approfondire questi temi, perché il settore degli integratori investe ogni anno milioni di euro in spot. E allora, è chiaro, tutti zitti e via, avanti con l'abbuffata. Avanti con le pillole, il ginseng, il ginkgo biloba, avanti con i bioflavonidi anche se durante la gravidanza possono provocare danni, avanti con pappa reale, propoli, citrus aurantium e kava kava, sebbene su quest'ultimo la medicina nutra molti dubbi (e l'Europa pure). Avanti perché sono naturali, e dunque fanno bene: lo dice la parola stessa, no? E avanti con lo yogurt che mantiene giovani, con l'acqua che pulisce, con la cioccolata contro lo stress, con il cereale che regola l'intestino.

Ecco, i cereali: avete provato a cercarne uno che non sia arricchito? E pazienza se alcuni soloni, come Carlo La Vecchia dell'Istituto Negri di Milano, si sgolano per avvertire che «non sono alimenti migliori, senza contare che costano molto di più». Pazienza se le autorità sanitarie danesi bloccano i corn flakes perché «arricchiti con dosi tali da provocare possibili effetti tossici su bambini e donne incinte».

Pazienza, perché ormai ci è entrato nella testa che il cereale deve essere arricchito, così come il gelato dev'essere al gusto Ace con l'aggiunta di fibre, e i biscotti vanno solo se sono al sesamo con germe di grano e le vitamine del gruppo B, magnesio e calcio. Si può vivere senza?

La rivista dei consumatori spagnoli «Consumer» ha preso in esame le bibite arricchite con sali minerali. Risultato: «Dal test si deduce che queste bombe energetiche, oltre a essere zeppe di inutili coloranti artificiali, possono essere anche dannose». Il giornale dei consumatori inglesi, «Health Which», rivela che i cibi light «contengono più grassi e calorie di quelli tradizionali» e possono costare fino al 200 per cento in più. Eppure ricerche come queste passano in sordina: non se ne parla. Un po' perché danno fastidio a chi dovrebbe parlarne, un po' perché danno fastidio a chi dovrebbe ascoltarle. Ma sì, dài: perché preoccuparsi? Perché angosciarsi? Perché sapere? In fondo tutti noi preferiamo andare al supermercato, chiudere gli occhi e continuare a comprare biscotti come quelli «original digestive», naturalmente con farina integrale. Avvertenza sul retro della confezione: «L'espressione digestive non sta a significare che il biscotto possieda caratteristiche dietetiche digestive». Ma certo: come fa un biscotto a essere digestivo? Tutt'al più ti resta sullo stomaco. Però a noi piace crederlo lo stesso. A noi piace credere che «original digestive» sia digestivo davvero, ci piace credere che faccia bene, lì con quei suoi colori da crusca e la spiga di grano al fianco, «biscotto di frumento con farina integrale». È naturale, no?

Certo: naturale. Anche Cronostop prometteva di essere naturale. «Brevettato il germoglio della vita», diceva addirittura la pubblicità apparsa sui quotidiani nel novembre 2000. Il prodotto, in comode bustine, garantiva di fermare l'invecchiamento con tutti i suoi fastidiosi derivati (perdita della memoria, difficoltà di concentrazione, pelle poco elastica, rughe diffuse, fragilità ossea, calo delle difese immunitarie, progressivo indebolimento generale). «Oggi per rallentare i processi di invecchiamento è nato Cronostop, il nuovo scudo anti-età a base di germoglio di grano biologico, il grano della vita.» Grano della vita? Scudo anti-età? Biologico? Ecco la sentenza del garante: «Da quanto emerso nel corso dell'istruttoria non sussistono elementi sulla base dei quali sia possibile ritenere che sia utile assumere il prodotto pubblicizzato al fine di rallentare il processo di invecchiamento». Più che Cronostop, stop e basta. Con buona pace del grano biologico, scudo anti-età.

Finché bio vorrà

Biologico, appunto. E qui tocchiamo l'altra parola chiave, il nuovo tabù. Abbiamo un po' temporeggiato, per la verità, perché c'è da aver paura. Chi può parlarne male oggi? Chi può attaccare il nuovo impero che regna sovrano su tutte le melanzane? Chi può scalfire l'egemonia culturale del peperone senza conservanti né coloranti? L'Italia vanta il primato in Europa per quanto riguarda l'agricoltura biologica: sono 51.400 imprese che coltivano una superficie di quasi 1 milione e 170 mila ettari. Terreni destinati a foraggio, cereali, olivi, viti, agrumi, frutta, ortaggi, o all'allevamento di 164 mila bovini, 660 mila pecore e capre, quasi 20 mila maiali e circa 940 mila tra polli e conigli. Tutto biologico. Un vero e proprio esercito, sempre pacifico e naturalmente corretto, s'intende. Ma inarrestabile. E, in effetti, se si aggiungono le circa 6 mila aziende di trasformazione, il nostro Paese ottiene in questo campo un eclatante record: in pratica ogni tre imprese che in Europa praticano la nuova religione dei campi, una è italiana. Il fatturato complessivo supera la bella somma di 1,6 miliardi di euro, oltre 3 mila miliardi di vecchie lire.

Il biologico va, funziona, piace, sfonda. *I giovani imprenditori puntano sul biologico* ci informa l'Adnkronos (22 maggio 2004). *Queste aziende non conoscono crisi*, sostiene «Repubblica» (21 maggio 2004). *Boom del naturale* strilla

«La Stampa» (12 settembre 2004). «Italia leader in Europa, dagli alimenti ai cosmetici il giro d'affari continua a crescere» aggiunge il quotidiano torinese. Alla fiera Sana di Bologna, nell'autunno 2004, si presentano ben 450 espositori: tra le novità la lenticchia nera (antico alimento dei pellerossa d'America) e le alghe di Bretagna «disidratate con metodi naturali, in forma di fiocchi e utilizzabili anche per il sushi». Volete farvene una scorta? Per i più attenti alla finanza si annuncia anche la nascita della «Borsa internazionale dei prodotti biologici».

E allora avanti: lenticchie dei pellerossa, blue chips naturali e mibtel alle alghe, Marco Columbro che presenta, e tutti lì a perdersi parlando di stile biologico, calendari biologici, tempi biologici, ritmi biologici, biologico come stile di vita. A Vibo Valentia esultano: avremo il primo pesce biologico (orate, spigole e saraghi rigorosamente bio). A Ravenna portano in spiaggia il progetto Happy Bio per conoscere i prodotti biologici mentre si prende la tintarella. A Bologna organizzano il campionato mondiale di biopizza. Ma ci sono anche la carne bio, le birre bio, persino il caffè bio. Quello che era un prodotto d'élite è diventato di massa. E così il settore continua a correre, fra dotte disquisizioni sulla bulatura nei cereali autunno-vernini e sull'alimentazione delle ombrellifere. Tecniche antiche, guadagni moderni. Anzi, modernissimi.

Secondo la stima realizzata da Ismea/Ac Nielsen, che considera i soli prodotti confezionati con il codice a barre, gli italiani nel 2003 hanno acquistato biologico per un valore complessivo di 301 milioni di euro. Nello stesso anno, secondo la Coldiretti, si sono avvicinate al nuovo mercato 8 famiglie su 10. *Bio come sei buono* titola «l'Espresso», e va a indagare il business dei menu politicamente corretti: gli agriturismi con ristoranti biologici certificati dal Touring Club sono 368, e a essi bisogna aggiungere i 152 ristoranti biologici censiti dalla Distilleria Ecoeditoria di Forlì nella sua guida sulla cucina bio in Italia. «Le richieste sono in continuo aumento» dicono gli addetti ai lavori. Ma già adesso si può scegliere a piacere in mezzo a un'offerta quanto mai generosa: dal «Sorriso integrale», cucina macrobiotica di Napoli al «colanzo», un pasto a metà tra colazione e pranzo servito al Bio's Café di Rimini, passando per il catering bio del Raggio Verde di Cossato (Biella), il bio-raffinato dell'Emporio Armani, il classico Bio Restaurant di Roma o il bio vegan, cucina vegetariana biologica, con tanto di stella Michelin, al Joia di Milano.

Finché bio vorrà. E chi li ferma più? Nel corso del 2004, per la verità, c'è stato un leggero rallentamento. Piccoli segnali, piccole crisi, qualche dietrofront che ha sorpreso un po' tutti. «È colpa dell'ideologia che si è messa di mezzo. I fondatori del biologico si sentono più militanti dell'anticapitalismo che imprenditori» attacca nell'autunno 2004 Roberto Pinton, coordinatore del portale verde Greenplanet e profondo conoscitore del mondo bio. «Questo ha prodotto una classe dirigente in gran parte inadeguata e autoreferenziale, malata di protagonismo e di personalismo, incapace di affrontare le esigenze emerse dalla crescita del mercato.» Bella analisi. Ma come si conclude il dibattito? «Bisogna costruirsi una nuova identità» dicono i titolari di un gruppo d'imprese, scrivendo al ministro delle Politiche agricole. Una nuova identità? Sì, forse. Ma intanto si costruiscono nuovi timbri, nuovi marchi, nuovi piani di sostegno. In pratica, si chiedono nuovi soldi.

Nessuna preoccupazione: le istituzioni sono pronte a intervenire, a sovvenzionare, a stanziare. In fondo, si sa, «puntiamo sempre molto sul bio». Ci sono i contributi dell'Unione Europea, quelli del ministero delle Politiche agricole, quelli delle Regioni, come al solito particolarmente ricchi al Sud (e infatti il maggior numero di imprese biologiche si trova in Sicilia, 9835, Sardegna, 6669, e Calabria, 6360). *Se sono rose saranno biologiche* grida trionfante il bollettino del settore, appena approvate le nuove misure per lo sviluppo rurale in Calabria. «È bio boom a Rieti, Viterbo e Roma» s'entusiasma poi, appena approvato il piano per lo sviluppo regionale nel Lazio. E sui giornali, nell'autunno 2004, compare a tutta pagina una pubblicità «finanziata con il contributo della Comunità Europea e dello Stato italiano»: «Prodotto biologico, differente senza l'ombra del dubbio».

Senza l'ombra del dubbio? Beh, per la verità qualche ombra resta. E qualche dubbio pure. Se non altro perché tanta abbondanza induce in tentazione: la Guardia di finanza, per esempio, nella primavera del 2004 scopre che una parte dei contributi per l'agricoltura biologica in Sardegna finiscono nelle tasche non solo di chi non ha nulla a che fare con il biologico, ma addirittura di chi non ha nulla a che fare con l'agricoltura. Nel 2003, nella sola Roma, vengono denunciate o arrestate per frode in questo settore 91 persone, per 25 aziende agrobiologiche si chiede la sospensione degli aiuti. Un agricoltore leccese confessa al «Diario»: «Prendo 500 euro l'anno per ettaro coltivato. Sono sovvenzioni per la conversione all'agricoltura biologica. Ma io non ho nessuna intenzione di passare all'agricoltura biologica». Che ci volete fare? Le rivoluzioni non si fermano per così poco. Avanti tutta con pane, amore e biologia.

E infatti: molti asili, per esempio, si dotano di mense che servono solo alimenti biologici. A Roma il bando è esplicito e il menu rigido: crostatina con marmellata di frutta a metà mattina, mezze maniche burro e parmigiano di primo, scaloppine di secondo con contorno di patate e pomodori o zucchine gratinate. Tutto, s'intende, rigorosamente bio. «Quello che avanza lo daremo a cani e gatti» specifica l'assessore di turno. Perfetto: così saranno naturalisti pure gli animali. In Emilia Romagna le mense biologiche sono addirittura 111. Il servizio costa dal 10 al 30 per cento in più? Non importa, paga la Regione. Il Friuli Venezia Giulia, tanto per dire, stanzia per questa voce 1,35 milioni di euro; i primi contributi della Basilicata risalgono addirittura al 1999. «Perché la Lombardia non l'ha ancora fatto?» si chiedono i verdi nella primavera 2004 con apposita interpellanza. Già, perché? In fondo il cibo politicamente corretto fa bene: magari fa bene a chi lo mangia, sicuramente fa bene a chi lo esalta. Daniela Guerra, mamma delle mense biologiche dell'Emilia Romagna, ha ottenuto una candidatura al Parlamento europeo. È stata trombata, è vero. Ma non si può mica avere tutto dalla natura.

L'agricoltura biologica è un'ideologia, non una scienza

Ma poi il biologico fa davvero bene a chi lo mangia? Sul fatto si comincia da più parti a sollevare dubbi. Anthony Trewavas, professore di biochimica all'università di Edimburgo, ha pubblicato uno studio che fin dal titolo la dice lunga: *Miti urbani sull'agricoltura biologica.* «L'agricoltura biologica è un'ideologia, non una scienza», dice. E spiega: «L'ideologia deriva dal presupposto che le cose naturali sono buone e le cose artificiali difettose». Ma è davvero così? Le tenie, i pidocchi e le zanzare che portano la malaria non sono forse naturali? E gli antibiotici, i vaccini e gli anestetici non sono forse artificiali?

«I pesticidi sintetici sono usati da cinquant'anni» scrive Trewavas «e in questo periodo l'incidenza del cancro è diminuita del 15 per cento e quella del cancro allo stomaco, tipica patologia alimentare, è diminuita del 50 per cento.» «I cibi biologici non sono più salutari o sicuri di quelli prodotti dall'industria agroalimentare convenzionale» scrive il «Diario» al termine di una documentata inchiesta (*Che bio ce la mandi buona*). E persino l'Unione Europea ammette i limiti del biologico, pur continuando a finanziarlo lautamente. Infatti la normativa comunitaria che disciplina il settore (regolamento Ce 2029/91) all'articolo 10 recita: «Nell'etichettatura e nella pubblicità non possono essere inserite affermazioni che suggeriscano all'acquirente che l'indicazione di alimento biologico costituisce una garanzia di qualità organolettica, nutritiva o sanitaria superiore».

Ma allora, se non c'è garanzia di qualità organolettica, nutritiva eccetera superiore, perché dobbiamo portare soldi alla causa biologica? Perché, in altre parole, dobbiamo pagare zucchine e pomodori molto di più? «Non ci sono basi per affermare che il cibo biologico sia più sano, ma i nostri consumatori lo credono» ha detto alla Conferenza europea sull'agricoltura biologica, con uno slancio di sincerità, il responsabile di Sainsbury, una grande catena di supermercati inglesi. Lo credono, e tanto basta per far diventare tutto più caro. Avete mai provato a fare un confronto di prezzi tra prodotti bio e prodotti normali? Noi sì. La rilevazione è stata effettuata l'11 agosto 2004 al supermercato Esselunga di via Feltre a Milano. Guardare per credere.

Per un chilo di	*Prodotto normale (in euro)*	*Prodotto bio (in euro)*	*%*
Pomodori a grappolo	0,95	3,59	+277
Peperoni gialli	1,95	3,99	+104
Insalata mista lavata	4,97	11,93	+140
Meloni gialli	0,69	2,42	+250
Banane	1,49	2,89	+93
Pesche gialle	1,75	2,85	+62
Carote	0,84	1,15	+36
Anguria	0,25	0,59	+136
Kiwi	2,89	3,99	+38

Nostra rilevazione, 11 agosto 2004, supermercato Esselunga, via Feltre, Milano.

Si tratta, si badi bene, di un esempio del tutto casuale. Ma non importa: questo non è il bollettino dell'Istat. Vogliamo soltanto fare un esempio pratico, concreto, da supermercato per dimostrare che quando va bene i prodotti biologici ci costano il doppio, ma possono arrivare tranquillamente a costare tre volte di più (come nel caso dei meloni e dei pomodori, per restare al nostro esempio). Soldi, insomma. Perché spenderli, se ciò che acquistiamo non ci dà nessuna «garanzia di qualità organolettica o nutritiva superiore»?

«La mania del cibo biologico è costruita su un mito» scrive sul «Times» di Londra Dick Taverne, presidente del Sense About Science. «Essa ha preso avvio da una bufala scientifica, ha continuato a imperversare senza ragione, perché per nessuna delle affermazioni fatte in merito a questo argomento sono addotte delle prove valide. E se continuerà a prendere piede in questo modo, arriverà a danneggiare la popolazione. Alcuni sostengono che non è un problema se il cibo biologico costa di più, fino a quando i consumatori saranno disposti a pagare e i coltivatori saranno disposti a trarne guadagno. E invece questo è un problema: se la frutta e la verdura biologiche saranno così costose, infatti, e se i prodotti biologici conquisteranno una fetta sempre maggiore di mercato, le famiglie a basso reddito saranno costrette a mangiare sempre meno frutta e meno verdura. Così facendo perderanno il loro sistema protettivo nei confronti del cancro.»

Sarebbe un bel paradosso. O, per lo meno, un altro bell'esempio di effetto perverso. Si mitizza il naturale a tutti i costi per stare meglio, e si ottiene, complessivamente, di stare peggio. Si celebrano i prodotti che non fanno venire il cancro, e poi invece si rischia che il cancro colpisca ancor di più. Questo succederà se si continuano a vantare i meriti (inesistenti) del bio per poter vendere frutta e verdura a prezzi più alti. Un risultato, fra l'altro, cui concorre in modo colpevole il cartello dei produttori biologici, che non a caso vedono sempre con terrore ogni ipotesi di ribasso. Quando si profila la possibilità di importare cereali, legumi e frutta coltivati in modo naturale dalla Cina o dalla Romania o dalla Bulgaria a prezzi che sono anche un quinto rispetto a quelli italiani, infatti, essi insorgono a una sola voce: non passa lo straniero. «Purtroppo la rincorsa ai prezzi più bassi (con relativi approvvigionamenti all'estero)» scrive Rocco Di Blasi sul «Salvagente», «rischia di danneggiare un intero mondo, macchiando un settore onorato.»

Ma certo, meglio non macchiare. Che i prezzi restino alti. E se i poveri ne comprano meno, peggio per loro. La prossima volta faranno lo sforzo di nascere ricchi. E, dunque, biologici.

Nessun beneficio per l'ambiente

Secondo le ricerche di Bruce Ames, il più autorevole studioso americano della materia, il 99,9 per cento delle tossine che ingeriamo derivano dalle piante stesse e non dai prodotti utilizzati in agricoltura. Mediamente, dice Ames, una tazza di caffè contiene una quantità di tossine naturali superiore al quantitativo di quelle sintetiche che ingeriamo in un intero anno. Avete capito bene: una tazzina di caffè è più tossica di tutta la chimica che ingurgitiamo tramite insalata e pomodori non biologici. Il bio più sano? «L'argomento non è sostenibile» risponde persino Enrico Erba, direttore dell'Associazione italiana agricoltura biologica. «Infatti l'agricoltura biologica non nasce per un problema di salute. Nasce, invece, per un problema ambientale.»

Perfetto, ma l'ambiente davvero trae beneficio dalla diffusione del bio? Citiamo ancora il «Diario», settimanale non certo sospettabile di simpatie antiecologiste: «I fertilizzanti naturali usati in agricoltura biologica, come il letame e i liquami, oltre a essere un concentrato di batteri, contengono azoto che può essere dannoso per il suolo, le acque e gli ecosistemi». Studi condotti in Olanda, Germania e Gran Bretagna hanno mostrato come l'uso intensivo di letame e liquami porti all'eutrofizzazione di laghi e fiumi. Al contrario esistono prodotti chimici come il Round Up, il diserbante più usato al mondo, considerati totalmente innocui dall'Organizzazione mondiale della sanità («È peggio ingerire un cucchiaio di sale che un cucchiaio di Round Up» spiega Enrico Sala, professore di Biotecnologie alla Statale di Milano, uno dei maggiori esperti italiani in materia agroalimentare). Conclusione: «Confrontata con l'agricoltura convenzionale condotta secondo i principi della buona pratica agricola» sostiene Trewavas, «l'agricoltura biologica non ha alcun effetto benefico sull'ambiente».

Fra l'altro, pochi lo sanno, ma nell'agricoltura biologica sono ammessi anche i pesticidi. Solo che si tratta di pesticidi naturali. Tra quelli che si usano comunemente segnaliamo: un batterio chiamato Bacillus Thuringiensis, che secondo ricerche condotte in Francia e Canada causa infezioni polmonari letali nei topi; un insetticida chimico di origine vegetale, il Rotenone, che provoca ai topi il morbo di Parkinson; e il solfato di rame (l'antico «verderame») che da sempre ha rovinato il fegato dei viticoltori. Senza contare il rischio di contaminazione con microtossine, che cresce perché le piante non sono trattate con fungicidi: il mais biologico, per esempio, arriverebbe a contenere, per colpa dei funghi, sostanze cancerogene come le aflatossine in misura fino a venti volte superiore rispetto al mais tradizionale. «Le aflatossine sono il cancerogeno più potente in natura» spiega l'oncologo Umberto Veronesi. «Possono finire nella polenta che mangiamo, ma anche nella carne e nel latte perché di mais si nutrono gli animali.» Nel novembre 2003 la Lombardia ha buttato, per questo motivo, il 20 per cento del suo latte.

Quando non bastano funghi, insetti e conseguenti aflatossine, ci si mettono poi pure gli uomini. Nel luglio 2004 la Procura di Rieti conclude l'inchiesta «Agricoltura biologica». La rivelazione è clamorosa: rifiuti tossici pericolosi, fanghi e scarti di lavorazione industriali, avanzi d'ospedale (comprese siringhe e bende insanguinate), venivano usati per concimare campi di cereali e ortaggi che poi venivano venduti come ufficialmente e rigorosamente bio. Sei milioni di euro il giro d'affari, 30 persone coinvolte, 7 arrestate, applausi e complimenti a carabinieri e corpo forestale.

Bella operazione, sicuro. Ma la verità è che per settimane ignari cittadini sono andati al supermercato a comprare cibi che pensavano garantiti (e pagavano per tali), salvo poi trovarsi a ingurgitare i frutti malati di spurghi chimici e altre sconcezze.

Un caso isolato? Neppure per idea. «Il rischio contaminazione nell'agricoltura biologica è un problema reale» denuncia la Confederazione italiana agricoltura con un dossier nella primavera 2004. A fine 2002 con l'operazione «Riso Amaro» i Nas di Cremona e la Guardia di finanza di Vigevano scoprono due società in provincia di Pavia che compravano riso coltivato con pesticidi chimici in Argentina e Ucraina per rivenderlo come biologico in Italia. Sempre nel 2002 altre dieci aziende che truffavano sul biologico sono state scoperte in provincia di Ragusa. Un'indagine nazionale dei Nas, iniziata nel 2001, ha trovato insalata, kiwi e uova vendute come biologiche, ma che non erano tali, mangimi bio a base di organismi geneticamente modificati e merendine vendute come biologiche senza esserlo. Nel 2003 sono state declassate a prodotti da agricoltura convenzionale circa 53 tonnellate di mirtilli (oltre 10 mila vasetti), senza contare il maxisequestro di gomme da masticare che erano bio solo per finta. Tranne, naturalmente, che nel prezzo.

Ma, a parte questi casi clamorosi, da cronaca, restano i dubbi su tutta la produzione bio. «Il cibo di cui si nutrono a scuola i nostri figli è biologico» scrive il professor Franco Battaglia dell'Università di Roma Tre. «E che cosa significa? Significa, ad esempio, che se la vacca da latte si è beccata un'infezione, viene certificato che questa sarà curata con l'omeopatia. Non so voi con i vostri figli, ma io evito accuratamente di curare con l'omeopatia un'eventuale infezione di mia figlia. Se poi il prodotto fosse addirittura biodinamico ci verrà certificato che è stato seminato eseguendo movimenti circolari antiorari, assicurandosi che Terra, Luna e Giove fossero ben allineati, e che al seme deposto sia stata cantata la ninnananna.» Ma come si fa a essere davvero sicuri, seguendo il criterio della ninnananna?

Come è facile essere bio

L'unica sicurezza che esiste sul bio è che ci sono molti enti che dovrebbero certificarne la sicurezza. Sono ben dieci quelli ufficialmente autorizzati dal ministero delle Politiche agricole: Imc, Bios, Bioagricert, QC&I, Codex, Icea-Aiab, Ecocert Italia, Associazione suolo e salute, Ccpd, Biozert. Sembra una conversazione tra i marziani e il campo base di Mercurio: ma tutti questi Imc, Ccpd e via col Codex, a che cosa servono davvero? In realtà hanno un vizio d'origine: sono finanziati da chi dovrebbe essere controllato. Gli agricoltori che chiedono la certificazione, infatti, versano al certificatore una quota d'apertura pratica (200 euro circa) e una quota annuale variabile, oltre che una percentuale sulle vendite (in genere 0,2-0,3 per cento del fatturato). Fatte le debite proporzioni, è lo stesso meccanismo che regola le società di revisione, quelle che certificano i bilanci delle aziende quotate in Borsa: per avere informazioni su quanto tutto ciò funzioni chiedere ai risparmiatori Cirio e Parmalat.

Ma se anche i controllori volessero essere severi, in contrasto con la loro natura e soprattutto con gli interessi del loro portafoglio, non ci riuscirebbero: si trovano infatti a fare i conti con codici e commi sempre più permissivi. Per ogni norma, c'è una deroga. I bovini veramente bio, dicono le leggi, devono disporre di pascoli, ma solo «tutte le volte che questo sia possibile». Gli animali non possono stare alla catena, ma in alcune aziende invece ci possono stare. I conigli devono stare in libertà, ma non si esclude «l'allevamento in gabbia». E quando persino queste flebili norme sembrano troppo rigide, non è difficile aggirarle. Nel maggio 2004 il Comune di Torino, per esempio, ha stabilito con apposita ordinanza che per vendere al mercato mensile dei prodotti biologici, non sono più necessari né papiri né controlli. Basta l'autocertificazione. «Io sono biologico», e via: il gioco è fatto. Chi avrà qualcosa da obiettare?

«Una volta si puntava al risparmio, adesso si pensa che ogni cosa che costa cara sia migliore» dice il presidente di Altroconsumo a «Panorama» nel 2002. Basta alzare il prezzo ed è come avere una patente di genuinità. «Noi abbiamo cominciato a fare campagne anche in questa direzione: per smascherare le mode, il business, perché no?, le truffe che si nascondono dietro l'etichetta bio.» Con buona pace dei solerti consumeristi però, le campagne non sembrano aver sortito un grande effetto. Si capisce: il bio è una moda, il bio fa chic, il bio va persino in passerella, come titola entusiasta l'Ansa presentando nel 2004 «Riccione Moda Italia», rassegna che prevede fra l'altro la performance di «Stile biologico». Il bio è trendy, il bio è ecologista, pacifista, no global, difensore delle piante, della natura e dei poveri disperati. E pazienza se nel sito ufficiale dell'Associazione italiana per l'agricoltura biologica compare la pubblicità della Gemeaz Cusin, multinazionale del cibo, quotata in Borsa, 830 ristoranti, 46 milioni di pasti erogati all'anno, una potenza della finanza cibo, che con i no global non ha nulla a che fare. Pazienza, perché il letame puzza, il denaro dello sponsor evidentemente no.

Lifegate, il bio-impero

Che il bio renda, del resto, è evidente. Il primo a introdurre in Italia il nuovo eco-concetto, quando non lo conosceva praticamente nessuno (ricordate la Fattoria Scaldasole?), adesso è a capo di un vero e proprio impero. L'impero si chiama Lifegate: può contare su una radio Lifegate (800 mila ascoltatori a settimana), un magazine «Lifegate» (100 mila copie), un portale Internet Lifegate, una società di assicurazione etica Lifegate insurance, un Lifegate restaurant, un Lifegate café dove si serve la colazione con latte di riso e fiocchi d'avena, una società di comunicazione Lifegate e persino una clinica olistica Lifegate dove è possibile praticare la visita bioenergetica attraverso l'ascolto dei polsi, la psicoterapia transpersonale, la ginecologia omeopatica, la fito-torboterapia, oltre naturalmente a ogni tipo di massaggio (ayurvedico, pindasweda, tui na e alle erbe) con tanto di terapia chelante anti-aging. Magari un po' caro, ma non preoccupatevi: potete sempre usufruire dello sconto associati: –10 per cento per chi presenta la supporter card.

Tutto comincia nel 1986. Marco Roveda, giovane milanese intraprendente, fonda la Fattoria Scaldasole e produce i primi yogurt biologici e biodinamici. Poi aggiunge budini, biscotti e spremute. Quindi vende tutto. Accade nel 1998, incassa 15 miliardi di lire. A comprare è la Plasmon, marchio della multinazionale Heinz che porta sul mercato prodotti molto noti, come il ketchup Heinz, le patate fritte Ore Ida, i piatti pronti Boston Market e Smart Ones. Tutto poco biologico, a voler essere sinceri, ma quando si fanno affari non si può mica andare troppo per il sottile. Ketchup e patatine, turiamoci l'eco-naso e avanti: con quei soldi Roveda fonda Lifegate, prima e unica «piattaforma del mondo eco-culturale».

L'eco-iniziativa ha un grande eco-successo. Ora l'ex geometra yuppie diventato eco-guru del biologicamente ecopuro punta ad andare in Borsa. Lifegate potrebbe essere quotato nel 2006. «La nuova new economy è la eco-economy e noi siamo la Yahooo» spiega il manager guru a Reuters. Anche se poi al «manifesto» confessa: «Ho una montagna di debiti». C'è da credergli? Nel suo sito Internet entrano 400 mila persone al mese, 60 mila si sono registrate, 5 mila hanno comprato la tessera (24 euro). Fra i vari servizi offerti: notizie su salute, ambiente, alimentazione, musica, libri, astri e «ricerca del partner». Si mescolano con discreta nonchalance naturalistica protocolli di Kyoto, interviste all'inventrice del Feeling Dissolve, metodo per «trasformare le emozioni in energia fluida e creativa», e la pubblicità delle pentole Vip Trend Royal, «quattro strati di rivestimento interno contenenti nanoparti di ceramica, titanio e polvere di diamanti».

Nella clinica olistica Lifegate, poi, c'è anche il Music of

the Brain, una novità straordinaria che «sembra una magia, ma è una terapia con basi scientifiche», come spiegano i responsabili: si basa sulla trasformazione in note delle frequenze cerebrali rilevate al paziente. La partitura musicale basata sul ritmo del cervello viene poi eseguita al pianoforte e incisa su un Cd, «tempo di consegna quattro giorni», da ascoltare a casa. 200 euro. «È il Cd più caro al mondo» commenta la giornalista Manuela Cartosio. Ma tant'è.

Roveda, oltretutto, manco a dirlo non si accontenta. Radio? Internet? Società di comunicazione? Magazine? Sì, ma lui vuole fare il terzo polo televisivo. «Solo così potrà nascere la nuova società dei valori» dice. Di sé ha una concezione molto alta: «Il mondo del biologico in Italia l'ho costruito io» dice. E poi spiega che chi ha la stoffa del condottiero non può rassegnarsi a fare «il ragioniere che lima i conti». Non si vergogna di parlare di «via per la felicità»: «Io sono felice e vorrei raccontare agli altri il mio percorso di vita, illuminare la strada». Illuminare la strada? Praticamente un santone. «Tranquilli, potevo essere un Berlusconi, ma non voglio fondare un partito. E neppure una setta religiosa.»

Quando aveva ventisette anni girava con l'aereo privato, adesso Roveda ama farsi vedere con una R4 rossa modello alternativo. Presenta Lifegate come «la piattaforma dell'eco-culturale, un punto di riferimento per chi desidera salvaguardare l'equilibrio dell'eco-sistema» scrive. E poi spiega – o meglio: cerca di spiegare – che essa «diffonde uno stile di vita etico, eco-sostenibile, un nuovo modo di fare impresa in armonia con l'uomo». E che «propone progetti di responsabilità sociale e ambientale».

L'ultimo progetto di responsabilità sociale e ambientale si chiama Impatto Zero: dà la possibilità alle aziende di compensare le proprie emissioni di anidride carbonica nell'atmosfera con la conservazione di un pezzo di foresta. Per esempio: per mettere a impatto zero il suo ultimo tour di concerti, Vasco Rossi ha versato 65 mila euro con i quali Lifegate pianta alberi in Costa Rica. Per mettere a impatto zero l'ultimo libro di Harry Potter la casa editrice Salani farà del bene a 500 mila metri quadrati di foreste, sempre in Costa Rica. Chi fa i conti per stabilire quanta CO_2 emette un libro, un concerto o una pizza?, chiede «il manifesto». «Le università» risponde Roveda. E chi certifica che i soldi finiranno davvero in alberi? «La società Bios.» La società Bios? Sì. Ma le aree «sono tutte visitabili». Evviva.

Come tutte le rivoluzioni, anche la ecorivoluzione del geometra yuppie Roveda, cominciata a tavola con gli yogurt biologici, finisce a tavola, con i due locali che ha aperto da poco in via Orti, centro storico di Milano. «Il geometra Roveda gli affari li sa fare anche in cucina» scrive Manuela Cartosio del quotidiano comunista. «Per assicurarsi la clientela più varia mette in tavola di tutto: tofu e seitan, prosciutto vegetale, latte di avena e eco-birra, ma anche carne in tutte le salse, pollo alla diavola e Coca Cola. A fare la differenza rispetto a ristoranti e pizzerie normali sarebbero i valori di Lifegate, scritti sulle lavagne appese alle pareti: qualità della vita, cucina sana, rispetto delle persone, rispetto dell'ambiente, locale a impatto zero». Clientela in prevalenza femminile, fra i trenta e i quarant'anni. « Sono loro le Lifegaters più ortodosse. A tavola si interrogano angosciate sulla strage di Beslan.» Poi però «impiegano dieci minuti buoni per decidere che insalata ordinare».

Ma era davvero così bello il mondo antico?

Contraddizioni? Sì, il biomondo è pieno di contraddizioni. Ma a noi che importa? Siamo tutti molto naturali, naturalisti, biodinamici e certificati senza pesticidi. Al mattino prima di andare a lavorare mangiamo tre kiwi (non troppo maturi) con tre bicchieri d'acqua (a temperatura ambiente) perché fa molto chic. Poi magari andiamo ai ristoranti dove servono frittate di ginestra e biscotti di papavero, pollo ai fiori di acacia, spaghetti alla calendula, viole e gerani come se fossero pane e grissini, perché la cucina con i fiori è l'ultima moda very very vip. E se ci ammaliamo, facciamo come il principe Carlo, seguiamo la terapia del medico Max Gerson: cinque clisteri di caffè al giorno, succo di carota, broccoli e mela, oltre che iniezioni di estratto di fegato. E se non serve a nulla, come dice la scienza ufficiale, che importa? Magari andiamo al Creatore, però lo facciamo in modo ecologicamente corretto.

Il principe Carlo, fra l'altro, sull'ecologia ha costruito un piccolo impero economico. Riesce a far passare come prodotto ambientalista anche l'acqua minerale proveniente dal castello della regina in Scozia. E poi sforna, attraverso 40 diverse aziende, una serie di prodotti principescamente bio: biscotti all'avena, allo zenzero e agli agrumi, selezioni di cioccolato al limone e alla mela, frollini al burro, gelati alla vaniglia e alla fragola, miele e Christmas pudding. Non è forse questo uno splendido ritorno alla vita dei nostri nonni? Carlo s'entusiasma e si presenta in modo regale al Salone del Gusto di Torino (ottobre 2004). Colazione con brioche e robiola di Roccaverano, per cena pollo alla cacciatora e peperoni alla bagna cauda, per concludere un caffè della moka. Il principe è contento: in fondo, si sa, lui, come dice uno dei ristoratori che lo serve, «ama le cose all'antica». Per questo si dedica a Camilla e al biologico.

Ma il biologico sarà davvero un ritorno all'antico? O solo una moderna assurdità? Tutta questa fantasia sul Mulino Bianco, lo Scaldasole, la campagna delle favole, il castello della regina con l'acqua minerale e le stalle dove si consumavano «castagne e vino» e «si alimentava il senso di comunità»... Ma che senso di comunità? Quello che mandava i bambini a lavorare a sei anni? Quello che se arrivava la peronospora dovevi emigrare in Australia? Quello che se veniva giù una grandinata i contadini morivano di fame? Ma era davvero così bella, la vita di una volta? Quanto resisterebbero le anime belle e nostalgiche se fossero davvero proiettate nel passato? Forse nemmeno qualche minuto.

Organismi giornalisticamente modificati

Adesso non vorrei farla tanto lunga, perché il tema meriterebbe un libro a parte. Qui ne cogliamo solo lo spizzico che c'interessa: ebbene, se ci sarà modo di salvare i nostri piatti dalla voracità delle mani altrui, credo che non sarà grazie al finto salto nel passato e al rimpianto del tempo che fu, ma al contrario proprio grazie all'odiato biotech. Ed è bizzarro, se ci pensate: perché mentre tutta l'agricoltura biologica, che come abbiamo visto è per lo più inutile e anzi piuttosto dannosa, viene mitizzata, imposta e foraggiata, la rivoluzione tecnologica che da sola potrebbe dimezzare entro il 2015 il numero delle persone che muoiono di fame viene invece demonizzata e avversata senza tregua. Ma perché?

Perché ci fanno così paura frutta e verdura geneticamente modificati? La modificazione genetica non è una pratica da sempre adottata in orticoltura? Forse che il radicchio rosso di Treviso non è frutto di incroci, mutazioni, innesti che si sono succeduti nel corso dei secoli? E il pomodoro San Marzano? E il broccolo romanesco? E il peperone corno di Carmagnola? E il riso Carnaroli? E il vitigno Müller Thurgau? Non era forse Müller un professore che studiava nuovi incroci di piante alimentari? E perché i professori di fine Ottocento erano apprezzati e stimati se praticavano modificazioni genetiche e quelli di oggi invece sono Frankenstein?

Altro che organismi geneticamente modificati: gli Ogm sono organismi giornalisticamente modificati, come dice Gianni Riotta. «Non è la biotecnologia, ma il vocabolario che ci spaventa» spiega uno dei maggiori esperti di biologia molecolare del mondo, il premio Nobel per la chimica 1993 Kary Mullis. «Quello che un tempo si chiamava orticoltura adesso è detta modificazione genetica.» E si capisce: fa subito più paura. Nessuno pensa che la biotecnologia permette solo di fare in modo più corretto e più efficace quello che un tempo avveniva naturalmente in tempi molto più lunghi.

Il 10 marzo 2004 l'Unione Europea ha socchiuso la porta agli Ogm, dando il via libera alla commercializzazione (non ancora alla produzione) del mais dolce Bt11, uno dei trenta prodotti geneticamente modificati in vendita negli Stati Uniti. Per la prima volta, dopo sei anni, si è aperta una breccia nella severa moratoria imposta da estremisti dell'ambiente e cieco-ecologisti. Eppure continuano gli isterismi, i gesti sconsiderati, le follie venate d'oscurantismo. La Regione Piemonte, per esempio, decide di distruggere 381 ettari di mais coltivato da 140 aziende perché in esse era stata trovata traccia di transgenico. Lo Zambia costringe 2 milioni e 400 mila persone alla fame rifiutando gli aiuti che arrivano dagli Stati Uniti perché in essi c'è grano transgenico. E gli attentati degli ecoterroristi contro le coltivazioni Ogm si moltiplicano in tutta Europa.

Eppure il parere di esperti, medici e scienziati è chiaro. Univoco. Nella primavera 2003 la Royal Society presenta al governo inglese uno studio scientifico in cui precisa che «il valore nutrizionale degli alimenti geneticamente modificati è pari a quello dei prodotti convenzionali» e che «nessuna indagine attendibile ha mai accertato la pericolosità delle biotecnologie per la salute dell'uomo». «Non c'è alcun grado di tossicità negli Ogm vegetali in commercio» sostiene l'oncologo Umberto Tirelli. «Negli Stati Uniti, dove sono usati da diversi anni, non si è riscontrata nei consumatori nessuna malattia nuova rispetto all'Europa.» Tremiladuecento scienziati firmano una dichiarazione secondo cui le biotecnologie possono migliorare l'agricoltura e la produzione alimentare; fra di loro compaiono anche 19 premi Nobel, tutti quelli che hanno dato un contributo importante alla biologia, alla fisica, alla medicina e alla chimica negli ultimi cinquant'anni. C'è uno studio dell'Unione Europea lungo addirittura quindici anni (1985-2000) che dimostra come le piante geneticamente modificate si comportino esattamente come le altre. «Quando qualcuno parla di allergia e tumori provocati dagli Ogm» scrivono i docenti e i ricercatori di Biologia alla Statale di Milano in una lettera al «Corriere della Sera», «non risulta chiaro a quali continue segnalazioni faccia riferimento, non esistendo in proposito dati scientifici pubblicati e attendibili.» «Ogm nocivi? No, può esserlo il pesto» dicono alcuni scienziati che, coordinati da Umberto Veronesi, nell'autunno 2004 presentano un documento sulle biotecnologie. E il fisico Tullio Regge commenta sulla «Stampa»: «Il divieto di coltura degli Ogm è una forma di intolleranza con profonde radici ideologiche ben sfruttata da politici di qualsiasi colore».

Niente da fare. Non basta. E pensare che lo stesso Carlo (per tornare al principe e al principio della nostra breve digressione geneticamente modificata), lo stesso sovrano che tanto odia gli Ogm, che tanto li avversa e li condanna, in realtà li maneggia abitualmente e con disinvoltura, come ha detto lo scienziato Robert Winston, mostrando due foto del reale. Nella prima Sua Maestà beve tè di Assam; nella seconda riceve un garofano. Entrambi sono fra i prodotti più geneticamente modificati che ci siano. Che dice, sire, sarà pericoloso?

Il vitigno barbera? Lo salverà il biotech

Come volevasi dimostrare: il discorso porta lontano. Ma gli elementi che ci bastano per capire quanto ci stiano mettendo le mani nel piatto sono racchiusi in una semplice domanda: perché c'è tanta avversione alla sperimentazione Ogm (che tutti gli studi scientifici dimostrano priva di rischi) e tanta passione per la sperimentazione biologica (che molti studi scientifici dimostrano non del tutto sicura)? Perché impazziamo per cercare l'ultima fragola bio e rifuggiamo da tutto quello che ha il marchio Ogm? Chi è che vuole che ci comportiamo così? Forse in questo capitolo c'è qualche risposta, forse ne troverete altre più avanti. Si è soliti affermare che dietro il biotech ci stanno le multinazionali (brutte, sporche e cattive), ma visti i risultati verrebbe da pensare che le multinazionali contano davvero poco. O, almeno, che la multinazionale del bio conta molto di più.

E pensare che se c'è una speranza di salvare i nostri prodotti tipici arriva proprio dal biotech. «Il patrimonio agricolo che chiamiamo tipico» dice lo scienziato Franco Battaglia «non è sempre esistito così. Varietà che erano tipiche cent'anni fa oggi magari non esistono più. E molte varietà odierne cent'anni fa non c'erano. Spesso quelle vecchie sono state soppiantate da nuove migliori o anche semplicemente scomparse, distrutte da virus, batteri, funghi, parassiti. Parimenti sarebbe sbagliato pensare che le varietà di oggi non possano essere migliorate.»

Luigi Rossi, presidente della Federazione italiana dottori in agraria e forestali ha pubblicato anche un libro: *Biotecnologie. Per la tutela dei prodotti tipici italiani.* «Alcuni» scrive «sostengono erroneamente che qualità alimentare e innovazione tecnologica sono in alternativa e citano immancabilmente come spauracchio l'innovazione genetica, senza sapere che è grazie ad essa che finalmente si può produrre cibo adeguato e di qualità.» Il 90 per cento della pasta italiana che mangiamo oggi, in effetti, deriva dal Creso, un grano geneticamente modificato nel 1974. Senza conseguenze per nessuno. Anzi. «Il grano duro e la pasta italiana» spiega Rossi «hanno avuto uno straordinario successo grazie alla genetica.»

Il grano duro e la pasta italiana, certo. Ma non solo. Per esempio: la capacità produttiva dei meli valdostani si è ridotta di due terzi a causa di un maggiolino che si ciba delle radici. Contro di esso la cura biologica (impiego del fungo parassita della larva) si è rivelata non solo inutile ma anche dannosa, perché ha diffuso pericolose aflatossine nel terreno. Sarà una modificazione genetica, invece, a salvare i meli della Valle d'Aosta? Può darsi. Così come, forse, sarà una modificazione genetica a salvare il vitigno barbera dall'infezione detta flavescenza che lo sta divorando. E sarà una modificazione genetica probabilmente a salvare il riso Carnaroli dal fungo che lo sta distruggendo.

Staremo a vedere. E chissà che stavolta anche la già citata papaya non ci possa fare del bene sul serio. Almeno con il suo esempio. La storia risale a qualche anno fa. Gli Stati Uniti si accorgono che la papaya delle Hawaii, tipico prodotto di quelle isole, sta scomparendo a causa di un virus. Chiamano gli esperti a consulto. E alla fine trovano la soluzione: i tecnici della Cornell University rendono la pianta inattaccabile con un intervento, appunto, di modificazione genetica. La papaya non è scomparsa dalle Hawaii. Anzi, oggi vive rigogliosa e si riproduce in modo abbondante. Morale: se noi, anziché illuderci con quella della Ventura, provassimo a nutrirci di questa papaya (o meglio: della lezione di questa papaya), forse impareremmo a utilizzare la scienza, e la genetica moderna, anziché osteggiarla a priori in modo ideologico e masochistico. Impareremmo, soprattutto, a difendere davvero i prodotti, e a evitare di rimanere tagliati fuori dal mondo. Sembra incredibile, ma oggi la Sicilia importa arance dall'Egitto.

P.S. Come corrono di fretta le mode naturalistico-alimentari. Non faccio a tempo a divertirmi un po' parlando di papaya e subito vengo a scoprire che nel bel mondo è già considerata out. «Fino a qualche tempo fa ero una fan della papaya, ora è superata dal baobab» dice infatti Barbara D'Urso in un'intervista a «Libero». «Il baobab è prodigioso. Innanzitutto il frutto si liofilizza naturalmente, poi è un eccezionale integratore di vitamine, etc etc.» Scusatemi, ma io qui mi fermo. Mi mancano le energie. Nonostante il baobab.

VII

Barbera rossa la trionferà

Barbera rossa la trionferà. Evviva il comunismo, l'anatra croiset e la libertà. La rivoluzione oggi si fa in cucina, anche perché, è evidente, «le politiche planetarie di dominio passano dal controllo dell'agricoltura». Coraggio, compagni, ribellatevi perché «un'altra vigna è possibile». E se non sarà un bicchiere di rosso a battere il capitalismo e ad abbattere lo Stato borghese, come spera il teorico di Critical wine, chissà se almeno ci riuscirà un carré d'agnello. In nome del marxismo, del proletariato e del vitello tonnato: avanti popolo, alla riscossa. Della lepre in civet.

Non stupitevi. In fondo si sa che «il vino è un messaggio politico», come dice Maurizio Murari, bresciano, autista di autobus, storico militante del centro sociale Magazzino 47, gran contestatore ed esperto bevitore. Anzi: «Il vino è una forza di cambiamento insieme alla felicità della bevuta». Ed è così, felicità della bevuta dopo felicità della bevuta, che nascono figure come il «social sommelier», nuova versione di militante no global munito di cavatappi e taste-vin, e fenomeni come il Critical wine, «movimento parallelo» che si propone di «costruire una difesa pratica della vita materiale», di «riruralizzare il mondo», di «organizzare il rifiuto del modello neoliberista» e di «pensare a un nuovo rapporto terra/Terra». *Vaste programme,* commenterebbe De Gaulle. Ma tutto è possibile con una buona dose di dolcetto e di franciacorta brut.

Le potenzialità rivoluzionarie del vino, del resto, sono piuttosto note. Basta berne un po' e il mondo va sottosopra. Qualcuno la chiama anche ciucca, ma si tratta evidentemente di un reazionario convinto: che ne sa lui del rapporto terra/Terra e della riruralizzazione del mondo? Un altro bicchiere e oplà, vedi che ti passa tutto: e si può persino «disegnare il circuito virtuoso tra qualità della produzione, qualità del prodotto e qualità delle relazioni sociali». Non avete capito che cosa vuol dire? È perché non siete ancora abbastanza rivoluzionari. Oppure non siete ancora abbastanza ubriachi. Dipende. Su, un altro goccio e avanti. «Il movimento dei movimenti deve affrontare al più presto queste tematiche se vuole veramente proporre un altro mondo possibile.» Hasta la victoria, siempre. E, intanto, prosit. Magari anche buon appetito.

Aimo e Nadia cucinano per il Leoncavallo

Nel dicembre 2003, dopo un primo abboccamento al Vinitaly di Verona, l'associazione del barolo rivoluzionario si dà appuntamento al Leoncavallo. E il Leoncavallo, cioè il locale simbolo di ogni ribellione, tempio della contestazione, centro sociale autogestito, barricate, disobbedienti e Ya Basta, solidarietà ai poveri del mondo, a morte i ricchi e i capitalisti, ebbene, proprio quel Leonka lì, con tutta la kappa al posto giusto, che cosa ti organizza? Un sit in di protesta contro la fame in Bangladesh? Un digiuno per solidarizzare con le vittime del Sudan? Una pastasciuttata collettiva (anzi kollettiva) per sottolineare il diritto universale all'aglio olio e peperoncino? Macché. Organizza una cena con Aimo e Nadia. Sì, avete capito bene: Aimo e Nadia. I due chef più rinomati di tutte le Michelin, quelli dell'in-assenza che poi però smette di essere assenza in presenza del conto (minimo: 300 euro in due), quelli che la povertà se la cucinano tutte le sere a base di leccornie flambé. Ebbene, Aimo e Nadia al Leoncavallo. «Ma chi l'ha detto che la rivoluzione non è un pranzo di gala?» ironizza persino «il manifesto». Lotta dura e pâté di cappone senza paura. Con il tartufo bianco, però.

Il gran capo di questa sinistra passata senza batter ciglio dal proletariato al mantecato, da Togliatti alla tagliata, dal fuoco della rivolta a quello dello spiedo, è stato Luigi Veronelli detto Gino, personaggio assai noto al pubblico italiano, inventore della critica enoica e forse anche un po' eroica, simpatico anarchico al barbaresco, scomparso nel novembre 2004, fra il commosso ricordo di tutti. *Addio poeta della terra*, titolavano i giornali, e poi giù iperboli: «pioniere dei cibi in tv», «Cristoforo Colombo del bicchiere», «l'uomo che sussurrava ai vini» e addirittura «nettare della libertà».

Sia chiaro: i meriti di Veronelli sono indiscutibili. Ha portato la gastronomia in televisione (anche se, a vedere Vissani, si può discutere se questo sia davvero un merito); ha insegnato educazione alimentare agli italiani; ha elaborato nuove teorie, ha, come si dice, «fatto scuola». E soprattutto ha combattuto in prima linea con coraggio, scendendo in piazza senza timore, fosse per difendere i vignaioli del Piemonte o la purezza dell'olio, come ha osato ancora a 78 anni, bloccando navi cisterna nel porto di Monopoli allo stesso modo in cui anni prima bloccava le autostrade del Nord.

Però, ecco, fra le eredità che ci lascia il «nettare della libertà» c'è anche questa confusione fra minestrone e rivoluzione, l'idea che il palato sia una scorciatoia per la ribellione, l'illusione di poter mescolare senza limite politica e barbera, confondendo i vini rossi con i sogni dello stesso colore. Era Veronelli a definirsi «anarchenologo» e «teorico della contadinità responsabile». È stato lui a dare corpo e anima al Critical wine, è stato lui a organizzare il buffet di Aimo e Nadia al Leoncavallo. Di sé diceva: «In tutto il mio lungo vivere ho avuto una sola gabbana, l'idea anarchica». E aggiungeva: «Ho sempre condiviso l'affermazione di Pierre-Joseph Proudhon: la proprietà è un furto».

La proprietà è un furto, per l'appunto. A meno che, naturalmente, non si tratti di proprietà di casa editrice: in questo caso, in effetti, gabbana o non gabbana, la proprietà smette di essere un furto e diventa uno spot. Come quello della Veronelli editore, che «nasce nel 1990 col puntuale obiettivo di approfondire la classificazione dell'immenso patrimonio gastronomico nazionale e contribuire ad accrescere la conoscenza delle attrattive turistiche del "Paese più bello del mondo"». Per inserzioni pubblicitarie contattare la concessionaria Quattro punti o Media cinque comunicazione.

Forse commetteremo delitto di lesa memoria, però Veronelli era fatto così. Alternativo quel tanto che basta a conquistare sempre nuovi lettori, nemico della grande distribuzione a meno che non fosse la grande distribuzione delle sue guide. Scriveva e parlava moltissimo, pubblicava dappertutto, dal foglio di lotta clandestino al «Corriere della Sera». Nel tempo libero organizzava manifestazioni come il centro Vinitaly, in un centro sociale di Verona; oppure promuoveva Dist, summit sulle grappe, sempre al Leoncavallo di Milano («finalmente droghe legali nei centri sociali», secondo il commento del «Riformista»). E teneva un'apprezzata rubrica sul settimanale no global «Carta», dove sognava la «decisiva spallata» alle «cattedrali cementizie dei supermercati multinazionali».

L'attacco, sosteneva Veronelli, sarebbe dovuto passare attraverso la De.co, Denominazione comunale. Un nuovo bollino da aggiungere alla serie dei Doc e Docg, secondo i più. Una novità assoluta secondo il nostro, che nel maggio 2003 dava il solenne annuncio: «Hanno aderito più di duecento comuni». Alcuni esempi di De.co: il carciofo di Lecce, la cipolla bianca di Comiso, il cioccolato di Modica, le patate di Martinengo, i limoni di Procida, gli amaretti di Strevi, l'acqua di Recoaro, il peperone quadro di Francolise, la farina di Castegnato, u vucciddatu di Castronovo. Comunque, un progetto ambizioso: «Se passa, tutti i supermercati saranno costretti a chiudere entro vent'anni» annunciava Gigi il rivoluzionario. E poi spiegava che, con la chiusura dei supermercati, sarebbero nati il nuovo ordine mondiale e il grande parlamento universale. «Il luogo che non c'è, potrebbe esserci» s'entusiasmava, condividendo l'idea con l'ex re dei katanga Mario Capanna.

Come si potessero ottenere la chiusura dei supermercati, il parlamento universale e il nuovo ordine mondiale attraverso il peperone quadro, u vucciddatu e la mela cotogna è difficile da capire. Nel frattempo, però, l'anarchenologo suggeriva di combattere i nemici del progetto, a cominciare da Comunione e Liberazione («Un movimento che ha da sempre il mio totale disprezzo. Fu l'entrata di due ciellini nella stessa pagina su "l'Espresso" – pensa te – di vita materiale in cui avevo la mia rubrica a determinare le mie dimissioni. Non potevo e non potrei sopportare firme cielline accanto alla mia») passando per i cattolici in genere, la sinistra moderata, gli ebrei e Gad Lerner: «Sia Gad Lerner sia gli altri basano i loro filosofemi capziosi, repulsivi sulla fede in Abramo ... Abramo è il personaggio emblematico della vile sudditanza ... Per nulla superstizioso grido la formula abracadabra, cui si è attribuita la virtù di allontanare ogni male. E beviamoci sopra col Fuggiasco barricato».

Ma sì, beviamoci sopra col Fuggiasco barricato. Veronelli, in fondo, era così stimato, amato, apprezzato e riverito che poteva permettersi tutto. Anche di attaccare il papa e «la sua madonna». Anche di trasformare la gola da «peccato capitale a moltiplicatore del capitale». Anche di negare gli attentati anarco-insurrezionalisti («Mi sa di invenzione»). Poteva permettersi di tutto, assaggio dopo assaggio. Persino il lusso di pubblicare i dialoghi metafisici con i suoi tre cani, la schnauzer nera Conni e i due bastardini Lucky e Kruk. «L'unica difficoltà colloquiale è stata la fortunata indifferenza della calura» dichiarava. Ecco, sì: è difficile parlare di metafisica con i cani, ma solo per colpa del caldo. Molto caldo. Forse troppo. Beviamoci sopra, col Fuggiasco barricato.

Dalle lotte al maiale al latte (con Gambero Rosso e Slow Food)

Che ci volete fare? È il prezzo della rivoluzione. Dimenticata la bandiera, di rosso ci restano solo il pomodoro e il vino. Quest'ultimo, in particolare, abbondante, a leggere quanto si è detto finora. Filippo Ceccarelli, assai più elegantemente, la definisce «una sensibilità nuova nata in modo del tutto imprevedibile dallo sbandamento politico e ideologico di una generazione di rivoluzionari scopertisi gourmet». «La grande sostituzione di prospettive che ha portato gente come Bonilli e Petrini dalle asprezze penitenziali della militanza all'edonismo temperato e di qui alla guida di giganteschi club di consumatori» aggiunge «riflette a suo modo una traiettoria.» Traiettoria o trattoria? Chi lo sa. Comunque si passa dalle lotte al latte, e soprattutto al maialino al latte: evviva Lenin, il fagiano ripieno e il libero kebab.

Carlin Petrini, tanto per intendersi, è quello che ha fondato lo Slow Food; Stefano Bonilli è l'inventore del Gambero Rosso. Il primo ha studiato sociologia a Trento, ha militato nel Pdup ed è stato tra gli animatori della prima radio privata italiana, Radio Bra Onda Rossa. Il secondo è stato giornalista al «manifesto», dove ha creato l'inserto che poi è diventato anche guida che poi è diventato anche canale tv che poi insomma è diventato una superpotenza gastronomica. «Sarebbe forse migliore l'Italia senza il lardo di Colonnata?» si sono chiesti gli ex rivoluzionari, con la stessa insistenza con cui un tempo si chiedevano se l'Italia sarebbe stata migliore senza Agnelli e Pirelli. Come passano gli anni: adesso se parli di agnelli, i gastro-compagni non pensano più all'autunno caldo. Piuttosto, un pasto caldo. Cosciotto e carciofi, per gradire.

Ma, di cosciotto in cosciotto, il rivoluzionario Carlin Petrini è arrivato persino a guadagnarsi il titolo di «eroe» sulla copertina del borghesissimo «Time». «Eroe io? Ma sono diventati pazzi?» commenta con impeto di modestia appena ricevuta la notizia. Poi si quieta e si rassicura. In fondo pensa di esserselo meritato, in quanto egli è «uno che lavora duro per realizzare un progetto pressoché impossibile». Quasi quasi si fa i complimenti da solo. «Ci volevano gli americani, accidenti.» Accidenti. «Petrini non solo non ha il più vago senso di colpa a essersi completamente dedicato ai piaceri della crapula» scrive Ivan Berni su «Prima Comunicazione», «ma ha trasformato il suo epicureismo colto piemontese in una impresa multinazionale con 100 mila soci sparsi in tutto il mondo, una formidabile *case history* dal punto di vista della comunicazione.»

La comunicazione, appunto. «Slow Food parla inglese, ma anche latino» sostiene Ceccarelli. «L'unità di base, la cellula primigenia è chiamata infatti convivium; teorizza e auspica la lentezza, ma è lestissimo nell'intervenire sui provvedimenti legislativi e i regolamenti comunitari. Il Gambero Rosso, casa editrice proiettata sulla tv satellitare, diffonde cultura materiale ma con lo strumento più immateriale che esista, cioè Internet.» Entrambi, lumachina e chiocciolina, condividono la poetica dei sapori perduti e le più moderne tecniche di marketing. Cardo gobbo di Nizza Monferrato e tubo catodico, fagiolo zolfino della val d'Arno e portale web, asparago violetto di Albenga e hi-tech.

La difesa dei nostri prodotti è sacrosanta, sia chiaro. Qualsiasi strumento si usi per praticarla va bene. Stupisce, però, quel tono messianico e antioccidentale che trasuda dalla riscoperta dei cibi antichi, quando è integralmente affidata alle mani degli ex barricaderi. Essi chiedono di conservare tutto con la stessa sicumera con cui una volta volevano mandare tutto all'aria. È quasi paradossale: scavano nelle tradizioni, ma in realtà non ci credono fino in fondo. Dicono di voler difendere la civiltà, ma in realtà non la condividono, non l'hanno mai condivisa, vorrebbero più che altro sovvertirla. Non è un caso che fra i principi ispiratori dello Slow Food ce ne siano molti, come «godimento duraturo» e «calma balsamica», che più che alla polenta della nonna sembrano rifarsi ai pensieri new age. Che pure vengono declinati con la stessa devozione con cui un tempo si declinavano i pensieri rossi di Mao.

Il Day After a pane e stracchino

L'attaccamento alla terra in realtà è un valore di destra. L'attaccamento alla terra è la Lega che, appunto, difende la polenta e attacca il cous cous; è Haider, con il suo ecologismo reazionario; al massimo l'allevatore francese Joseph Bové, intriso di nazionalismo contadino. I nostri postrivoluzionari al fegato grasso e tartufo nero a volte si trovano fianco a fianco con questi scomodi compagni, magari eleggono Bové loro idolo perché distrugge un McDonald's, organizzano insieme la lotta per il granone di Lodi o per il violino di capra della val Chiavenna, teorizzano (come fa «l'intellettuale della terra», poeta, saggista nonché piccolo agricoltore Wendell Berry proprio in un'intervista a Carlin Petrini) leggi che obblighino i ristoranti a servire solo prodotti coltivati a meno di cento chilometri di distanza (accade già nel Vermont, anche se «cento chilometri sono troppi»). Ma sono un'altra cosa. Lontani anni luce. Dicono di difendere con la gastronomia i patrimoni culturali, ma in fondo a quella cultura non credono. Anzi: sono convinti che ci porterà alla distruzione. E così finiscono per lanciare messaggi all'aceto catastrofista, annunciano la scomparsa di sei specie di frutta e verdura al giorno, parlano di moria dei pesci, di «omologazione» dei sapori, di «incubo del formaggio unico» e di un terribile Day After in cui vivremo tutti a «pane e stracchino».

Ed è così che la sacrosanta difesa di ciò che ingurgitiamo smette di essere tale (tanto è vero che continuiamo a ingurgitare di tutto e di più) e diventa messaggio politico, strumento di lotta, nuova forma di rivoluzione della società. Lo scrive Michele Serra su «Repubblica»: «Carlo Petrini sopporta allegramente la sua fama prevalente, che è quella del ghiottone, maniaco del formaggio di fossa e dell'ortaggio in via d'estinzione ... sopporta e se la ride perché Petrini sa che c'è più politica in Slow Food che in mille convention dove i partiti ulivisti si intignano nel gioco acido delle alleanze». Così scrive Serra, e poi esalta la rivoluzione di questo «visionario della tavola», «uomo di territorio e uomo del popolo» che delle sue radici contadine «ha saputo fare una controcultura». (Controcultura, compagni, mica scherzi.)

«Mangiare è un atto agricolo» come dice Wendell Berry. Ma forse di più: è un atto politico, magari anche rivoluzionario. «La sovversione ha la sua prima base nella cultura» scriveva Veronelli. E per cultura, naturalmente, intendeva in primis olio e vino. «No al pensiero unico sul cibo» gli fa eco uno dei guru dell'attovagliamento no global, Vandana Shiva. E poi spiega dove vuole arrivare: «L'uso privatistico dei beni, dei semi, delle terre e dell'acqua deve essere abolito e sostituito dal principio di proprietà collettiva e comunitaria».

Ecco, ci siamo: la proprietà collettiva. La via culinaria al socialismo. Il soviet dello gnocco fritto, la collettivizzazione forzata dei risotti ai frutti di mare. «La birra non è forse l'immaginazione al potere?» teorizza l'apposito inserto del «manifesto» in collaborazione con Slow Food. Ma certo: ora e sempre, aragosta e resistenza.

Insaccarne uno per educarne cento

Della sinistra classica, i neorossi al pomodoro pachino hanno sicuramente conservato l'intento pedagogico. Così nascono i corsi di educazione, i progetti per insegnanti, i consumatori da istruire o, peggio, «da riorientare», fino alla creazione dell'università del Gusto, sommo ateneo della gastronomia docente, 38 mila chilometri quadrati tutti da assaggiare, la Cambridge in salsa vellutata, l'Oxford all'aglio e lenticchie, con tanto di Banca del vino e marketing del grignolino applicato.

Diciannovemila euro la retta (non proprio proletaria: tanto quanto iscriversi ad Harvard), cinquecento domande arrivate da tutto il mondo per il primo anno di corso, l'Accademia di Pollenzo nel 2004 ha selezionato 72 studenti: studiano antropologia dell'alimentazione, geografia della vigna, storia delle cucine, vanno all'estero per approfondimenti sul vino australiano e sul formaggio francese. Il bollettino dell'università descrive i test d'ammissione: «Una prova scritta e un colloquio orale», ma in mezzo, ci tiene a precisare, c'è «una pausa per il pranzo all'aperto sul prato». I contadini vengono definiti «intellettuali della terra», gli alimenti si trasformano in «valori culturali». E gli stage hanno titoli succulenti del tipo: «Culatello di Zibello», «Salami della val Curone», «Salumi d'oca» e «Prosciutto del Casentino». Le interrogazioni possono attendere, salsicce e zampone no.

Insaccarne uno per educarne cento: il motto è già pronto. In marcia, compagni: prima o poi il comunismo del fagiolo coco nano arriverà, e avrà la faccia sorridente di Alice Waters, mitica chef no global, che dal 1971 insegna piatto dopo piatto «la capacità di trasformazione che possono avere su ognuno di noi la cucina e la condivisione del cibo» e che gira per l'Italia a premiare vini alternativi e a spiegare come si fa «a revolution at every table», una rivoluzione in ogni tavola. Oppure avrà il volto assai meno delicato di Jonathan Waxman, il Barbuto della Grande Mela, allievo prediletto della Waters, che cucina un pollo al forno da meraviglia e cambia il menu di volta in volta secondo quanto gli offrono i contadini, sognando anche lui di costruire un mondo migliore a suon di spadellate nel West Village.

Ma siccome il nuovo ordine gastronomico mondiale ci metterà un po' ad arrivare, i suoi teorici nel frattempo ne approfittano per farsi qualche buon affare, all'ombra dell'eterna utopia. Slow Food e Gambero Rosso, in effetti, sono diventati veri e propri potentati della cucina e usano i loro marchi per accumulare profitti buoni quanto i sapori.

Così sono nati i Food Film, i Food Festival, le tessere del Gambero Rosso, le notti bianche del Gambero Rosso, i vini intelligenti del Gambero Rosso, la città del gusto, l'arca del gusto, i presidi del gusto, gli interpreti del gusto, gli attori del gusto. Così è nato soprattutto il mega Salone del gusto, 50 mila metri quadrati occupati al Lingotto, 2200 giornalisti, 138 mila visitatori, 7500 metri di laboratori creati apposta per assaggiare 218 tipi di formaggio e 1040 vini, ma anche per studiare il rapporto tra tacos e polenta (al modico prezzo di 18 euro) oppure per arrampicarsi sulla «verticale di culatello» (22 euro) o meglio ancora sulla «verticale di fontina» (appena 16 euro). Si ringraziano sentitamente gli sponsor tecnici, gli hotel convenzionati e il gentile pubblico che sborsa 60 euro per l'abbonamento. Sono previsti sconti per i soci Slow Food. Per gli appuntamenti a tavola e gli itinerari in collina si prega di provvedere con apposito bonifico in conto corrente.

Profitti e sapori, come si diceva. Così è nata, anche, la Fondazione Slow Food, che tanto per non sbagliare ha sede nella prestigiosa Accademia dei Georgofili, a Firenze. Così è nato il Teatro del gusto, sponsorizzato dalle pentole Agnelli, «professional cooking». E così sono nati le «espressioni di Chardonnay», l'andar per Gavi, i Pecorini di razza, l'«esperienza della Birra», il «presidio della Manna» e l'incontro mondiale delle comunità del gusto (World meeting of food communities) finanziato da Ministero, Regione e Comune. Ma sì: uno può anche sognare di sovvertire il pianeta, ma al pubblico sussidio non rinuncia mai. Come diceva quella celebre pubblicità del «manifesto», la rivoluzione non russa. Al massimo, insalata russa.

L'Internazionale del cibo

L'hanno chiamata l'Onu del cibo. O anche: il social forum dell'acquolina in bocca. Oppure il Quarto Stato del trattore. Il suo inventore Carlin Petrini l'ha definito: «Il primo meeting degli intellettuali della terra». Torino, ottobre

2004. Si ritrovano 4300 contadini, provenienti da 130 diversi Paesi e da 1194 comunità agricole. Ci sono i produttori di sciroppo d'acero del Québec e le lavoratrici del baobab che arrivano dal Benin; gli allevatori di lama della Bolivia e i produttori d'uvetta di Herat in Afghanistan; le marocchine che hanno recuperato l'olio d'Argan e i tibetani specializzati in yak; i risicoltori del Vietnam, gli apicoltori del Kirghizistan, gli affumicatori di pesce del Senegal, i pastori nomadi della Mongolia e le ragazze di Palau, in Micronesia, che illustrano entusiaste le meraviglie della tapioca e i vari modi per cucinarla. Un gigantesco melting pot, un maxi incontro senza frontiere. «Certo la si può anche girare come una corte dei miracoli» scrive Di Caro sull'«Espresso». E in effetti, a volerla dire tutta, un po' ci assomiglia.

«Terra Madre» è la traduzione letterale del termine «Pachamama», usato dagli indiani quechua per indicare il valore spirituale della Terra. L'idea geniale di Petrini è stata quella di accogliere tutti gli oltre 4 mila convenuti in case private, comunità religiose, fattorie di altri contadini: i giapponesi ad Alessandria, i kirghizi nelle Langhe, i guatemaltechi nel Canavese. Così si risparmia («Costa meno che ospitare i giornalisti» spiegano gli organizzatori). E si mettono in contatto le culture dei popoli, che fa sempre molto rivoluzionario. Ma «che cosa si dicono un allevatore di conigli dell'Astigiano e un allevatore di topi di canneto del Benin?» si chiede Michele Serra su «Repubblica». «Che esperienze si scambiano un produttore cerealicolo della provincia di Torino e le rappresentanti della Comunità femminile dell'alga spirulina (Ciad)?» «Io sono arciconvinto» risponde Carlin «che mettere insieme queste realtà sarà una grande opera di globalizzazione virtuosa.» Globalizzazione virtuosa: praticamente uno slogan politico.

In effetti, il manifesto è già pronto. Contadini di tutto il mondo unitevi, uno spettro sotto forma di McDonald's si aggira per l'Europa. Bisogna imporre a suon di zappe un nuovo «modello della sovranità alimentare», contro la «colonizzazione globale» e a favore della «giustizia redistributiva». Bagna cauda, salmone selvatico e tribunali del popolo: la rivolta con la mietitrebbia comincia così, fra un seminario sui tuberi («tesori invisibili») e un altro sulle banane («la varietà fa la forza»), gli interrogativi sui suini sostenibili e l'imperdibile laboratorio dedicato alle tisane e agli infusi «per tutti i gusti». «Petrini è uno di quei rari uomini capaci di fare la rivoluzione d'accordo con i carabinieri» scrive Massimo Gramellini, citando Montanelli. E infatti, siccome tutte le rivoluzioni hanno bisogno di qualcuno che paghi i cannoni, Terra Madre ringrazia gli sponsor: Fondazione Cassa di Risparmio di Torino e New Holland, gigante nel settore dei trattori e delle macchine agricole in genere. A chiudere i lavori, il principe Carlo d'Inghilterra, sua Altezza terra terra, monarchico e insieme sovversivo. Praticamente un gustoso ossimoro. Per tutti gli addomesticatori di campi masai, com'è regale. E, soprattutto, com'è chic.

La dittatura del gusto

«Dittatura del gusto. Adesso la resistenza si fa a tavola» scrive «l'Espresso». E qualcuno per la verità la prende troppo sul serio, come quei quattro importanti chef baschi che hanno pagato ai terroristi dell'Eta 70 mila euro a testa come «imposta rivoluzionaria». L'Eta dal 1968 in poi ha ucciso oltre 800 persone. «Abituati nella provincia italiana alla recente trasformazione dello chef in maître à penser e all'impazzare in televisione e sui rotocalchi dei cuochi dei leader» commenta Fabrizio Rondolino sulla prima pagina della «Stampa» «scopriamo oggi con sorpresa e una punta di sconcerto che la Spagna, anche su questo punto ci ha ampiamente superati ed è senz'altro all'avanguardia sulla questione cruciale del rapporto fra haute cuisine e politica, fra fornelli e potere e anche, oseremmo dire, fra cibo e rivoluzione. La quale, per la verità, ammoniva il presidente Mao, non è un pranzo di gala.»

Ecco, no, l'abbiamo già detto, la rivoluzione non è un

pranzo di gala, anche se ai rivoluzionari i pranzi di gala non dispiacciono. Se devono fare un esproprio proletario, per esempio, non scelgono mica la pizzeria Da Mariuccia. No: scelgono l'Harry's Bar di Venezia, com'è accaduto nel novembre 2004. Protagonisti: i disobbedienti di Luca Casarini. «Paga san Precario» hanno sghignazzato davanti al cameriere. «Macché, paga il cameriere» ha risposto cinico il proprietario. Ma i disobbedienti non si sono affatto commossi. Pochi giorni dopo hanno ripetuto la cena proletaria, cioè a sbafo, in un altro ristorante di lusso del Trevigiano, quel Da Celeste colpevole di aver servito il pranzo a un vertice della Nato. Una decina di portate, Moët&Chandon per il brindisi finale. E il conto? «Consideratelo un danno collaterale» hanno lasciato scritto.

Luca Casarini, del resto, non è nuovo a iniziative che legano cibo e rivoluzione. Lui stesso ha aperto nel centro sociale di Porto Marghera un'osteria dal nome assai macabro: Allo sbirro morto. «Specialità tipiche, cucina etnica, cicchetti, vini, garantiti no Ogm, disobbedienti al gusto unico.» Avete mai provato a entrare? Niente menu di pesce a 10 euro, come promette la locandina di Internet, niente «divine orate» né pasticceria biologica come celebrano i vari blog della rete. Solo tramezzini al tonno e birra a 3 euro, naturalmente senza scontrino. Avete capito il trucco? È straordinario: ai ragazzotti vengono propinati paninazzi esentasse e i grandi capi del centro sociale, che così fattura un miliardo l'anno, provvedono a servirsi all'Harry's Bar. Senza pagare il conto. Bella vita, quella del rivoluzionario gastronomico «no Ogm, disobbedienti al gusto unico».

Del resto, per chi avesse ancora qualche dubbio sul fatto che gli intingoli sono la nuova via per sovvertire la società, arriva anche dall'alto la copertura intellettuale di uno dei massimi organi dell'intellighenzia progressista: i Quaderni di «Micromega», infatti, dedicano un intero numero (novembre 2004) a *Il cibo e l'impegno*. Perché è chiaro, come si dice nell'introduzione, che questo tema è «uno strumento di cultura, ma anche di liberazione e di riscatto sociale». E, si capisce, in nome della cultura, della liberazione e del riscatto sociale tutto è permesso. Il cibo, l'impegno, naturalmente. Ma anche l'osteria Allo sbirro morto.

Le 240 pagine tutte assai dotte e riflessive si dipanano tra slogan come «Produrre meno, produrre tutti» e articoli sulla «metafisica dello champagne». Erri De Luca si cimenta con *La pasta*, breve saggio sugli spaghetti al peperoncino con pomodoro, sedano, olio e prezzemolo; Lidia Ravera si diletta con la mozzarella di bufala («Bianca, morbida, masticabile»); il magistrato Roberto Scarpinato si aggira egualmente goloso tra la cassata e Marilyn Monroe; il giallista Carlo Lucarelli si dilunga sui tortellini, lo sceneggiatore Giampiero Rigosi preferisce la mortadella e Nico Orengo discetta di pesto a lungo, per concludere: «Ce le facciamo due trenette?». Ottima idea: io due trenette me le faccio volentieri, ma non sarà che poi perdiamo il treno della rivoluzione?

Eh sì, perché se voi pensate che il problema della pasta con il peperoncino sia la cottura e quello dei tortellini sia il ripieno, sbagliate e di molto. Intanto perché, per fare un esempio, se parlate di cassata non si può «fare a meno di accennare al ruolo della cassata nel mondo mafioso» e dunque alle «logiche di potere sottostante». E poi perché «una cultura democratica partecipativa», come recita a pagina 17 il sacro testo de *Il cibo e l'impegno*, «riconoscerà alla rivendicazione del palato tradizionale e immaginativo il suo ruolo nel nuovo ordine razionale degli uomini, dei popoli e delle cose». Proprio così: nuovo ordine razionale degli uomini, dei popoli e delle cose. Altro che sedano, olio e prezzemolo.

«Il mangiare responsabile» scrive Wendell Berry «è innanzitutto un atto d'amore per la democrazia e la libertà.» Niente di meno. Pensa un po': tu credi soltanto di nutrirti, e invece stai facendo la nuova magna charta, l'habeas corpus del pinzimonio, la costituente del bollito misto. *La cucina tra liturgia e democrazia*, per dirla con i titoli eleganti di

«Micromega». Non a caso la rivista pubblica un manifesto sul futuro del cibo che in pratica vorrebbe essere la nuova dichiarazione dei diritti dell'uomo (e delle trenette al pesto): a pagina 41 si stabilisce che l'uomo ha diritto al cibo, a pagina 49 si stabilisce che l'uomo ha diritto al *buon* cibo. E poi dicono che non facciamo progressi rapidamente: otto pagine, e praticamente c'è una rivoluzione al sapore di pâté e foie gras. *Adelante compañeros, el pollo unido jamás sera vencido.*

VIII

Macché dieta del cappero, lasciateci ingrassare

Siccome ogni eccesso porta inevitabilmente con sé l'eccesso contrario, la dilagante mania del cibo si specchia nella dilagante mania delle diete. Fateci caso: da una parte si spendono paginate e paginate per ingolosirci di faraona farcita con patate macario, zabaione e salsa di marrons glacés, e dall'altra si spendono paginate per spiegare come dobbiamo fare per smaltire tutto questo bendiddio. Riempitevi e dimagrite, strafogatevi e mantenete la linea. In un caso e nell'altro, comunque, attenti perché vi mettono le mani nel piatto. E, di fatto, anche un po' nel portafoglio.

L'ultima moda in fatto di dieta è quella dei colori. «Per assicurare un'alimentazione bilanciata, basta scegliere con cura il colore di quello che si mangia» recitano i testi sacri dei nuovi sacerdoti. Un po' di blu con le prugne, un po' di rosso peperone, il verde del cavolo, il bianco del cavolfiore, cipolla, aglio, l'aggiunta dei fichi secchi per non farsi mancare il marrone e una birra per il giallo: già ci sentiamo più in forma, vero? Altro che tavola, meglio la tavolozza. Divoratevi i pastelli a olio, saziatevi cromaticamente. Di nero, al massimo resta l'umore.

Eh sì: indaco, celeste, turchese, lilla, violetto e umore nero. Perché il principio va bene, ma quando poi si tratta di stabilire nei dettagli come tinteggiare il menu dimagrante, se ne sentono, è il caso di dirlo, di tutti i colori. C'è il rischio di andare in confusione. La dietologa Pia Bonanni, per esempio, suggerisce di seguire «una sola regola: portare in tavola un arcobaleno perfetto di cibi diversi»; Barbara Carbone (con la collaborazione di Oliviero Sculati) consiglia invece la dieta delle quattro tonalità («Il giallo ringiovanisce, il rosso protegge, il verde depura, l'arancione rinforza»), mentre un altro pool di esperti, fra cui Evelina Flachi, esalta la dieta tutta gialla: «Scegli alimenti color del sole, superare la prova bikini non è mai stato così facile».

Ora noi siamo contenti per la prova bikini, ma forse bisognerebbe che ci spiegassero meglio. Quali sono, in definitiva, i colori che fanno dimagrire? È solo il giallo, o la combinazione giallo-rosso-verde-arancione, oppure l'intero arcobaleno? E poi, se i cibi di colore verde sono «i personal trainer», quelli rossi «le guardie del corpo», quelli arancioni «le estetiste», come la mettiamo con il beige e il grigio perla? Perché il blu da alcuni viene celebrato («frutta e verdura di colore blu contengono antociani, pigmenti flavonoidi che proteggono i vasi sanguigni») e da altri dimenticato? E chi l'ha detto che i cibi gialli «sono leggeri e depurano» per definizione? Una peperonata si digerisce meglio se è fatta senza peperoni rossi? La carbonara all'uovo, di che colore è? E la polenta ai formaggi? Buona, buonissima, s'intende: ma indiscutibilmente gialla. È leggera? E depura? E il rosso della vergogna dov'è finito?

Ormai siamo alla frutta

La cura dei colori, del resto, è in buona compagnia: le cronache light degli ultimi tempi traboccano di consigli originali e, di volta in volta, «garantiti e risolutivi» per perdere peso. La frutta, per esempio, va per la maggiore. La top model Carla Bruni lancia in tutto il mondo la dieta del mandarino: uno al giorno per una settimana e si torna in forma anche dopo la maternità. Antonella Clerici dalla copertina di un settimanale rilancia con la dieta della banana. E non possono mancare la dieta dell'ananas, la dieta dell'uva, la dieta del pompelmo («Mezzo pompelmo dopo ogni pasto fa perdere peso perché aiuta a metabolizzare gli zuccheri») e soprattutto la dieta delle arance: a colazione un'arancia, a pranzo 150 grammi di mandaranci, a merenda un bicchiere di spremuta d'arancia, per spuntino un'arancia, a cena macedonia con abbondanza di arance. E se vi viene voglia di un primo? Nessun problema: potete concedervi un risotto agli agrumi.

Sull'uso esasperato della frutta si basa anche una delle principali diete importate con grande clamore da Hollywood. Nome d'arte: «Beverly Hills» (per dirne una: vieta tutte le bibite zuccherate e gli alcolici, ma ammette lo champagne in dosi industriali. Quando si dice la classe). La Beverly Hills consente alla sua malcapitata vittima un frutto al giorno, anche a dosi illimitate. Ma solo quello, quello e nient'altro. Per avere un'idea. Primo giorno: «mangiate ananas ananas ananas (anche a tonnellate se volete)». Secondo giorno: prugne a colazione, seguite un'ora e mezzo dopo da fragole. Terzo giorno: uva, in quantità illimitate, bianca o nera. Solo proseguendo la dieta si possono poi gradatamente introdurre altri cibi. A parte lo champagne, naturalmente: quello si può bere sempre.

Ma che ha fatto, la Beverly Hills, un accordo con Dom Perignon? Sponsorizza Taittinger, Mumm, Moët&Chandon? A dieta sì, ma solo con le bollicine? Possibile? E se vogliamo dirla tutta: non sarà pericoloso dimagrire rimpinzandoci di ananas? «I rischi di questa dieta sono paragonabili a quella di un digiuno totale», spiegano gli esperti. Bella forza: con il digiuno totale sono capaci tutti. Ma se proprio dobbiamo perdere chili in modo selvaggio, è davvero necessario pagare dei soldi a chi ha brevettato questa anticamera da fruttivendolo?

La Beverly Hills è una dieta «con la vocazione alla notorietà e al relativo ritorno economico», si legge nelle presentazioni in rete. Meraviglioso: ma non è che il relativo ritorno economico, prugna dopo prugna, uva bianca dopo uva nera, arreca un lieve danno all'altrui stomaco? Il dubbio ci pare lecito: abbiamo appena iniziato a parlare di diete, ma sembra di essere già arrivati davvero alla frutta. E non solo per via delle manie da star.

Adesso, per altro, anche le star hanno abbandonato la frutta e la dieta Beverly Hills. Basta ananas e prugne, ora va di moda l'aglio del Perù. Ma sicuro: l'aglio del Perù, insieme con un estratto di papaya e alcuni sali minerali. È il magico composto di Starcaps, letteralmente «pillola delle stelle», l'ultimo «tormentone dietetico in voga tra Hollywood e New York», come annuncia trionfante «Panorama» del 12 agosto 2004. «Promette di far perdere fino a quattro chili di peso in dodici ore.» Dodici ore? Sì. E «va a ruba». Tu chiamale, se vuoi, illusioni.

«L'aglio ha effetto diuretico» spiegano gli esperti. E pare che tanto basti per convincere della straordinaria potenza del prodotto personaggi come la miliardaria Ivana Trump, l'ex bagnina Pamela Anderson, la giovane ereditiera Paris Hilton e persino la moglie dell'ex presidente degli Stati Uniti, Hillary Clinton. A inventare il business una ex broker, che ha indovinato l'investimento più redditizio della sua vita: Nikki Haskell, mezz'età, lifting come da regolamento, ha ormai smesso ogni altra attività per fare a tempo pieno la «diet diva» (così si definisce). Ogni flacone con l'aglio del Perù viene venduto a 100 dollari.

Vi sembra troppo? Non preoccupatevi. Di diete folli ce n'è per tutti i gusti. E per tutti i portafogli. La dieta del panino («E chi ha detto che fa ingrassare?»), la dieta con lo yogurt, la dieta della mozzarella, la dieta salata, la dieta dell'insalata, persino la dieta golosa (a base di gelato: «garantisce risultati favolosi senza rinunce») e la dieta basata sui germogli, in pratica la rivincita delle lenticchie. Qualche tempo fa ha avuto una grande diffusione via passaparola la dieta del minestrone, da cucinare rigorosamente con: 1 peperone rosso, 1 porro, 1 sedano, mezzo cavolo bianco, carote, 4 pomodori e 1 confezione di passato di verdure. «State attenti a utilizzare tutti gli ingredienti e a non sostituirli, perché è proprio la combinazione di queste verdure a donare al minestrone le sue capacità dimagranti» recitano i guru, dopo aver esaltato pure il «processo di purificazione» che deriverà dalla pratica-potage. Ma che cos'è: un rito dietetico? Una liturgia vitaminica? Una cabala dimagrante al sapor di porro e peperone? Un atto di fede nel cavolo bianco?

Allora meglio la dieta dei crauti. «Non molto primaverile» spiegano gli esperti del sito Internet margherita.net. Decisamente no, non molto primaverile. Però interessante, sentite qui: a colazione si mangia l'insalata di crauti con la pera, per uno spuntino di metà giornata sono previsti crauti con verdure crude, a pranzo zucchine ripiene di crauti, come merenda succo di crauti e mele e per cena insalata di crauti. Se credete che sia uno scherzo, ci offendiamo. E soprattutto si offendono gli esperti di margherita.net, che dopo aver suggerito questa ventiquattr'ore di full immersion nei crauti hanno persino il coraggio di augurare «buon appetito». Ma come buon appetito? Ci prendono in giro? Come fa uno ad avere buon appetito bevendo succo di crauti e mele? «Oh, scusate, sono le dieci del mattino e sento un po' di fame: quasi quasi mi faccio due crauti con le verdure cotte.» «Buon giorno amore, guarda che bella colazione ti ho preparato: caffè? No. Latte? Niente. Biscotti? Neanche l'ombra. Però ci sono i crauti con le pere.» Dai, non scherziamo: alla fine uno dimagrisce di sicuro, ma solo per disperazione. Che può fare? O si trasforma in un würstel, o smette di mangiare. Obiettivo centrato. Evviva.

La dieta ai crauti vi sembrerà pressoché insuperabile, ma non disperate. Nei siti Internet si trova anche di peggio. Compreso un tale, un certo Jay Jacobs, che vende «My pet fat» (il mio grasso domestico), una sostanza molliccia, gelatinosa e di colore giallognolo che riproduce esattamente il grasso umano. Posizionata di fianco al piatto preferito, assicura l'inventore, fa passare la voglia di mangiare. Troppo pulp? No problem: basta aver pazienza e dalla grande rete salterà fuori la ricetta giusta per voi. C'è la dieta dell'innamorato felice, che prevede saltimbocca alla salvia e babà al rhum; c'è la dieta pazza, con tanto di bombolone alla crema per colazione; la dieta del pessimista a base di zuppa di cavoli neri e amaro di erbe; e poi la dieta dell'innamorato infelice, con cuore trifolato al prezzemolo e frittata di cipolle; la dieta del giovane gay, la dieta dello stressato, la dieta della casalinga, la dieta dell'impiegato, la dieta dello scaricatore (con un quarto di barbera al mattino) e persino la dieta dei miliardari raffinati a base di zuppa di tartaruga e nidi di rondine all'orientale. A commento una frase di Liz Taylor: «Dimagrire è semplicissimo: basta mangiare caviale senza pane e bere champagne senza bollicine». Noblesse oblige.

Ma che dieta del cactus

La diet industry, l'industria che sfrutta il desiderio di vedersi belli e magri, non è certo una novità. Di solito il primo caso di truffa dimagrante viene fatto risalire addirittura al 1864 con il «trattamento miracoloso Banting». Poi è venuta la dieta agli estratti di tiroide, la dieta di Hollywood nel 1920, il nitrofenolo ad azione lassativa, le prime anfetamine, il «piccolo arcobaleno» (un cocktail di farmaci che andava per la maggiore negli anni Quaranta). E quindi, siamo in anni più recenti, la dieta dissociata (che separa carboidrati e proteine), la dieta a punti (funziona come la patente: non devi superare il tetto giornaliero), e la dieta a zona, quella che piace pure alle dive come Madonna, Jennifer Aniston, Sandra Bullock e Cindy Crawford.

A parte questi grandi classici della letteratura dimagrante, poi, ogni giorno che passa s'avanza un nuovo, e sempre più originale, metodo per perdere chili. C'è la South Beach, ultima drastica versione delle diete iperproteiche, la dieta del salmone, la dieta al siero di latte, quella del tè rosso e quella dell'uomo primitivo («L'idea è quella di mangiare come gli uomini primitivi»). E poi la cronodieta (in pratica: mangia quello che vuoi, ma all'orario giusto, e non ingrassi), la dieta che si basa sul ciclo mestruale, la dieta che si fa solo al lunedì, quella che si fonda su yin e yang (carne e formaggi sono yang, per esempio, zucchero e yogurt sono yin), la dieta crudista (prevede solo cibi crudi) e la dieta per chi sta davanti al computer (noci e frutta secca contro le onde elettromagnetiche, mirtillo per entrare in Internet e, se gli occhi si offuscano, rapanello-terapia). Senza dimenticare l'imperdibile dieta del cactus: un nome, un programma (spine comprese).

All'inizio degli anni Novanta creò grande interesse la dieta della piramide: ora è già stata stravolta. Tutto sbagliato, tutto da rifare: in campo alimentare nemmeno le piramidi riescono a reggere l'urto del tempo. Sono arrivate la dieta dei gruppi sanguigni, la vegetariana part-time (come l'impiegato ministeriale), il caffè dimagrante con fruttosio, cicoria e guaranà e persino un dispositivo «riduci bocconi»: lo metti in bocca e ti costringe a mordere quantità di cibo più piccole. Costo: 400 dollari. Bella idea, no? Ma allora perché non proporre di cucire anche le labbra a metà? Così si otterrebbe anche il silenzio. Che, in alcuni casi, è un bel vantaggio. .

Quindi ecco la dieta Atkins (solo proteine) definita «il passaporto per l'infarto», la dieta «Dimagrire per sempre mangiando normalmente», la dieta Pritikin (vegetariana) con annessa linea di prodotti alimentari Heart Healthy Pritikin Pantry e la dieta Scarsdale di cui si sa che, una volta terminata, «il ritorno al peso originale è tanto fulmineo quanto inevitabile». Quest'ultimo metodo è considerato da alcuni medici pericoloso. E, in effetti, si è rivelato davvero pericoloso, almeno per chi lo ha inventato: mister Scarsdale, raccontano le cronache, è stato assassinato dalla sua giovane amante. Che non abbia gradito le prescrizioni dietetiche?

Nonostante i rischi del mestiere, però, le novità nel settore sono continue. C'è la dieta basata sull'ipnosi. Quella che usa solo chewingum. E la dieta del sesso fai da te, proposta dal medico giapponese Hideo Yamanaka. Secondo quest'ultimo «bisogna dedicarsi alla masturbazione con una media di ben tre volte al giorno, ma andrebbero bene anche quattro o cinque»: si capisce, è un'impresa ardua, spiegano comprensivi gli esperti nipponici, «ma è solo attenendosi a un duro programma come questo che si possono ottenere importanti risultati». Per fortuna, per i più timorati di Dio, c'è anche la dieta dell'Alleluja, messa a punto dal reverendo George Malkmus «preoccupato della salute del corpo dei propri fedeli almeno quanto della salvezza della loro anima», come recita «Repubblica»: spremuta di carote, verdure crude, tanta frutta e poca pasta. Così si mantiene la forma e soprattutto, si tiene lontano Satana, che (chissà perché) avrebbe un terrore folle della spremuta di carote.

Una follia? Sì, ma in fatto di religione-dimagrante non è l'unica proposta. Per la serie: anche i fedeli possono scegliere la linea che preferiscono, negli Stati Uniti si sta affermando una proposta devotamente alternativa alla dieta dell'Alleluja, ed è la dieta «Come Dio comanda». In pratica si tratta di ingerire soltanto i cibi citati nelle Sacre Scritture. Una versione più bigotta, messa a punto da un ebreo, prescrive invece solo i cibi citati nel Levitico e nel Deuteronomio. «Dio insieme alla salvezza ci ha regalato la cura dimagrante» dicono i rappresentanti di ben tredici comunità in tredici diversi Stati americani. Sarà vero? O sarà blasfemo? Comunque, se non altro, c'è da credere che la dieta della Bibbia sia l'unica in grado di far miracoli.

Siete scettici? Atei? Mangiapreti? Volete qualche altra proposta? Ecco qua, siamo pronti. Avanti con la dieta espresso («made in Australia, è la proposta più nuova per fare scendere vorticosamente l'ago della bilancia con il nuovissimo menu bruciagrassi»), la dieta verde a rotazione, la dieta dell'agopuntura, la dieta iperproteica, la dieta per chi mangia al bar, la dieta da spiaggia, la dieta della felicità («Puoi perdere una taglia con il sorriso sulle labbra e l'acquolina in bocca»), e persino la «dieta ovvia», come da apposito manuale pubblicato da Mondadori, che di ovvio ha solo i 15 euro che si pagano al momento dell'acquisto, l'editore mi perdonerà. Dopo un'indagine durata addirittura dieci anni, uno speciale istituto di ricerca di Chicago ha messo a punto la dieta basata sul profumo: «L'unione delle fragranze di fiori e di spezie interagisce con il sistema neurologico, modificando la percezione delle forme del corpo». Si allega apposito flacone.

Ultimamente va fortissima la dieta spartana. Motto: fai la fame, starai meglio e batterai la crisi. Bella forza. Sulla proposta dimagrante, è evidente, pesa l'influsso della congiuntura economica internazionale non troppo favorevole che ha attraversato il mondo dopo l'11 settembre 2001. Ma in realtà il modello dietetico si fonda su una precisa teoria parascientifica. Si chiama: metodo della privazione. E, in pratica, dice: se ingrassi non sentirti in colpa, accade soltanto perché mangi cibi a cui sei allergico. Come fare a scoprirli? Semplice: con il Dietetic test. Tre sedute, 350 euro, tanto per iniziare. Spesa minima totale: almeno 500 euro.

Il test si trova su oltre 150 siti internet. Si può chiamare anche elettroagopuntura o mineralogramma del capello. «È privo di valore scientifico» attacca Giampiero Patriarca, direttore del servizio allergologia del Policlinico Gemelli. «I test creano malattie che non esistono e persone che si ritengono erroneamente malate» aggiunge il nutrizionista Vittorino Lo Giudice. «Queste diete provocano guai molto seri» avverte Antonino De Lorenzo, ordinario di alimentazione e nutrizione umana all'Università Tor Vergata di Roma. E conclude: «Purtroppo siamo alla dietologia d'accatto» (nota bene: siamo passati dalla dietrologia d'accatto alla dietologia d'attacco). Fra l'altro, chi volesse sottoporsi alla prova, alla fine del peregrinare fra Dietetic test ed elettroagopuntura, visite in laboratorio e monitoraggi, scopre che tutti i suoi colleghi pazienti sono più o meno allergici alle stesse cose: carboidrati, zuccheri, salumi. «Se elimini quelli, dimagrisci.» E si capisce: sono tutti i cibi più ingrassanti. «Per nessun testo scientifico» spiegano gli esperti «esistono intolleranze che fanno ingrassare.» Un'altra dieta del cactus, insomma, sebben che sia di moda.

Dimagrisci con i bigné

Ma chi l'ha detto, poi, che per dimagrire bisogna per forza privarsi e soffrire? Ci sono le diete che ti propongono addirittura di ingozzarti di pasta: lunedì orecchiette con la rucola, martedì riso, mercoledì insalata di pasta, giovedì pasta con piselli, venerdì zuppa di farro, sabato penne con i peperoni e domenica pizza con i funghi. Perderete 5-6 chili in un mese senza troppa fatica, garantiscono: ma qualcuno ci hai mai provato davvero?

Macché, provare non serve. Basta parlare. Del resto, con un bel po' di faccia tosta, c'è persino chi promette miracoli a suon di salumi, focacce e bigné. «Dimagrire non sarà più un sacrificio» si esaltano i nuovi aedi della dieta modello Pavarotti. «Potete mangiare torte, budini e gelati.» La tendenza, come sempre, trova riscontro in America (c'è una tendenza che non trovi riscontro in America?) dove si è diffusa la cura del brunch: quiche lorraine, uova strapazzate, salsicce, muffins, pancakes, cheesecake. Così, dicono, si mantiene una linea perfetta. Perfetta, sicuro: modello Usa extralarge?

Michel Montignac, ex obeso, figlio di obesi e scienziato autodidatta ha proposto una dieta al cioccolato: «Ci si può abbuffare, l'importante è che si tratti del superfondente». L'ex ministro della Sanità Umberto Veronesi conferma: «Mai rinunciare alla sera a una fetta di torta». E l'ex presidente di Confindustria Abete si è inventato la dieta del Magnum, gelato confezionato («A mezzogiorno centrifugati di frutta, la sera cena normale con un bel Magnum che ripristina l'equilibrio»).

Gettonatissima tra i vip la dieta della patata, c'è chi la varia a piacere («Io ci metto un cucchiaino di beluga iraniano» confessa un chirurgo plastico a «Panorama»), ma vanno forte anche la dieta del cocomero, quella dei crostacei («Due giorni ad acqua, scampi e aragoste») e quella a base di aragoste e tartufo, che costa come una villa in Brianza. Se non altro, si dimagrisce per lo spavento al momento del conto. La diessina Giovanna Melandri ha conquistato il milieu politico che conta con la dieta del toast: un toast a colazione e due bustine con un concentrato di proteine, da sciogliersi in un bicchiere d'acqua a pranzo e a cena. L'ha suggerita un medico cinese.

«La dieta del finocchio ti sgonfia e ti depura» propone «Starbene». Che poi però propone anche la dieta dei quattro formaggi (parmigiano, ricotta, fiocchi di latte e mozzarella) e quella del piatto unico («per dimagrire tre chili in due settimane»). Il «Corriere della Sera» sostiene che la dieta è più equilibrata «con un pranzo a base di vermi» e poi spiega che due vermi della terra del Venezuela hanno contenuti nutrizionali efficaci. La dieta dei vermi, perfetto. E poi la dieta del grappino, la dieta del grissino, la dieta del branzino. Manca solo la dieta del cappero e poi la lista è completa. Chissà magari qualcuno ci sta già pensando. Gli Stati Uniti, i soliti avanguardisti, non dovrebbero essere molto lontani. Per esempio, hanno già elaborato la dieta «easy&glamour»: «Ogni giorno ti viene consegnata a domicilio in una elegante borsa frigorifero con tutti gli alimenti della giornata, compresi gli snack». Così non devi pensare a niente. In Italia non ci siamo ancora. Sembra però che vada forte la «dieta dell'astronauta», la segue anche la contessa Marzotto: gli adepti della setta dimagrante si riconoscono perché alla fine del pasto tirano sempre fuori un sacchetto con la frutta e la bustina di amminoacidi. L'inventore, praticamente un guru, è Giuseppe Giudice: pesa 117 chili. «Il mio sogno?» confessa a chi lo intervista. «Fondare un club di gourmet.» Ottima premessa.

Certe volte ci sono delle mode che compaiono all'improvviso, arricchiscono qualcuno e scompaiono nel nulla o quasi. Per esempio, il pane di Rivalta. Colore marrone scuro, consistenza: gommosissimo, aspetto non invitante, prezzo quasi respingente (otto volte il pane normale). Eppure a metà 2001 diventa l'oggetto del desiderio per l'eletta schiera degli aspiranti magri. Dilaga in duecento panetterie, insieme con un volantino che suggerisce i cibi da accompagnamento. Il brevetto è di un tal Mathias Christian Zohoungbogbo, 60 anni, africano del Benin, laureato in medicina a Torino, vecchia conoscenza del mondo della dietologia. Accusato di distribuire pericolose pillole antifame, processato e assolto per la morte di una paziente, ha cominciato a impastare la nuova pagnotta nel pastificio di Rivalta, di proprietà della moglie. Un po' di vendita per corrispondenza, qualche passaggio in tv. Ed ecco che la moda dilaga. Il dottor Mathias, come lo chiamano tutti, si gode il successo. Ma davvero il pane di Rivalta serve a perdere chili? «Questo pane fa sicuramente ingrassare meno del pane comune» sentenziano gli esperti «ma non dovrebbe essere venduto come un alimento che fa dimagrire, sfruttando l'ignoranza delle persone e rischiando di mettere a repentaglio la loro salute.»

La dieta? Fa ingrassare

Del resto il pane di Rivalta non è l'unico caso di illusione calorica. L'«International Journal of Obesity» certifica: «La dieta dissociata non fa dimagrire prima». *Dieta dissociata, tramonto di un mito*, titolano i quotidiani italiani. Uno studio pubblicato all'inizio del gennaio 2005 sulla rivista «Annals of Internal Medicine» dimostra che «nessun programma dietetico commerciale ha mai diffuso dati affidabili che dimostrino che le diete sono efficaci». E come mai nessuno diffonde dati a sostegno dei propri programmi? I responsabili, spiegano i ricercatori, «danno sempre le giustificazioni più svariate. Fino a dire esplicitamente che parte del sistema consiste nel vendere il sogno, ed è più difficile vendere un sogno se sai qual è la verità».

Il «Messaggero» riporta in prima pagina i risultati di una ricerca condotta in sette Paesi europei da Datamonitor. Risultato: il 99 per cento di chi inizia un programma dimagrante non riesce a portarlo a termine. Uno studio dell'associazione britannica rivela: «La maggior parte delle persone che si sottopone a restrizioni del proprio regime alimentare riprende peso subito dopo». Il titolo dell'agenzia Agi che rilancia la notizia in Italia è quasi una minaccia: *La dieta? Fa ingrassare.*

Ma sì, le diete non servono a nulla. Al massimo fanno ingrassare. A volte, però, determinano pure danni peggiori: quelle ricche di proteine, per esempio, provocano danni ai reni; quelle senza proteine determinano problemi ai muscoli e rischi d'infarto... Tanto per dire: uno dei re delle diete, quel Robert Atkins dell'omonimo programma, gran sostenitore della rivoluzione anticarboidrati, autore di best seller riducipeso, l'uomo che ha scritto per anni il menu di milioni di persone dicendo come fare per non ingrassare, ebbene è morto nel febbraio 2004 per colpa dell'obesità. Pesava 116 chili, e soffriva di cuore.

La sua Atkins, una delle diete più seguite della storia, è stata condannata dall'inglese Food Standard Agency: «Può aumentare il rischio di malattie cardiache e diventare essa stessa causa di obesità». E le cronache degli ultimi anni sono piene, purtroppo, di notizie tragiche che nascono dalla voglia di dimagrire. Siracusa, 1999: perde 15 chili in 40 giorni, il cuore non regge e muore. Avellino, 2000: 17 anni, vuole diventare modella, fa la dieta e muore. Milano, 2002: 30 anni, vuole essere bella, fa la dieta e muore. Roma, 2004: 18 anni, vuole dimagrire, fa la dieta e muore in classe, davanti ai compagni.

Nel gennaio 2004 fa scalpore il caso di un uomo di Viganò, provincia di Lecco che, sconvolto da una dieta, stermina la famiglia, moglie e due figli. Qualche tempo prima era successo a Torino: una ragazza di 23 anni non aveva esitato a eliminare la figlioletta di tre anni. «Reazione depressiva dovuta al regime di dimagrimento esasperato, magari aiutato da farmaci» scrive nel referto lo psichiatra della Asl.

Una ragazza di Palermo di 30 anni, a causa di una dieta, è diventata invalida: gravi danni neurologici, vivrà per sempre in carrozzella. Un'altra giovane, anche lei trentenne di Milano, distrutta da un programma antifame ha avuto la forza di denunciare lo specialista che le aveva prescritto il micidiale cocktail. Subito dopo è morta. Tre medici di Roma sono finiti davanti al giudice: ordinavano ai loro pazienti una dieta a base di sola acqua.

Nella primavera 2002 esplode lo scandalo dei farmaci antiobesità: la Sanità ne mette al bando alcuni (Reductil, Ectiva e Reduxade), che sarebbero stati i responsabili della morte di tre persone, due delle quali avevano 28 anni. In poche ore al numero verde messo a disposizione dal ministero arrivano centinaia di telefonate. Si segnalano: disturbi cardiaci e vascolari, casi di febbre, alterazione del sistema nervoso centrale, problemi renali, reazioni cutanee e altro ancora.

Ogni volta che si verifica un caso come questo i giornali pubblicano i soliti titoli: *Attenti alle diete killer, Il miraggio è pericoloso, Le scorciatoie sono inutili, Il corpo non accetta trucchi*. Le solite interviste ai soliti esperti, che ormai avranno inciso un disco con le frasi che ripetono ogni volta sempre uguali: non fidatevi, evitate il fai da te e sospettate dei medici che prescrivono pillole con troppa facilità. Tutti sanno che il rapporto con il proprio corpo è un fatto terribilmente serio. Un terreno su cui non si può e non si deve giocare. Eppure.

Tanti centri benessere (e aumenta il malessere)

Eppure. E allora, viene da chiedersi, perché illudere? Perché volere far credere che si può «dimagrire senza sacrifici», come recitano quasi tutte le diete? Perché prendersi gioco delle persone in difficoltà, magari depresse, in lite perenne con la bilancia e dunque anche con se stesse? Perché invadere le riviste e le edicole con ultimi ritrovati sempre più assurdi e sempre più allettanti? Semplice: perché ci si guadagna. E tanto, e bene. Non a caso sui siti Internet è facile trovare in vendita i farmaci proibiti dal ministero della Sanità, con tanto di indicazioni su come superare le dogane. E non a caso, per fare un altro esempio, i centri benessere (dati della Camera di Commercio di Milano, 2003) «negli ultimi quattro anni sono aumentati del 142 per cento».

In effetti: oggi di centri benessere, in Italia, ce ne sono circa 2500. «Mai stati così tanti. Eppure gli italiani non sono mai stati così male» obietta Stefano Lorenzetto a Christina Newburgh, fondatrice del celebre Spa'deus di Chianciano. «Sì» risponde lei «però il salasso lo fanno.» Quale salasso? «Di soldi» conclude. E ride. Nel suo centro sono passati la nipote di Gandhi, Eli Wiesel, Rita Levi Montalcini, Carlo d'Inghilterra, Riccardo Muti con moglie, Barbara Streisand, Carla Fracci, la famiglia Rabin al completo, Ray Charles e gli astronauti che andarono sulla Luna. L'offerta è parca di cibo e generosa di trattamenti: ben 68 diversi, compreso «il massaggio dell'orecchio con un filo di olio medicato e la pulizia del canale auricolare». Non starà esagerando? chiede ancora Lorenzetto. E lei, ilare, invece rilancia: «Anche del retro». Ha detto retro? «Lavaggio intestinale. È meraviglioso.» Ma sicuro: meraviglioso.

Dalla Toscana al Sud Tirolo: fra lavaggi intestinali e miniporzioni senz'olio, i centri benessere proliferano. Henri Chenot, per esempio: ha lanciato una dieta energetica, come da apposito volumetto, ma siccome «il metodo di Chenot non si può ridurre a una semplice dieta, perché alle sue spalle esiste una vera e propria filosofia di vita» e siccome «il dottor Chenot antepone all'individuazione della proposta alimentare il riconoscimento della tipologia dell'individuo», per iniziare il trattamento bisogna obbligatoriamente prenotare un soggiorno nella sua villa Eden a Merano. Prezzo per trattamento base nelle «giornate sovrappeso»: 2045 euro nella camera standard, 2150 nella camera con balcone, 2220 nella camera singola. Nonostante gli sconti d'occasione, non è poco: in attesa di dimagrire ai fianchi, si comincia col dimagrire nel portafoglio.

Del resto non è una novità. Una delle prime a capire quanto può rendere una dieta è stata Felice Lippert. Il nome non vi dirà nulla, ma tra poco scoprirete di conoscerla molto bene. Era il 1963 quando radunò nella sua cucina un gruppo di increduli: lei, casalinga un po' sovrappeso, voleva condividere il problema della ciccia con alcune amiche e una dietologa. Nacque il sistema «guardiani del peso». Quarant'anni dopo la casalinga è diventata una delle donne più ricche d'America. L'azienda da lei fondata fattura un miliardo di dollari l'anno. Dimenticavamo: guardiani del peso in inglese si traduce «Weight Watchers». Qualcuno ha bisogno di altre spiegazioni?

Il raduno nella cucina ora non va più di moda, però. È stato sostituito dal raduno nel web: sempre di rete si tratta, anche se assai più tecnologica. Su Internet c'è persino chi propone un metodo rapido per diventare ricchi inventando una dieta: non serve nessuna conoscenza nutrizionale, dice il guru del business dimagrante on line, bastano la foto di uno che era grasso cinque anni fa ma adesso è più magro, un cibo base (il mango non va bene perché è troppo comune, i surgelati vanno bene perché non occupano troppo spazio in frigo), una promessa di riduzione di peso (tenere presente che «la maggior parte delle persone pensa di non poter perdere più di 4 libbre [2 chili] al giorno») e un menu («ricordarsi di usare il proprio cibo base»). «Pubblichi la dieta su Internet, faccia seguire un libro e lei sarà ricco.» Lei sarà ricco, proprio così. E pazienza se gli altri resteranno ciccioni.

Le pillole magiche

Quando poi le diete non bastano, ecco che arrivano le pillole magiche. I siti Internet ne sono pieni, le farmacie pure. Herbalife propone il programma Start, «soluzione economica e ottimale per chi vuole perdere pochi chili in eccesso». Costa 134,9 euro. Ma ci sono anche il programma Advance («garanzie per perdere peso», 176,24 euro) e il programma Ultimate («soluzione più completa e aggressiva», 219,09 euro). «I risultati sono garantiti», naturalmente. Se Herbalife non vi convince, non preoccupatevi. Per esempio potreste rivolgervi a «Ads giorno e notte kit», compresse per bruciare i grassi. È pure molto più economico: 55 euro appena e c'è anche l'offerta 3x2 come alla Standa (110 euro). Con meno ancora (45 euro più le spese) ci si può portare a casa ben tre flaconi di California 3, «sciroppo dolciastro» che «aumenta il metabolismo» e «toglie la fame nervosa», «ideale per bruciare i cuscinetti di grasso»: tre flaconi, promette il sito, bastano per perdere fino a 5 chili; ma se stanzi un budget più alto (80 euro) e compri sei flaconi, allora ne perdi di più. «Ordinalo subito ti verrà spedito entro 24 ore, arriverà a casa tua in un pacco anonimo.» Pacco anonimo, si capisce. Come le bambole gonfiabili.

Il mercato delle pillole dimagranti vale 1585 milioni di euro l'anno (dato 2002), ed è in costante crescita. Tanto per avere un'idea: 1585 milioni di euro è più o meno quanto ha fatturato nello stesso periodo la Nestlè Italia con marchi come San Pellegrino, Buitoni, Dadi Maggi, Nescafé, Motta, Alemagna, Perugina, Latte Mio etc. Un bel boccone, insomma. Un boccone pieno non di gelati, non di pasta e neppure di cioccolato, ma di pillole blocca grasso, pillole blocca amidi, composti sazianti a base di fibre, orecchini dimagranti, creme dimagranti, cerotti dimagranti e compresse magnetiche che attirerebbero «il grasso fuori dal corpo». Nella migliore delle ipotesi si tratta di metodi efficaci soltanto insieme a una severa dieta (bella forza: sono le pillole che fanno dimagrire o la dieta?).

Molte volte, però, questi prodotti non solo promettono ciò che non possono mantenere, ma sono assolutamente inutili. Uno studio sui farmaci pubblicato dalla rivista «Dialogo» ha analizzato 44 integratori con presunta attività dimagrante. Le conclusioni? «Nessuno può vantare efficacia sulla diminuzione di peso.» E nel luglio 2004 il giornale «The Independent» rivela che la pillola Pyy3-36, lanciata due anni fa dagli scienziati dell'Imperial College di Londra per la cura dell'obesità, «è solo un miraggio». Quaranta scienziati si prendono la briga di scrivere addirittura una lettera a «Nature». Forse, dicono, in questa materia è meglio andare un po' più cauti.

Ecco sì, un po' più cauti. Sul «Journal of Nutrition» due studiosi dell'università di Boston presentano una ricerca sull'uso delle fibre a scopo dietetico. Risultato? «Assumere integratori alimentari a base di fibre per liberarsi dai chili di troppo è inutile ... Né le fibre fermentabili né quelle non fermentabili aiutano a ridurre il peso corporeo.» E anche le creme riducenti, le meravigliose pomate sciogligrasso per cosce e glutei si rivelano alla prima indagine dell'American College of Sports Medicine per quel che sono: non sciolgono né modellano nulla. Valgono quanto una normale crema idratante, anche se costano dieci volte di più.

Miracoli dietetici che servono a poco, miracoli dietetici che servono a nulla. Ma addentrandosi nel far west dimagrante non è raro incappare anche in miracoli che fanno male. Nel 1983, per esempio, l'Herbalife Slim venne condannato dalla Food and Drug Administration: conteneva sostanze tossiche. Le diffusissime compresse magnetiche furono ritenute pericolose e messe al bando negli Stati Uniti. Altri esempi? Le erbe cinesi, di gran moda all'inizio degli anni Novanta: provocavano insufficienze renali. E così i farmaci blocca amidi, che possono favorire nausea, vomito e diarrea.

Anche l'efedra, secondo molti studi, è pericolosa. Eppure basta andare su Internet per trovare il catalogo completo dei prodotti bruciagrassi che contengono questa sostanza: con 14 euro, per fare un esempio, si comprano 20 capsule di Stacker, che «fornisce il surplus di energia necessaria alla maggior parte delle persone per aumentare il metabolismo e innescare il processo di consumo dei grassi e delle calorie senza il fastidioso senso di fame». La stessa efedra, per altro, può essere usata anche per scopi assai diversi: Pure Ephedrene, 6 pillole, 7 euro, tanto per dire, si presenta come «un energizzante potente e uniforme che non può mancare in una festa». Ciò che impressiona è come la stessa materia prima si trovi nelle droghe che promettono «allucinazioni surreali, grande ilarità, euforia» e in prodotti venduti come banali dimagranti. Pillole dietetiche ed erbe psichedeliche, funghi magici, spinelli ed ecstasy naturali: tutte insieme, nello stesso sito, reperibili assai facilmente, senza controllo né prescrizione medica. Un clic sul mouse e via, servizio a domicilio come la pizza margherita express.

In principio fu Slim Fast (con Marisa Laurito)

Ordinare è facile, sperare ancor di più. È straordinaria l'attesa quasi messianica per la pillola che risolve tutti i nostri problemi, a cominciare dal problema più grosso, anzi più grasso. Non passa mese senza che da qualche sperduto centro di ricerca arrivi la lieta novella: abracadabra, la scienza ha trovato la ricetta magica. *Arriva la pillola antiobesità* strombazzano i giornali nel settembre 2000, annunciando il nuovo rimedio. *Arriva la pillola antifame*, ricominciano a starnazzare nel giugno 2001. È cambiato qualcosa? L'obesità è stata ridotta d'incanto? Annullata? Cancellata? E voi pensate che se davvero esistesse un modo per ridurre la ciccia senza fatica ci sarebbero tanti ciccioni in giro? Il 17 luglio 2004 «La Stampa» titola: *Arriva la superpillola*. E il testo recita: «L'hanno già ribattezzata la pillola della vanità, la pillola che dà all'organismo gli stessi benefici dell'esercizio fisico senza mai doverseli sudare». Mi arrendo: è più forte di noi. Forse ci piace farci prendere in giro.

E pensare che avere un'idea di quanto veniamo regolarmente presi in giro con le promesse di diete miracolose non è difficile. Basta fare un giro dalle parti dell'autorità garante della concorrenza, detta anche antitrust. Piazza Verdi 6/a, Roma. Lì vengono emesse tutte le sentenze sulla pubblicità ingannevole. Ci andiamo. La responsabile dell'ufficio stampa, Anna Galloppa, è gentilissima, si mette al computer e comincia a tirare giù numeri e sigle, PI2802 Esamen Dimagrante, PI1639 Pillola Ubidecarenone, PI2551 Kalocell... Un elenco sterminato. Proviamo a fare ordine.

Il 19 ottobre 1995 viene condannata Slim Fast. Ve la ricordate? C'era Marisa Laurito che faceva vedere una sua vecchia foto per dimostrare quant'era dimagrita. «Due Slim Fast e un pasto normale al giorno, ti levi i chili di torno» diceva. La sentenza replica: pubblicità ingannevole.

Il 6 settembre 2001 viene condannata Bruciakal. Avete presente? «Tutti i peccati di gola che vuoi e subito dopo Bruciakal ... una novità rivoluzionaria ... basta rinunce, Bruciakal brucia le calorie, non il piacere del cibo.» La sentenza replica: pubblicità ingannevole.

Il 17 gennaio 2002 viene condannata KaloCell Line. A qualcuno è rimasta impressa? C'era una giovane donna che si buttava in piscina e una voce fuori campo prometteva: «In sessanta giorni la circonferenza delle cosce diminuisce». La sentenza non le crede: pubblicità ingannevole. «Il messaggio» scrive il garante «è idoneo a indurre in errore il consumatore.» E inoltre, per quanto riguarda gli integratori alimentari (KaloCell Libe Flaconi e KaloCell Line Compresse) «omettendo di informare della pericolosità di questi prodotti oltre determinati dosaggi e per alcune categorie di persone, può indurre i consumatori a trascurare le normali regole di prudenza con conseguente pericolo per la loro salute».

Nell'ottobre 2002 circola nelle farmacie un pieghevole di quattro facciate in cui viene presentato Kilokal, prodotto innovativo che consente di mantenere la linea senza rinunciare alla buona cucina. «Grazie all'azione sinergica di cromo, iodio, fucus, ananas, estratti vegetali e frutto-oligosaccaridi, non solo permette di mangiare senza la preoccupazione di accumulare quei chili così difficili da perdere ma interviene anche sulle altre possibili conseguenze digestive di un pasto abbondante.» Attorno le foto di pasta, pizza e dolci, tutti altamente calorici, che potrebbero essere ingeriti e subito smaltiti, lascia intendere la pubblicità, grazie alle «compresse del dopopasto». Che cosa c'è di vero? Poco, a giudicare dalla sentenza dell'Authority: «Quanto all'ostentata proprietà del prodotto di intervenire sul metabolismo riducendo l'assorbimento delle calorie ingerite si rileva che, alla luce della documentazione in atti, essa appare priva di fondamento».

Nel giugno 2003 viene segnalata la presenza sui banchi del supermercato di «Togli Calorie», un «prodotto naturale ideale per bruciare le calorie in eccesso dopo un pasto abbandonante e aiutare la digestione». La confezione promette a caratteri ben evidenti «fino al 50 per cento di calorie in meno per ogni pasto abbondante». Un'associazione consumatori protesta, l'Authority interviene, l'indagine si chiude nel marzo 2004. Sentenza di condanna: pubblicità ingannevole. «Alla luce di tutte le informazioni e documenti complessivamente acquisiti agli atti del procedimento, risulta confermato che non sussistono evidenze scientifiche che supportino i vanti prestazionali contenuti nel messaggio in questione.»

Messaggi&Massaggi

E vogliamo parlare dei centri di benessere? Dei costi della villa Eden di Merano già si è detto. Preferite il centro di dimagrimento Pesoforma Club? Lo pubblicizza un elegante opuscoletto: promette «professionalità e cordialità di uno staff preparato», naturalmente «tecnologie d'avanguardia e prodotti efficacissimi». Risultato: si può perdere «da 600 grammi a 1 chilo per seduta senza farmaci, ginnastica e diete pesanti». Sarà vero? Non la pensa così il garante che (24 luglio 2003) condanna Pesoforma Club per pubblicità ingannevole. Pochi mesi prima (ottobre 2002) aveva condannato il Centro Informissima che assicurava «dimagrimento e rimodellamento» (si tratta, secondo l'Authority, di «trattamenti meramente cosmetici») e prim'ancora (giugno 2002) aveva condannato i centri Ideal Line: «I messaggi aventi a oggetto il metodo di dimagrimento sembrano idonei a indurre in errore le persone alle quali sono rivolti».

Se dai report dell'Authority si passa alle cronache dei giornali, poi, di questi centri non si ha certo un'impressione migliore. Il 15 luglio 2004, per esempio, «Panorama» pubblica il reportage di un inviato desideroso di autoridursi la pancia. Viaggio pagato dal giornale, lui e il fotografo, all'Health Center di Marc Messegué, «sette chili in sette giorni». È un tripudio di tabelle, un fiorir di massaggiatrici, miniporzioni di carote e spinaci servite con i guanti bianchi (sai che soddisfazione), idromassagi, oli, unguenti, creme parabuddiste e spalmate di fango, al modico prezzo di 3 mila euro la settimana. Conclusione: appena esce, uno s'avventa sulla prima fetta di salame che passa. In pochi giorni si recupera tutto quel che si è perso con enormi sacrifici, e magari anche qualcosa di più. «La mia forza di volontà ha retto sino alla sera del primo giorno di libertà: ho ceduto davanti a un filetto di baccalà fritto» dice il giornalista. Poi riporta la confidenza di uno dei clienti abituali dell'Health Center: «Vengo qui perché sono scemo: perdo 5 o 6 chili, un milione al chilo, e poi li riprendo in tre mesi». E, in effetti, Messegué difficilmente potrebbe usare questo affezionato cliente come testimonial per le sue cure: pesa 160 chili.

Eppure i centri dimagrimento impazzano, attirano, vanno di moda. Ne nascono a ogni angolo di strada. C'è chi, fra un pranzo a base di nulla e pratiche da campo reclute marines, dilapida fortune. E più il pranzo è a base di nulla e più il sergente addestratore assomiglia a quello di *Full Metal Jacket*, e meglio è. «Palla di lardo» e via, ma come siamo contenti di farci insultare. Pensate l'assurdo: pasciuti ragionieri, rigonfi commendatori, rotondi imprenditori che, dopo un anno a base di carbonara e grassi saturi conditi, si mettono la coscienza a posto facendosi prendere a pesci in faccia (e solo in faccia: perché nel piatto non si vede nemmeno un'acciuga) per una settimana da un esercito di pseudoesperti, più preparati in sadismo che in dietetica. Ben sapendo che non servirà a nulla, ben sapendo che, appena usciti dal lager senz'olio, torneranno a farsi di sedentarismo e penne al ragù. Ma che importa? Il problema, in questi casi, non è dimagrire davvero. È solo poter dire «ci ho provato» a se stessi e nei salotti buoni della città.

Qualche anno fa hanno avuto un grande successo i Centri dimagranti Sobrino. Meno ricercati, meno pretenziosi, rivolti a un pubblico più vasto grazie a una martellante pubblicità, «magri come un grissino», fra il 2000 e il 2002 praticamente invadono l'Italia. I proprietari sono un ginecologo e sua moglie, diventata poi testimonial dell'azienda. In pochi mesi riescono a costruire un piccolo impero: 9 società, franchising chiavi in mano e persino il progetto di quotarsi in Borsa. Mariella Sobrino è ospite fissa dei programmi tv di tendenza, da «Quelli che il calcio» a «Chiambretti c'è», e delle serate mondane. Indimenticabile la descrizione che ne fa «Dagospia» in occasione di una festa romana dell'aprile 2002:

> La lady dei centri dimagranti, luccicante come una soubrette di seconda fila del Bagaglino, esibiva tutti i miracoli del collagene (labbra) e della liposuzione (la dieta la fanno gli altri). Quando apre l'armadio, si deve trasformare in una palla da bowling alla ricerca dei suoi birilli. Chissà, al solo parlare di «moda», la signora della dieta deve pensare al Carnevale veneziano, quando ci si veste da Crudelia Demon. D'altro canto la Sobrino va sempre in giro vestita da pantera. Mentre solo a Carnevale la pantera gira per la gabbia vestita da Sobrino.

Tutti sappiamo come sono finiti i centri Sobrino. Prima sbugiardati da «Mi manda Raitre», quindi condannati dal garante (3 luglio 2002), quindi nel mirino dei Nas e del ministero della Salute. Mariella e consorte hanno dovuto rinunciare alla pubblicità, e quindi alla quotazione in Borsa, al franchising e alle serate mondane. Il business si è sciolto come nessun rotolo di grasso aveva mai fatto: in un batter d'occhio. Sarà stato per la vergogna. Eppure, nell'aprile 2004, c'era ancora qualche medico coraggioso e sfacciato che non esitava a proporre ai propri clienti il metodo «magri come un grissino». Lo hanno svelato Angelo Santoro e Roberto Ortelli per «Lucignolo», il settimanale di Italia Uno.

Il servizio è girato con telecamera nascosta. I due vanno in diversi centri estetici e chiedono com'è possibile perdere 20 chili in un mese. In pochi danno l'unica risposta ragionevole: impossibile. Alcuni propongono psicologi, strane ricette, pericolosi miscugli. E infine un medico tira fuori dal cilindro proprio il discusso «metodo Sobrino». La stessa tutina bianca, da usare dopo averla bagnata con acqua calda; gli stessi elettrostimolatori; le stesse foto del prima e del dopo per dimostrare che il sistema funziona davvero. Prezzo: 1100 euro. Oltre 2 milioni di vecchie lire. «Naturalmente in nero.»

Se si prende un granchio

Nel novembre 1999 ad alcuni settimanali («Sette» del «Corriere della Sera» e «Panorama») viene allegato un pieghevole che promuove Chitosano 800 Complex Forte: «Arriva la pillola per dimagrire: per milioni di persone che soffrono di sovrappeso la vita potrà essere migliore grazie alla scoperta di una molecola bloccagrassi clinicamente sperimentata» recita il messaggio, quanto mai pervaso di ottimismo. E poi garantisce: «Le persone sottoposte all'adozione di Chitosano 800 Complex Forte hanno perso non solo da 4 a 5 chili al mese, ma i livelli di colesterolo e i trigliceridi si sono ridotti in modo significativo». L'antitrust condanna: pubblicità ingannevole. «Come emerso nel corso del procedimento ed esplicitamente ammesso dallo stesso operatore, il prodotto non è stato oggetto di alcuna specifica sperimentazione. Ne discende quindi che anche il vantato risultato di dimagrimento di 4-5 chili al mese non risulta dimostrato.»

Il chitosano viene estratto dallo scheletro dei crostacei.

Come si suol dire: prendere un granchio. Basterebbe questo per stare allerta. E invece il chitosano, cioè il granchio, continua a piacere. Nel settembre 2000 su alcune emittenti locali va in onda la televendita di un integratore alimentare a base della medesima sostanza. Si chiama Fat Blocker Diet e promette miracoli: una donna garantisce di aver perso 8 chili in un mese senza bisogno di diete o esercizio fisico, un'altra addirittura dice di aver perso 34 chili. C'è persino una mamma che sostiene di usare l'integratore anche per il figlio. Tutta pubblicità ingannevole. E anche un po' pericolosa. Non solo infatti, «il chitosano non è in grado di determinare una perdita di peso se non quando associato a una dieta ipocalorica», ma il messaggio risulta anche «omissivo per quanto concerne le controindicazione all'assunzione del prodotto». Il granchio, insomma, può far male, anche se nessuno lo dice.

Purtroppo non si tratta di un caso isolato. «Dimagrite senza perdere i muscoli» alletta Sct Stack Ultimate. Il prodotto promette di «trasformare l'organismo in una fornace brucia calorie». «È efficacissimo» spiega la pubblicità «perché ripropone la versione più salutare del noto Eca Stack americano» (che contiene la micidiale efedrina). Il corrispettivo italiano, invece, contiene la sinefrina, «sostanza naturale contenuta nell'estratto di arancio amaro. Ha effetti molto simili all'efedrina, seppure più innocua». Innocua: ma è vero? Non secondo l'Authority che condanna Sct Stack, ritenendolo capace di «porre in pericolo la salute dei consumatori».

Nel giugno 2000, invece, viene condannato Esamen dimagrante: si fa pubblicità dicendo che in quattro settimane può ridurre fino a 8 centimetri del giro vita, ma poi aggiunge (in fondo al messaggio, nascosto) «non è un prodotto dimagrante». (Meraviglioso: ma se non è dimagrante allora perché l'hanno chiamato Esamen dimagrante?) Nel marzo 2003 viene condannato il trattamento B 21 Bio-Energic: non è vero che basta da solo per far sparire miracolosamente la cellulite. Così come non è vero (sentenza del 15 aprile 1999) che «solo Cellulase trattamento urto permette questi risultati» cioè «combattere la cellulite in poche settimane». E, infine, anche la riduzione del colesterolo con «l'amico del cuore Blue Fish» (sentenza dicembre 2002) è assai meno facile di quel che appare dalla pubblicità, nonostante sul prodotto abbia speso la sua faccia niente meno che Giovanni Trapattoni. Un'altra partita decisiva persa dall'ex ct.

L'avvertimento? In 2 centimetri

Il problema, evidentemente, non è tanto nei prodotti: è nella pubblicità. Prendiamo un giorno qualsiasi. Prendiamo un quotidiano timorato di Dio come l'«Avvenire», quello che ha l'imprinting dei vescovi italiani. Si badi bene: non stiamo parlando di un avanzo di tipografia, ma di un giornale seriosissimo e controllato, che ogni giorno dà lezioni di moralità e correttezza al mondo intero. Ebbene il 15 luglio 2004 (un giorno a caso, appunto) l'«Avvenire» pubblica un'inserzione grande un'intera pagina, in cui si promette di ridurre le calorie, come al solito «senza rinunciare al piacere della tavola». «Meno grassi meno zuccheri» c'è scritto a caratteri cubitali, «controllo del peso», e poi addio al «fastidioso senso di gonfiore alla pancia». Il tutto occupa 572 centimetri quadrati. Poi in meno di 2 centimetri quadrati (1,8 per l'esattezza), in caratteri microscopici, sta scritto che tutto ciò avviene solo se le compresse Kilocal vengono abbinate «a dieta ipocalorica ed esercizio fisico».

Siamo alle solite: se io faccio dieta ipocalorica ed esercizio fisico, grazie tante, dimagrisco anche senza Kilocal. E allora perché monsignor «Avvenire» utilizza 572 centimetri quadrati del suo santo spazio per dirmi che devo prendere quelle magiche compresse e appena 2 centimetri quadrati per dirmi che da sole servono a poco o a nulla? Che cos'è uno scherzo da prete? Un gioco da chierichetti? L'ultima trovata per animare la festa dell'oratorio?

Se un quotidiano così pio cade in questi equivoci, d'altra parte, figuriamoci gli altri. Le pubblicazioni in edicola, in effetti, sono piene di messaggi esaltanti: «Dimagrire finalmente», «Provalo e ti accorgerai che dimagrire è un piacere», si può «perdere peso senza particolari sacrifici, continuando ad apprezzare la buona tavola». La pubblicità di «Giorno e Notte» stampa pure in quadricromia piatti allettanti di pasta, dolci pieni di cacao, e annuncia: «Con il nuovo kit senza rinunciare a niente mi sento sempre più magra e sempre più in forma». Senza rinunciare a niente, capite? Poi, in caratteri molto più piccoli, la mini-precisazione d'obbligo: «L'uso del prodotto deve accompagnarsi a un idoneo regime dietetico ipocalorico e a un maggior livello di attività fisica».

Ma allora siate chiari: per dimagrire posso mangiare quello che voglio oppure no? Quei piatti di pasta che trovo sulla pubblicità, li posso divorare davvero o sono solo da guardare? Quel cioccolato che scende goloso, che cos'è? Un'illusione? Una tentazione? O un'overdose di calorie? Siete sicuri che, con la pillola magica, posso ingurgitare tutte le calorie che desidero? Siete certi che non devo rinunciare a niente? O, per esempio, devo rinunciare a starmene un po' in panciolle per andare in palestra? Così, tanto per sapere, per non cadere nell'equivoco. Perché, verrebbe proprio da chiedersi: è possibile che, dopo tutto quello che è successo, siamo rimasti ancora a Wanna Marchi e dintorni?

Wanna Marchi, eccoci qui. Potevamo non trovarcela di mezzo, affrontando questi argomenti? È ovvio che no. E infatti lei, la sacerdotessa delle alghe, la regina del tapiro, la santona do Nascimento, fa regolarmente capolino nell'archivio del garante. Si è presa una condanna per i prodotti dimagranti Gotas, Adipol e Cellusol. Consentono di «sciogliere tutte le calorie che mangiate», diceva la nostra Wanna. Urlava: «Pur mangiando quello che volete mangiare sarà esattamente come non aveste mangiato». E poi aggiungeva: «Non esiste persona al mondo che non cali di peso usando Gotas». D'accordo? Eccome no: «pubblicità ingannevole». D'accordo.

Intanto, lo sapete, Wanna Marchi dopo la denuncia di «Striscia» è tornata in auge: fa di nuovo televendite in una tv privata. Chissà, magari prima o poi si rimetterà pure a promuovere qualche prodotto dimagrante. In fondo, pur essendo assurta a simbolo unico della truffa catodica non è diversa da tanti altri che infestano schermi tv e giornali. Per averne un'idea basta dare un'occhiata alle sentenze del giurì dell'autodisciplina pubblicitaria, l'unico altro organo che insieme con il garante vigila sulla delicata materia. Non è vero che «ora potete mangiare ciò che volete e mantenervi magri e sexy», non è vero che si possono eliminare «sei chili senza il minimo sforzo», non è vero che «il peso si perde in un bicchiere d'acqua» e nemmeno che si «diminuisce il peso senza modificare le abitudini alimentari». Non è vero che esiste un sistema per eliminare «17 chili in venti giorni continuando a mangiare tutto quello che piace, senza sforzi e senza medicinali». Tutte affermazioni che ci hanno rimbambito il cervello attraverso giornali e tv. Tutte affermazioni «esorbitanti», dice il giurì.

Giurì impietoso? Authority scatenata? Garante severo? Macché. Il «Corriere della Sera» (giugno 2002) fa una prova sul campo. Compra sul mercato dieci dei prodotti più in voga, buona parte di quelli appena citati, e li porta a una commissione di esperti. Nella commissione ci sono Michele Carrubba, direttore del Centro studi e ricerche sull'obesità dell'università di Milano, Lucio Lucchin, direttore del Servizio di dietetica dell'ospedale di Bolzano, e Oliviero Sculati, direttore dell'Unità di nutrizione dell'Asl di Brescia. Sul banco degli imputati Adipos forte, Blockal (che è stata sponsorizzata anche da Alessia Fabiani), Bruciakal, Chitosano 800, Dimagrasi Giuliano, Kalo, Kalo Uomo, Kilokal (che ha avuto come testimonial Marco Tardelli), Pesobloker e Pesoforma. Risultato. «La maggioranza di questi prodotti sono pressoché inutili.» «Le aziende» spiega Sculati «sono abili. Promettono dimagrimenti rapidi, mentre in meno di due-quattro mesi non è possibile ottenere veri risultati. E dicono molto sottovoce che bisogna abbinare ai prodotti una dieta ipocalorica. In realtà quello che fa davvero perdere peso è proprio quello, una dieta rigorosa e bilanciata.» E le pillole? Più che bruciare calorie, bruciano i risparmi.

Lasciateci mangiare

A questo punto ci viene persino un dubbio: va bene che l'obesità è una malattia, che la ciccia non sta bene, che si spende troppo per curare i problemi di salute dei grassi. Va tutto bene. Ma poi: è proprio così indispensabile dimagrire? Lo diciamo qui, al termine di un libro dove pure ci siamo divertiti a irridere la mania del cibo, dove abbiamo svelato un po' di truffe e raggiri che si nascondono dietro la nostra passione per la buona tavola, la grande moda dei gourmet a tutti i costi. Lo diciamo perché siamo convinti che bisogna evitare come sempre le esagerazioni. In tutti i sensi: la corsa al cibo è pericolosa, la fuga dal cibo, però, anche. Siate gentili: lasciateci mangiare in pace. E se ingrassiamo un po', pazienza.

«Da noi una pubblicità su due è un invito a inghiottire» scrive Umberto Galimberti su «Repubblica». E l'altra metà degli spot pubblicitari, invece, «segnala la magrezza, soprattutto femminile, come un imperativo categorico, non solo per ragioni di seduzione, ma soprattutto per ragioni di efficienza». Ma sì, è così: da una parte ci dicono come è bello abbuffarsi di prelibatezze caloriche, dall'altra ci dicono che bisogna dimagrire. Risultato: spesso ne nascono disturbi dell'alimentazione, il rifiuto del cibo, l'anoressia e la bulimia. *Se il cibo è un dramma* s'intitola l'articolo del filosofo.

È inevitabile notare come dietro entrambi questi modelli culturali, che si scontrano e spesso lacerano le carni nostre e soprattutto quelle dei nostri figli, ci sono enormi interessi economici. La pasta, per esempio, fa bene o fa male? E quanta bisogna mangiarne? Pochissima, dicono le diete *low-carb*, che vanno per la maggiore in tutto il mondo. Moltissima, replicano le imprese alimentari. Per sostenere le loro ragioni queste ultime nel novembre 2004 hanno organizzato il Pasta Day a New York, Central Park: spaghetti e maccheroni per tutti i partecipanti alla grande maratona, fettuccine party e festa dei carboidrati. «La posta in gioco è enorme, se si pensa che negli Stati Uniti l'industria alimentare vale 300 miliardi di dollari e ogni piccolo cambiamento nelle abitudini dei consumatori può spostare le vendite per milioni di dollari» scrive Maria Teresa Cometto sul «Corriere della Sera». «Proprio in questi mesi il ministero dell'Agricoltura Usa sta rivedendo la piramide con le raccomandazioni dietetiche ufficiali e le varie lobby dei produttori si sono scatenate per influenzare il nuovo modello.»

E così attorno alla maratona di New York si consuma la grande lotta dei carboidrati. Da una parte i sostenitori della pasta, dall'altra i suoi nemici. Da una parte la Barilla, dall'altra la Atkins e la South Beach. Entrambi difendono legittimamente i loro interessi economici. Ed entrambi esibiscono una gran quantità di studi, ricerche, documenti, valori presentati come verità assolute. Ma la verità dove sta? «L'obesità è solo un'isteria culturale» teorizza Paul Campos, professore dell'università del Colorado, in un rivoluzionario saggio uscito nell'estate 2004 (*The Obesity Myth*). E spiega: «L'obesità è un'esagerazione, una distorta interpretazione di dati epidemiologici dietro cui si celano gli interessi economici di quanti vendono diete e dell'industria farmaceutica che propone rimedi». È vero che gli obesi sono in aumento, sostiene quest'avanguardia della riscossa cicciona, ma «l'obesità non costituisce un fattore di rischio per la mortalità, tant'è che la vita media si è allungata». Secondo Campos, «la letteratura non avvalora l'assunto che essere sovrappeso sia di per sé un fattore di rischio significativo per la salute». È un fattore di rischio maggiore perdere chili e poi riprenderli, come spesso avviene: «Nel famoso studio Framigham si è trovata una forte correlazione tra fluttuazioni di peso, l'effetto yo-yo, e mortalità». In altre parole: mettersi a dieta è più pericoloso che rimanere obesi.

Non sappiamo se Campos ha ragione. Non sappiamo se i suoi studi provocatori troveranno conferma o saranno, come spesso accade, smentiti da altri studi, esattamente contrari. Però, di certo, quello che sappiamo è che non ne possiamo più. Non ne possiamo più, lo abbiamo detto fin dall'inizio, di tutti questi nuovi filosofi della cucina, degli scienziati del gusto, universitari del dottorato in pentola. Però, ecco, allo stesso modo non ne possiamo più di tutti questi maniaci del filiforme, teorici dello Slim Fast, esegeti del corpo snello. Non ne possiamo più di pillole, fibre, perdichili e kalopeso, diete del panino, diete del budino o diete del cretino che dir si voglia. E, se proprio vogliamo dirla tutta, non ne possiamo più nemmeno dei ministri che entrano nella nostra scodella per stabilire con un decreto quanto sale dobbiamo mettere nella minestra e quanti biscotti possiamo inzuppare nel caffelatte.

Il menu deciso per decreto

Il ministro della Salute che ci prescrive per decreto 400 grammi di frutta al giorno ci fa venire l'orticaria: ecco, magari avremo una buona digestione, però i nervi poi chi ce li cura? Non ci piace il menu fissato per legge. Non ci piace la giornata mondiale che l'Onu dedica ogni anno a insegnarci che cosa dobbiamo e non dobbiamo ingurgitare. Ci infastidisce la campagna dell'Unione Europea per stare in forma a tavola. E ci irrita in modo inimmaginabile la sola idea che possa essere introdotta una tassa sul grasso, capace di colpire senza pietà chi sfonda la soglia consentita fissata dalla bilancia. Che ci volete fare? Siamo fatti così, fedeli al vecchio principio assai liberista che diceva: se qualcuno viene a casa tua per farti del bene, scappa dalla finestra. Quando lo Stato si preoccupa di scrivere un piano dell'alimentazione, quando nascono la task force ministeriale che insegna a mangiare e la speciale commissione statale che vigila sulla percentuale di ortaggi nella nostra cena, quando nei progetti dei governi cominciano a girare tabelle che pesano grassi e proteine presenti nella nostra tavola, quando le leggi (che pure sono incapaci di garantire l'assenza di topi morti nelle confezioni di patatine) si premurano di fissare vincoli precisi per zuccheri e carboidrati, ebbene è evidente che qualcosa non funziona.

Eppure succede. Eccome, se succede. A fine 2003 il ministro della Salute s'è inventato persino il decreto taglia porzioni: una legge apposita per dire quanti grammi di pasta ci devono essere in un piatto di spaghetti, quanto deve pesare il petto di pollo e se nel sandwich consumato al bar ci possono essere una, due o tre fette di prosciutto. Ma come si permette, ministro? Come si permette di trasformare i camerieri in premurose mammine? Tra un po' arriverà un decreto che li obbligherà anche a dirci di masticare con pazienza, non ruttare, lavarci le mani e mettere la canottiera, che non c'entra nulla con il cibo ma comunque fa bene? Come si permette di contingentare i piatti di pasta e riso? Come si permette di trasformare i cuochi in missionari del Sacro Ordine della Linea? E di costringerli alla castità gastronomica, voto perpetuo all'uso parco del burro? E come si permette di arruolare nell'esercito dei pasdaran dietetici persino i telecronisti sportivi che durante le partite degli Europei di calcio (giugno 2004) a ogni piè sospinto inneggiano a Totti e al progetto alimentare del ministero (con pessimi risultati per entrambi)? Come si permette?

Bisogna «mettere a dieta l'Italia», insiste Sirchia con un'intervista pubblicata a tutta pagina sul «Giornale» l'11 ottobre 2004. «Ho fatto incontri con gli alimentaristi per indurli a produrre cibi meno nutrienti, bibite con dolcificanti ... bere una lattina di Coca Cola o Fanta al giorno significa 6 chili l'anno di peso corporeo in più» spiega. La nuova dieta di Stato è basata sul Qb, quantità benessere: un Qb al giorno di dolci o alcol, 2 Qb al giorno di latte e yogurt, 3 Qb al giorno di carne o salumi, 4 Qb al giorno di pane, pasta, riso, patate o biscotti, fino a 5 Qb al giorno di frutta o verdura. Siccome per calcolare il Qb nella piramide a cinque piani ci vuole come minimo la laurea in astrofisica, il ministero semplifica il compito elaborando direttamente il menu del benessere per decreto: pranzo con pasta al pomodoro, vitello ai ferri, verdura cotta, frutta; cena con purea di patate, formaggio fresco, verdure crude, frutta; ma una volta a settimana sono concessi tortellini e mortadella. Guai a chi sgarra. «Ai ristoratori» conclude il ministro con clamoroso lapsus «ho suggerito di offrire pietanze ipocaloriche ai pazienti...» Ai pazienti? «Clienti, scusa. Riflesso incondizionato.» Ma sì, è così che ci vedono: siamo tutti malati, e dunque pazienti del grande ospedale della Pasta Misurata. In attesa dell'intervento chirurgico, l'anestesia è già cominciata. Anestesia totale. Buona notte.

Libertà di ciccia

Si dice che tutto questo è per farci star bene. E per convincerci di ciò si tirano fuori statistiche sempre più impressionanti sul rapporto tra sovrappeso e morte, si classifica direttamente l'obesità come malattia, si stanziano fondi per studiare il virus della pinguetudine, si terrorizza l'universo e si propone la «rieducazione», come nei campi di Pol Pot. Alcuni fantasiosi scienziati dell'università del Michigan sono arrivati addirittura a sostenere che l'obesità sarebbe contagiosa. «Come la peste, come il colera, come l'Aids» scrive Alberto Mingardi su «Libero», in un articolo che sposiamo in pieno (l'articolo s'intende, non Mingardi). S'intitola: *Lasciateci libertà di ciccia.*

Ma sì, dai: lasciateci almeno questo. Lasciateci libertà di ciccia. Lasciateci ingrassare, se lo desideriamo. Lasciateci sfondare la bilancia, far saltare i bottoni dei pantaloni, cambiare taglia di vestiti. Lasciateci l'extra large, l'amatriciana rinforzata, l'abbuffata di grassi combinata ai carboidrati. E smettetela con questa «variante salutista della sharia», come dice ancora Mingardi, «questa assurda intifada contro gli obesi». In fondo «le ragioni della guerra ai grassi sono ancora più fragili di quelle della lotta al fumo: non esiste il grasso passivo. In che modo i miei 90 chili offendono i tuoi 45? È una questione di aerodinamica, di estetica, di spazio occupato in metropolitana?». Lasciateci le nostre porzioni doppie, quanto sale ci piace, magari anche un bicchiere di whisky o di cognac. Dite che così si rischia di più la vita? Sì, ma anche chi fa paracadutismo rischia di più la vita di chi la domenica sta a casa a guardare Maurizio Costanzo in tv. Forse che il paracadutismo può essere vietato per legge? Anche chi compra una fuoriserie da 300 all'ora rischia la vita sulle strade più di chi compra un'utilitaria: eppure il commercio di fuoriserie è forse vietato per legge? Lasciateci liberi di «star bene» a modo nostro. E magari anche di «star male», se lo desideriamo.

«Il potere pubblico e i media e anche la parte razionale del mercato dovrebbero piantarla con gli allarmismi e dare corso a una campagna ricca di umanità, di fantasia e di cultura per spiegare che la perdita di peso è solo un'opzione tra le altre, che non è obbligato il corpo grasso a conformarsi alla vita magra bensì, viceversa, è lo stile di vita che deve conformarsi alle esigenze del corpo, al suo stato reale» dice Giuliano Ferrara. *Storie di ordinaria obesità* s'intitola l'editoriale su «Panorama». Il giornalista spiega che, essendo «cresciuto come un bambino obeso», ha personalmente «provato di tutto per raggiungere quello che oggi mi sembra un niente, anzi un attentato alla mia identità, la perdita di peso»:

«L'isolamento a 300 calorie al giorno in una clinica svizzera, l'uso pazzotico dei diuretici, fui sottoposto da un grande medico anche a folli restrizioni nell'assunzione di liquidi, ho preso le prime pasticche contro la fame, ho messo a soqquadro senza necessità la mia tiroide, ho mangiato pieno di sensi di colpa le sbarrette dolci sostitutive di un pranzo, i biscotti ipocalorici e ho cominciato e interrotto centinaia di diete assurde di ogni genere, sempre con perfetto successo e poi con perfetto insuccesso (come dice il mio amico Mario Missiroli: le diete fanno venire fame).

«Da questo percorso di fatica e di educazione e di maleducazione umana sono uscito solo con il tempo e con la maturità» spiega Ferrara. E sintetizza in modo mirabile la conclusione cui è arrivato dopo aver «rimosso il cumulo di cretinate che mi avevano infestato l'esistenza»: «La diminuzione di peso è solo una possibilità, non un obbligo sociale né un editto della cultura clinica di Stato».

«È solo una possibilità.» In effetti: ci pensate? Non è forse assurdo? Hanno trasformato la cucina nella grande moda, ci hanno riempito di programmi tv che parlano di cibo, concorsi di cibo, gare di cibo, quiz di cibo, cibo come filosofia, cibo come mania, Slow Food, accademia gastronomica, patrimoni gastronomici, esperienze culinarie, approfondimenti mistici tra panzerotti e Dio. E poi quando uno torna a casa alla sera stanco dal lavoro si dovrebbe sentire in colpa per una forchettata di maccheroni in più? Dovrebbe star lì con il misurino a centellinare l'olio? Insalate insipide, vietati i fritti, dolci neanche a parlarne, perché lo ordina il ministero?

Suvvia, siate seri: cercate di fermare la moda del piatto (e delle mani nel piatto) e lasciateci liberi di accettare le provocazioni degli spaghetti, come Sordi nel celebre film. Anche se ci farà star malissimo, che importa? Ripenso a quel mio amico, già citato, che disse: mia moglie cucina così male che persino alla pattumiera è venuta l'ulcera. Eppure loro vivono ancora lì, felici, grassi, carboidrati e contenti. Noi, invece, fra Slow Food e dieta di Stato, che brutta vita.

Diciamolo pure: siamo fritti.

Piccolo decalogo

(Per fissare qualche idea dopo aver letto il libro.
O per farsi venire voglia di leggerlo)

1. NON FIDARTI DELLE NOVITÀ A TUTTI I COSTI

Se ti presentano un piatto a base di aglio, marmellata, coniglio, aceto e marrons glacés e ti dicono che è speciale perché nessuno l'ha mai fatto prima, fai attenzione: magari nessuno l'ha mai fatto prima per il semplice fatto che fa schifo.

2. NON FIDARTI DELLA FILOSOFIA APPLICATA ALLA CUCINA

Se nel menu, sotto la faraona, trovi scritto «forma e temperatura, possibili declinazioni» e sotto la lasagna trovi scritto «sottili vibrazioni interne», fai attenzione: c'è il rischio che con tutta questa meditazione si siano freddati i piatti.

3. NON FIDARTI DELLA TECNICA APPLICATA ALLA CUCINA

Se per cuocerti la bistecca devono usare la fiamma ossidrica, fai attenzione: o sei finito in un'officina anziché in un ristorante, oppure la carne è molto dura.

4. NON FIDARTI DEI PIATTI CON I NOMI STRANI

Se ti presentano un piatto di cui non riesci a ricordare il nome, ripensa a ciò che diceva il comico americano: quello che la gente definisce un bravo cuoco è solo un individuo che sa dare alla zuppa un nome diverso ogni giorno.

5. NON FIDARTI DEI PIATTI CON I NOMI ESOTICI

Se ti appassioni al chutney indiano, ricordati che non è molto diverso dalla mostarda di Mantova.

6. NON FIDARTI DELLE RASSEGNE CON NOMI INGLESI

Se ti invitano a Cheeslandia o a Casearia City, fai attenzione: castelmagno e gorgonzola devono puzzare, non profumare d'inglese. E poi chi presta troppa attenzione alla lingua, dimentica il palato.

7. NON FIDARTI DELLE PILLOLE

Se ti propongono una pillola che ti dà la stessa quantità di vitamine di un'arancia, butta la pillola e mangiati un'arancia.

8. NON FIDARTI DELLE DIETE FAI DA TE

Se ti propongono una dieta che comincia al mattino con crauti e succo di mele e prosegue con insalata di crauti, succo di crauti e zucchine ripiene di crauti, fai attenzione: se non dimagrisci, diventi un würstel.

9. NON FIDARTI DI CHI CI TIENE TROPPO A PROMUOVERE PRODOTTI TIPICI

Se ti dicono che ci vuole un miliardo per promuovere i tortellini bolognesi in Australia e nel mar dei Caraibi, rispondi che piacerebbe andare in vacanza gratis anche a te.

10. NON FIDARTI DELLA PAROLA NATURALE

Se ti dicono che una cosa è naturale, fai attenzione: non tutto ciò che è naturale è buono. Ci sono aromi naturali che vengono fatti con il truciolato. E poi anche pidocchi e zanzare sono naturali, ma non per questo sono buoni. Ricordarsi la battuta del vecchio saggio: ho smesso di comprare cibo naturale quando ho scoperto che l'80 per cento della popolazione muore di cause naturali.

Grazie

Questo libro è dedicato a mio padre.

È il primo libro che lui non legge. È il primo libro che lui non commenta. È il primo libro che non presenterò davanti al suo sguardo felice e trattenuto, come a voler nascondere l'orgoglio che aveva dentro di sé. È il primo libro che non cercherà di sdrammatizzare come faceva sempre («Con chi te la prendi stavolta?»). È il primo libro che non potrò consegnargli scrivendo nelle prime pagine un pensiero particolare. Ma non c'è stata pagina, riga, frase o sillaba che non abbia scritto pensando a lui. Intanto perché senza la sua fiducia, la sua pazienza e la sua capacità di risolvere ogni problema, non avrei mai scritto nulla, sicuramente non farei nemmeno questo mestiere. E poi perché questo libro, più di ogni altro, credo di doverlo a lui, e al suo modo di intendere la vita e, di conseguenza, anche il cibo. Pochi mesi dopo la sua morte, proprio mentre mettevo faticosamente insieme queste pagine, i suoi amici hanno voluto ricordarlo con un torneo di tennis. Al termine non c'è stata cena di gala, niente camerieri, giacche blu, portate eleganti. C'erano pane e salame, bruschetta con l'aglio, frittate e torte fatte in casa. A lui, ne sono sicuro, sarebbe piaciuto moltissimo. Lì, dentro quella semplicità vera (non biologica né ricercata né alternativa), c'era il suo spirito. Spero che sia, seppur in minima parte, anche lo spirito di questo libro.

Questo libro non sarebbe nato, però, senza il contributo fondamentale di due persone straordinarie. Una è Nicoletta, editor e amica, che ci ha creduto fin dall'inizio e ha saputo trovare le parole giuste per rimuovere le mie titubanze. Credo sia la persona con cui tutti gli autori vorrebbero lavorare. L'altra è Alessandra, che tra qualche anno diventerà una delle giornaliste più brave d'Italia, e già oggi comunque è in testa alla classifica di quelle che mettono nel lavoro passione vera, tenacia e ostinazione.

Poi non posso non ringraziare chi mi ha accudito durante questi mesi. Chi scrive un libro mentre dirige un telegiornale e insieme fa alcune altre cose, inevitabilmente combina un sacco di pasticci nella sua vita quotidiana. Meno male che c'era Evita a prevenire ciò che era possibile prevenire e a mettere una pezza su tutto il resto.

Poi volevo ringraziare Rita, che non ha fatto nulla per questo libro e forse nemmeno lo leggerà, ma se non si trova citata ci resta male. E, già che ci siamo, Elena la badante (per par condicio con Evita), con i suoi bigliettini gialli. E Anna che s'è presa la briga, come l'altra volta, di leggere il manoscritto: le sue correzioni sono utilissime (e poi portano fortuna).

E infine il pensiero conclusivo va come sempre a mia moglie Paola, persona straordinaria e qui mi fermo perché per ringraziarla di quello che fa dovrei scrivere e dedicarle l'intera Enciclopedia Treccani, altro che un libro, e forse non basterebbe ancora... E ai miei quattro figli, che hanno subito più di tutti i miei ritardi, le lunghe assenze e il tempo dedicato alla scrittura. Ogni tanto provo a convincermi che scrivendo questi libri inseguo il sogno di un mondo migliore e lo faccio anche per loro. Ma non sono sicuro che a loro basti. Forse preferirebbero avere il papà per giocare a palla qualche ora in più.

Bibliografia

I Il pesce sostenibile è una boiata pazzesca

AA.VV., *Vince la under 45 degli chef*, «Il Giorno», lunedì 15 marzo 2004, p. 13.

–, *Slow Fish – Salone del pesce sostenibile*, comunicato stampa, 27 maggio 2004.

–., *I vini intelligenti del Gambero Rosso – 2004*, Roma, Gambero Rosso, 2004.

–, *Vegetali intagliati*, II concorso internazionale, comunicato stampa dal sito Federazione italiana cuochi.

Amapane Antonella, *Tra cuoche sexy e donne sirena*, «La Stampa», 3 ottobre 2004, p. 13.

Arosio Enrico, *Com'è sexy quel bollito*, «l'Espresso», 22 ottobre 2004.

Baresani Camilla, *«Non cucina» sotto la torre*, «Il Sole 24 Ore», 27 giugno 2004, p. 45.

–, *Ai due ghiottoni di Bari*, da «Il Sole 24 Ore», in «Dagospia», 15 febbraio 2003.

–, *Al Moro, stretta in un abbacchio*, da «Il Sole 24 Ore», in «Dagospia», 26 febbraio 2003.

–, *Al Baccalà mentecatto*, da «Il Sole 24 Ore», in «Dagospia», 29 giugno 2003.

–, *Impara l'arte di mettere un ristorante in un museo* da «24», magazine del «Sole 24 Ore», in «Dagospia», 6 luglio 2003.

Bombelli Silvia, *Lo chef è in scatola*, «Panorama», 10 giugno 2004, p. 233.

Capurso Antonello, *I nuovi palazzi in cui mangiano e tramano i potenti*, «Corriere della Sera Magazine», 18 novembre 2004, p. 52.

Cavalleri Cesare, *Il lato gustoso della paranoia*, «Avvenire», 30 giugno 2004, p. 31.

Ceccarelli Filippo, *Lo stomaco della Repubblica, Cibo e potere in Italia dal 1945 al 2000*, Milano, Longanesi, 2000.

Cepeda Fuentes Marina, *Il surrealismo in cucina tra il pane e l'uovo*, Torino, Il leone verde, 2004.
Conti Paolo, *Rai, il dossier sugli spot occulti*, «Corriere della Sera» on line, 20 maggio 2004.
–, *Spot occulti, il dossier arriva in Parlamento*, «Corriere della Sera» on line, 21 maggio 2004.
Cravel Pierfrancesco, *Il pane tra cultura e couture*, «il Giornale», 6 giugno 2004.
D'Arpa Giovanni, *Il glossario di cucina*, www.buonissimo.org/glossario3.asp, 7 marzo 2005.
Della Pasqua Laura, *Il potere a tavola*, Roma, Gangemi, 2005.
Dente A. Giacomo, *Vela e cucina, la coppia dell'estate*, «Il Messaggero», 5 luglio 2004, p. 15.
Douglas Scotti Isabella, *Metti i Beatles nella zuppa*, Firenze, La Biblioteca, 2004.
I nuovi palazzi, ovvero il triangolo della gola, «Enopress on line», www.enopress.it, 26 novembre 2004.
Falck Jacaranda, *Alchimista ai fornelli*, «l'Espresso», 23 settembre 2004, p. 168.
Fumagalli Marina, *L'innovazione. Il futuro visto dai creatori di sapore*, «Corriere della Sera», 26 settembre 2004, p. 22.
Giuliani Francesca, *L'arte di coltivare i carciofi e se stessi*, «la Repubblica», 27 maggio 2004, p. 29.
Grasso Aldo, *Cibo e televisione*, «Corriere della Sera», 11 ottobre 2004, p. 23.
–, *Pubblicità occulta, in vino veritas?*, «Corriere della Sera», 19 giugno 2004, p. 33.
–, *Angela è astemio: lo si capiva dalla sua Tv*, «Corriere della Sera Magazine», 10 giugno 2004.
Greco Anna Maria, *Una sola donna nella notte dei tre tavoli*, «il Giornale», 12 luglio 2004, p. 3.
KTK, *Alimentare: cuochi veneti per rilancio baccalà*, Agenzia Ansa, 19 giugno 2004, ore 12,13.
Locatelli Pompeo, *I dolci e gli amari di Pompeo*, Milano, Baldini Castoldi Dalai, 2004.
Lorenzetto Stefano, *Sono lo chef del frigo vuoto*, «il Giornale», 18 luglio 2004.
Marchi Paolo, *La guerra dei pizzoccheri*, «il Giornale», 19 settembre 2004.
Montesano Tommaso, *Lo stomaco della politica allarga i fianchi...*, da «Libero», in «Dagospia», 31 gennaio 2003.
Mura Gianni, *Sette giorni di cattivi pensieri*, «la Repubblica», 10 ottobre 2004, p. 42.

MV, *Tv: Bonilli (Gambero Rosso), Vissani bravo ma pessimo in video*, Agenzia Ansa, 10 giugno 2004, ore 15,32.
–, *Tv, Vissani: la gente vuole la cucina spettacolo*, Agenzia Ansa, 10 giugno 2004, ore 16,14.
Padovani Gigi, *Gelatomania: dal carretto all'alta cucina*, «Specchio», 10 luglio 2004, p. 24.
Paolini Davide, *Gelato, brividopiccante*, «Panorama», 17 giugno 2004, p. 258.
Petrini Carlo, *L'amore è un piatto*, «La Stampa», 2 marzo 2004, p. 25.
Porcelli Elena, *Fontana di bronzo e bollicine*, «Panorama», 19 agosto 2004, p. 138.
Pozzo Fabio, *Spaghetti e spinnaker: la regata è servita*, «La Stampa», 5 luglio 2004, p. 17.
Raspelli Edoardo, *Il palato immaginario della Roma potentona*, da «La Stampa», in «Dagospia», 8 novembre 2002.
RED, *Rai: molisani di Roma, per Tg1 non facciamo audience*, Agenzia Ansa, 11 agosto 2004, ore 18,14.
Remondino Mauro, *Hamburger dello chef, il fast food è di lusso*, «Corriere della Sera», 2 settembre 2004, p. 20.
Rondolino Fabrizio, *L'università nel piatto*, «La Stampa», 24 aprile 2004, p. 25.
Rugarli Giampaolo, *Cuochi in Tv*, «Il Mattino» on line, 31 marzo 2003.
Sandi Irene, *Lo chef flambé*, «l'Espresso», 19 febbraio 2004, p. 163.
Scaglia Giorgio, *MiWine, 28 mila bottiglie pronte per essere stappate*, «il Giornale», 13 giugno 2004, p. 50.
Scorranese Roberta, *Milano alza i calici e il vino si fa cultura*, «Corriere della Sera», 13 giugno 2004, p. 53.
Spada Giuliano, *Un'abbuffata per cancellare la fame in Africa*, «Libero», 31 agosto 2004, p. 12.
Surrusca Angelo, *Altro che formaggi, opere d'arte*, «Specchio», 29 maggio 2004, p. 114.
Vissani Gianfranco, *Caffè con l'aglio: la frittata è fatta*, «Venerdì di Repubblica», 11 giugno 2004, p. 146.
Volpe Maria, *Pubblicità occulta in Tv*, «Corriere della Sera», 14 maggio 2004.

II Ci riempiono la pancia, si riempiono le tasche

AA.VV., «Ille Roif Agriturismo», sito internet www.ille-roif. it
–, *Scuola di Arte Culinaria Cordon Blue Perugia*, da www.gestionecupido.com
–, *I Nas negli agriturismo: uno su tre non è in regola*, «Il Messaggero», 3 settembre 2003, p. 9.

Arrigoni Francesco, *Per un pranzo di nozze non bado a spese*, «Enotime Magazine on line», 13 marzo 2001.
–, *Agriturismo: e sai come mangi (male)*, «Enotime Magazine on line», 6 marzo 2001.
Barbieri Daniele, *Sospesa la licenza per possesso di marijuana*, «il manifesto», 29 settembre 1998.
Baicr, *Identità e tradizione gastronomica nel Lazio. Le ricette, le testimonianze e il mondo degli agriturismo*, Roma, 2004.
Benvenuti Andrea, *Vacanze e agribugie*, «l'Espresso», 30 aprile 2003, p. 78.
Biloslavo Fausto, *E l'ufficio stampa scambia gubane per cubane*, «il Giornale», 21 agosto 2004, p. 3.
Bolloli Brunella, *Mozzarella d'oro ad Atene*, «Libero», 21 agosto 2004, p. 1.
Brugnara Luca, *I ristoratori insorgono: agriturismi fasulli*, «Il Messaggero», 8 aprile 2003, p. 34.
Calessi Elisa, *Milioni in corsi per tutor, mentor e concilianti*, «Libero», 20 agosto 2004, p. 4.
Cannone Maurizio, *Bar non profit*, «l'Espresso», 21 ottobre 2004, p. 209.
Castellano Guido ed Elena Porcelli, *Il conto è servito (ma molto più salato)*, «Panorama», 28 agosto 2003.
Chierchia Vincenzo e Dominici Laura, *Agriturismo, una stagione in affanno*, «Il Sole 24 Ore», 1° agosto 2004, p. 14.
–, *Spese al bar da 9,4 miliardi*, «Il Sole 24 Ore», 21 giugno 204, p. 9.
Ciccanti Amedeo, Interrogazione a risposta scritta 4-02993, presentata il 24 settembre 2002.
Comando carabinieri Politiche agricole, «Comunicato stampa sui controlli negli agriturismi», 2 settembre 2003.
Commissione XIII della Camera, «Indagine conoscitiva sull'agriturismo», resoconti stenografici sedute del 26 giugno 2002, 17 settembre 2002, 18 settembre 2002.
Contro la fame dei numerosi ospiti, Comunicato stampa della Provincia di Napoli, 16 febbraio 2001, www.provincia.napoli.it
Costa Raffaele, *L'Italia degli sprechi*, Milano, Mondadori, 2000.
De Feo Fabrizio, *Marrazzo, un moderatore da 1300 euro l'ora*, «il Giornale», 15 ottobre 2004, p. 7.
Dell'Orto, Mattioni, Scapinelli, Signorini, *I tortellini d'oro dell'Emilia Romagna*, «il Giornale», 25 agosto 2004, p. 1.
Del Mastro Delle Vedove Sandro, Interrogazione a risposta orale 3-00956, presentata il 13 maggio 2002.
Farina Renato, *Consulenti pagati per bere*, «Libero», 5 agosto 2004, p. 1.

Fichera Diana e Salvaggiulo Giuseppe, *L'assessore tiene famiglia. Di consulenti*, «il Giornale», 23 agosto 2004, p. 2.
Fipe (Federazione italiana pubblici esercizi), *Il libro nero sull'agriturismo*, aprile 2003.
–, *Cosa c'è sotto l'insegna*, dicembre 2002.
Fontana Emanuela, *L'Emilia spreca anche sul pesce azzurro*, «il Giornale», 6 agosto 2004, p. 3.
Guasti Vittorio, Interrogazione a risposta scritta, 4-00551, 3 ottobre 2001.
Ice, Istituto per il Commercio estero, sito internet www.ice.gov.it
Iovene Bernardo, *Scusi, lei è vergine?*, «Report», Raitre, 10 marzo 2002.
KwSalute, *Feng-shui, equilibrio e benessere in cucina*, da kataweb salute, 12 luglio 2004.
Lanza Cesare, *Ristoranti, scortesie e caroprezzi*, «Libero», 23 settembre 2004, p. 39.
–, *Tazzina di caffè, perché tanto cara?*, «Libero», 12 ottobre 2004, p. 39.
Legge Nazionale sull'agriturismo, 730/85, approvata il 5 dicembre 1985, «Gazzetta Ufficiale».
Marincola Claudio e Viaggio Marcello, *Associazioni culturali, otto su dieci sono false*, «Il Messaggero», 3 marzo 2003, p. 39.
Onnis Francesco, Interrogazione a risposta scritta, 4-03204 presentata il 17 giugno 2002.
Pajar Daniele, *Condoni e consulenze per Fo junior*, «Libero», 23 settembre 2004, p. 11.
Pansa Giampaolo, *Un cotechino per la Polinesia*, «l'Espresso», 19 agosto 2004, p. 55.
Pasquinelli Luigi, *Pizza Margherita, prezzo capriccioso*, «Il Messaggero», 23 settembre 2004.
Petrini Carlo, *Agriturismo selvaggio*, «Lo Specchio», 19 giugno 2004, p. 96.
Piccinelli Roberto, *Agrishow sull'erba*, «l'Espresso», 22 luglio 2004, p. 157.
Ravizza Simonetta, *Caroprezzi nei locali, in crisi ragazzi e famiglie*, «Corriere della Sera», 1° agosto 2004, p. 39.
Regione Abruzzo, Legge regionale n. 32 del 31 maggio 1994, Bollettino Ufficiale n. 25 del 24 giugno 1994.
Regione Basilicata, Legge regionale n. 14 del 7 agosto 1986, Bollettino Ufficiale n. 33 del 13 agosto 1986.
Regione Campania, Legge regionale n. 41 del 28 agosto 1984, Bollettino Ufficiale n. 51 dell'11 settembre 1984.
Regione Emilia Romagna, Legge regionale n. 26 del 28 giugno 1994, Bollettino Ufficiale n. 61 del 30 giugno 1994.

Regione Friuli Venezia Giulia, Legge regionale n. 26 del 28 giugno 1994, Bollettino Ufficiale n. 30 del 24 luglio 1996.
Regione Lazio, Legge regionale n. 36 del 10 novembre 1997, Bollettino Ufficiale della Regione Lazio.
Regione Liguria, Legge regionale n. 33 del 6 agosto 1996, Bollettino Ufficiale n. 17 del 28 agosto 1996.
Regione Lombardia, Legge regionale n. 3 del 31 gennaio 1992, Bollettino Ufficiale n. 6 del 4 febbraio 1992.
Regione Marche, Legge regionale n. 3 del 3 aprile 2002, Bollettino Ufficiale n. 52 dell'11 aprile 2002.
Regione Molise, Legge regionale n. 2 del 25 gennaio 1994, Bollettino Ufficiale n. 3 del 1° febbraio 1994.
Regione Piemonte, Legge regionale n. 38 del 23 marzo 1995, Bollettino Ufficiale n. 12 del 24 marzo 1995.
Regione Puglia, Legge regionale n. 34 del 22 maggio 1985, Bollettino Ufficiale n. 72 del 4 giugno 1985.
Regione Sardegna, Legge regionale n. 18 del 23 giugno 1998, Bollettino Ufficiale n. 20 del 3 luglio 1998.
Regione Sicilia, Legge regionale n. 25 del 9 giugno 1994, Bollettino Ufficiale n. 30 del 14 giugno 1994.
Regione Toscana, Legge regionale n. 30 del 23 giugno 2003, Bollettino Ufficiale n. 26 del 2 luglio 2003.
Regione Umbria, Legge regionale n. 28 del 14 agosto 1997, Bollettino Ufficiale n. 32 del 7 giugno 2000.
Regione Val d'Aosta, Legge regionale n. 27 del 24 luglio 1995, Bollettino Ufficiale n. 38 del 22 agosto 1995.
Regione Veneto, Legge regionale n. 9 del 18 aprile 1997, Bollettino Ufficiale n. 33 del 22 aprile 1997.
Savini Anna, *I soldi dell'Emilia? Troppo pochi*, «il Giornale», 20 agosto 2004, p. 2.
Secit, *Indagine sull'agriturismo*, maggio 1997.
Serra Michele, *La magnifica ossessione di un visionario della tavola*, «la Repubblica», 25 aprile 2004, p. 29.
Specchia Giuseppe, Interrogazione a risposta scritta 4-02358 presentata l'11 giugno 2002.
Stella Gianantonio, *Lo spreco, Italia: come buttare via due milioni di miliardi*, Milano, Mondadori, 2001.
Zagato Gianandrea, *Per due bistecche spesi 240 euro*, «il Giornale», 10 marzo 2004, p. 39.
–, *La pizza? A chi la fa costa 50 centesimi*, «il Giornale», 12 marzo 2004, p. 45.
Zanini Luca, *Vino al ristorante, rincari fino al 500 per cento*, «Corriere della Sera», 18 marzo 2004, p. 25.

Zecchi Stefano, *Contro il lusso al ristorante resta il fai da te*, «il Giornale», 11 marzo 2004, p. 45.

III Cuochi d'artificio

Arrigoni Francesco, *La trasformazione di una professione, da enologo a Pr*, «Enotime Magazine on line», 19 giugno 2001.
Barcella Enrico, *Una cena minimalista, ma non troppo*, in «Cibi&Italiani», versione on line, stampata il 20 luglio 2004.
Baresani Camilla, *Da Aimo e Nadia, risoranza asistema in-assenza*, dal supplemento letterario del «Sole 24 Ore», in «Dagospia», 4 giugno 2003.
–, *Smarrimenti ton sur ton*, «Il Sole 24 Ore», 31 ottobre 2004, p. 46.
Bianchi Paolo, *Fuori dai cassetti*, «il Giornale», 23 luglio 2004, p. 24.
Bidalon Philippe, *Faut-il-brûler les guides gastronomiques?*», «l'Express», 29 luglio 2004.
D'Agostino Roberto, *Mangiare è un diritto, ma digerire è un dovere. Il Gambero Rosso avvelena Barbara Palombelli*, «Dagospia», 6 dicembre 2000.
Ducasse Alain, *Non confondiamo la cucina con la Cucina*, «Gran Gourmet», giugno 2004, p. 8.
Falck Jacaranda, Enzo Vizzari, *Alchimista ai fornelli*, «l'Espresso», 23 settembre 2004, p. 168.
Gatti Marco, *Località e nomi di ristoranti alla rinfusa*, «Libero», 9 ottobre 2004, p. 16.
Gregori Carlo, *Modena, sul «Gambero Rosso» recensione di un ristorante chiuso*, da «la Gazzetta di Modena», in «Dagospia», 14 novembre 2002.
Guastella Giuseppe, *Carne e pesce scaduti nel congelatore del Savini*, ViviMilano, «Corriere della Sera», versione on line.
Langone Camillo, *Maccheronica*, Milano, Mondadori, 2004.
–, *Speciale Maccheronica*, «Il Foglio» quotidiano, 8 marzo 2003, numero 66, pagina IV.
Levi Roberto, *Vissani, il cuoco che si sente un Dio*, «il Giornale», 31 luglio 2004, p. 27.
LQ, *L'impero gastronomico di Ducasse ancora in espansione*, Ansa, 12 giugno 2004.
Marchi Paolo, *La mitica cucina di Michel Bras*, «Enotime Magazine on line», luglio 2003.
–, *Udite! Udite! Le guide sono uscite...*, «Enotime Magazine on line», novembre 2003.
–, *I retroscena tragicomici di una guida ai ristoranti*, «Enotime Magazine on line», giugno 2002.

Martinotti Giampiero, *Bufera sulla Guida Michelin. Diamo i voti senza assaggiare*, «la Repubblica», 14 febbraio 2004, p. 21.

Mensurati Marco, *Il Boecc scivola sull'ossobuco*, «la Repubblica», 17 novembre 2004, Cronaca di Milano, p. I.

Nava Massimo, *Affari segreti e patti con le Guide. L'ora dei veleni sugli chef francesi*, «Corriere della Sera», 2 giugno 2004, p. 20.

Raspelli Edoardo, *Sono grasso e vanitoso, ma ho fegato*, di Franco Bagnasco, «Sorrisi e Canzoni Tv», n. 36, 2004, p. 73.

–, *A Montecarlo, chez Ducasse l'unica emozione è il conto*, «La Stampa», 5 luglio 2003.

–, *Non ti fidar di un cacio a mezzanotte*, da «La Stampa» in «Dagospia», 9 gennaio 2003.

Remy Pascal, *L'inspecteur se met à table*, Sainte-Marguerite-sur-Mer, Éditions des Équateurs, 2004.

Santucci Gianni, *Sporco e cibi scaduti, più controlli nei locali*, «Corriere della Sera», 9 giugno 2004, p. 51.

Scarano Paolo, *Il grande Beck. I segreti dello chef tedesco che ha stregato Roma*, «Gente», 14 luglio 2004, p. 74.

Serra Michele, *L'Amaca*, da «la Repubblica», in «Dagospia», 6 marzo 2003.

–, *L'enologo che bevve troppo*, «l'Espresso», 23 settembre 2004, p. 20.

IV Ma che cosa c'è nel würstel?

AA.VV., *Truffe a tavola 2004. Primo rapporto sulle frodi nelle filiere agralimentari in Italia*, a cura di «Salute&Gusto», Roma, 14 luglio 2004.

–, *Via libera al falso cioccolato. L'Italia perde la battaglia Ue*, www.repubblica.it, 16 gennaio 2003.

–, *Cibi ingannevoli si riconoscono così*, «Viversani&Belli», n. 5, febbraio 2002, p. 28.

Adiconsum, «Guida sulla qualità e sicurezza dei prodotti alimentari», www.coldiretti.it/documenti/Guida

Altamore Giuseppe, *Qualcuno vuole darcela a bere*, Genova, F.lli Frilli, 2003.

Apuzzo Stefano, Carnazzi Stefano, *Quattro sberle in padella*, Roma, Stampa alternativa, 2000.

Bartolini Anna, *Acqua minerale*, «Corriere della Sera», 3 luglio 2003.

Castagni Elena, *Acqua di rubinetto, agli italiani non va giù*, «Il Messaggero», 4 agosto 2004, p. 9.

Castaldi Barbara, *Polvere di Sudan. Ancora*, «Il Salvagente», 29 luglio-5 agosto 2004, p. 11.

–, *Sughi e zuppe, lo scandalo si allarga*, «Il Salvagente», 12-26 agosto 2004, p. 12.

Cicerone Paola Emilia, *Fragole e panna hi-tech*, «l'Espresso», 10 giugno 2004, p. 176.
Cinotti Enrico, *Il pollo italiano? Parla brasiliano*, «Il Salvagente», 9-16 settembre 2004, p. 13.
Coldiretti, *Il falso è servito*, «Dossier», Roma, 2003.
Commissione delle Comunità Europee, *Libro bianco sulla sicurezza alimentare*, Bruxelles, 12 gennaio 2000.
Cotellessa Simonetta, *Culatello senza Authority*, «Panorama», 2 dicembre 2004, p. 95.
De Florio Antonio, *I Nas: cozze avariate e carne scaduta*, «Il Messaggero», 20 agosto 2004, p. 10.
Fazio Luca, *Non ce la date a bere*, «il manifesto», 23 marzo 2004.
Federalimentare, *Origine delle materie prime in etichetta?*, «Dossier», Roma, 2004.
Feo Fabrizio, *Malacarne*, www.narcomafie.it, gennaio 2003.
Folda Francesca, *Bocconi amari*, «Panorama», 5 dicembre 2002.
Giannini Sabrina, *Perché i grassi?*, «Report», Raitre, puntata del 13 aprile 2003.
Giordano Attilio, *Nome in codice: tracciabilità*, «Venerdì di Repubblica», 18 giugno 2004.
Granello Licia, *Cibi e vini, Sos per i gioielli d'Italia*, «la Repubblica», 15 febbraio 2004, p. 26.
–, *Olio e passata, etichetta antitruffa*, «la Repubblica», 12 agosto 2004, p. 29.
Grimm Hans-Ulrich, *L'imbroglio nella zuppa*, Bologna, Andromeda, 1998.
Iovene Bernardo, *Perché la pasta?*, «Report», Raitre, 8 ottobre 2002.
Legambiente, *Pesticidi nel piatto 2004*, Roma, 2004.
–, *I polli siamo noi?*, «Alimentazione News», 24 ottobre 2002.
–, *Campagna per la sicurezza alimentare*, «Alimentazione News», 8 giugno 2004.
–, *C'è del marcio a Bruxelles*, «Alimentazione News», 25 ottobre 2002.
Marchi Paolo, *Prospera il made in Italy taroccato, ma la colpa è spesso nostra*, «Enotime Magazine on line», febbraio 2003.
Marino Donatella, *Pane nero, anzi nerissimo*, «Panorama», 6 maggio 2004, p. 78.
Ministero delle Politiche Agricole e Forestali, ispettorato centrale repressioni frodi, *Relazione attività 2003*, Roma, 2004.
–, *Contro le frodi a servizio del cittadino – operazione di rilievo 2000-2004*, materiale informativo inviato il 26 luglio 2004.
Nessi Emilio, *Il maialino sardo? Arrivava dall'Olanda*, «Corriere della Sera», 3 agosto 2004, p. 18.

Paolini Antonio, *Carta d'identità del cibo in difesa del made in Italy*, «Il Messaggero», 2 agosto 2004, p. 13.
Paolini Davide, *L'inutile sbarco della napoletana sulla «Gazzetta»*, «Il Sole 24 Ore», 26 maggio 2004, p. 1.
Patat Giuseppe, *Le mani in pasta*, «l'Espresso», 25 novembre 2004, p. 17.
Quintili Riccardo, *Peperoncino contaminato, allarme a tavola*, «L'Unità», 20 ottobre 2004.
Santucci Gianni, *Sporco e cibi scaduti, più controlli nei locali*, «Corriere della Sera», 9 giugno 2004, p. 51.
Spernanzoni Luana, *Che bel maiale farmacologico*, «Il Salvagente», 26 febbraio-4 marzo 2004, p. 13.
Vespa Stefano, *Con la Nutella non è vera pizza*, «Panorama», 10 giugno 2004, p. 83.

V Che buono lo stracotto d'asino (se lo chiami tajine)

AA.VV., *La cucina etnica? Molto chic ma fa ingrassare*, «Il Messaggero», 21 giugno 2004, p. 13.
–, *Scarafaggi in cucina, chiuso locale cinese*, «il Giornale», 28 luglio 2004, p. 40.
–, *Rosticceria cinese vendeva cibo recuperato dai cassonetti*, «Repubblica.it», 10 luglio 2004.
–, *Truffe a tavola 2004. Primo rapporto sulle frodi nelle filiere agralimentari in Italia*, a cura di «Salute&Gusto», Roma, 14 luglio 2004.
Aduc, *Cibo cinese sotto i livelli standard d'igiene*, comunicato stampa, 7 giugno 2004.
Bertera Maurizio, *Prendi il cibo e scappa*, «il Giornale», 30 novembre 2003, p. 47.
Cavallaro Stefania, *La babele del cibo*, in «Lucignolo», Italia Uno, 26 settembre 2003.
Cavazzuti Nicole, *Voglia di sushi, ma sotto i 40 euro è un'imitazione*, «Libero», 9 luglio 2004, p. 32.
Chef Kumalè, le notizie sono tratte dal sito www.kumale.net
Corradin Roberta, *Made in Asia*, «D», 19 giugno 2004, p. 142.
Malagoli Paola, *Ristoranti cinesi poco puliti*, «Il Mattino di Padova», 29 ottobre 2002.
Mangani Cristiana, *Ristoranti esotici, 400 denunciati*, «Il Messaggero», 29 ottobre 2002, p. 13.
Marchi Paolo, *I bluff della ristorazione top: esempio milanese di Armani-Nobu*, «Enotime Magazine on line», dicembre 2002.
Mensurati Marco, *Raccoglievano gli avanzi e li rimettevano nel menù*, «la Repubblica», 26 settembre 2002.

–, *Blitz nei ristorati etnici*, «la Repubblica», 15 settembre 2000, Cronaca di Milano, p. IX.
Morandi Francesca, *Larve nella farina, locale chiuso*, «La Provincia.it», 31 luglio 2004.
Piazza Alba, *Al ristorante si mangia con le mani*, «Libero», 30 luglio 2004, p. 13.
Prandoni Anna, *Il giro del mondo nei piatti lombardi*, «Corriere della Sera», 30 luglio 2004, p. 55.
Quaglia Maria Paola, *A qualcuno piace fusion*, «Panorama Travel», giugno 2001, p. 170.

VI Come Bio comanda

AA.VV., *Pittaro: la favola del vino biologico*, www.sinab.it, 11 maggio 2004.
–, *Lombardia: proposta di legge regionale per il bio in mensa*, «Redattore sociale», 4 giugno 2004.
–, *Candidata alle europee la mamma delle mense biologiche*, «Corriere di Romagna», 22 maggio 2004.
–, *La Giunta regionale del Friuli destina 1,35 miliardi alle mense bio*, «Il Gazzettino», 19 giugno 2004.
–, *Roma, nuovo appalto per le bio-mense*, «Corriere della Sera», 9 aprile 2004.
–, *Sardegna: indagini della Finanza sui contributi per il biologico*, «La Nuova Sardegna», 4 marzo 2004.
–, *Lazio bio boom*, «Mdc», 28 maggio 2004.
–, *Altolà dell'antitrust agli spot sulle vitamine*, «la Repubblica», 24 aprile 1998, p. 28.
Agostino Maurizio, *Se son rose, saranno biologiche*, «Bioagricoltura», maggio/giugno 2004, p. 10.
Autorità garante della concorrenza e del mercato, *Pillola Ubidercarenone*, provvedimento n. 3580 del 31 gennaio 1996, pubblicato sul bollettino n. 5/1996.
–, *Whitehall Multicentrum*, provvedimento n. 5826 del 26 marzo 1998, pubblicato sul bollettino n. 13/1998.
–, *Bayer One-a-Day*, provvedimento n. 5825 del 26 marzo 1998, pubblicato sul bollettino n. 13/1998.
–, *Boeringer Gegorvit*, provvedimento n. 5830 del 26 marzo 1998, pubblicato sul bollettino n. 13/1998.
–, *Cronostop anti-età*, provvedimento n. 9665 del 14 giugno 2001, pubblicato sul bollettino n. 24/2001.
–, *Dicoman 5*, provvedimento n. 11219 del 19 settembre 2002, pubblicato sul bollettino n. 38/2002.

–, *Memosan Energy*, provvedimento n. 10533 del 7 marzo 2002, pubblicato sul bollettino n. 10/2002.

–, *Aloe energia vitale*, provvedimento n. 13171 del 6 maggio 2004, pubblicato sul bollettino n. 19/2004.

Battaglia Franco, *Così gli* OGM *tuteleranno i prodotti* DOC, «il Giornale», 8 marzo 2003.

Bazzi Adriana, *Tutti i segreti degli integratori di vitamine*, «Corriere della Sera», 28 febbraio 2004, p. 18.

Cannella Carlo, *Ma una sana alimentazione fa meglio di tante pillole*, intervista su «la Repubblica», 1° giugno 2003, p. 13.

Cappiello Ida, *Bio è uno, anzi trino*, «Vita», 17 settembre 2004, p. 14.

Cartosio, Manuela, *LifeGate, ecocompatibile e profittevole. Parola del geometra Roveda*, «il manifesto», 14 settembre 2004.

Cianciullo Antonio, *Cibi bio, siamo i primi in Europa*, «la Repubblica», 21 maggio 2004, p. 32.

De Bellis Giuseppe, *Carlo sposa l'omeopatia e finisce nei guai con i medici*, «il Giornale», 10 luglio 2004, p. 16.

De Bac Margherita, *Sono inutili i cocktail vitaminici*, «Corriere della Sera», 24 aprile 1998.

De Luca Maria Novella, *Una vitamina salva la vita. Pastiglie e bibitoni per tutti*, «la Repubblica», 20 maggio 2000, p. 29.

D'Urso Barbara, in *Barbara D'Urso e il rito dell'omeopatia*, «Libero», 18 novembre 2004, p. 15.

Dusi Elena, *Integratori, al supermarket dei miracoli*, «la Repubblica», 1° giugno 2003, p. 12.

Giannini Sabrina, *Come bio comanda*, «Report», Raitre, 26 novembre 2000.

Guy Gugliotta, *Crescono le preoccupazioni per l'uso di integratori alle erbe*, «Washington Post», 19 marzo 2000.

GWN, *Il biotech è vitale per i Paesi in via di sviluppo*, «Green Watch News», n. 3 (2003).

–, *«Ma è proprio vero che si stava meglio quando si stava peggio?»*, «Green Watch News,» n. 8 (2003).

–, *Il biotech tutelerà i prodotti tipici*, «Green Watch News», n. 9 (2003).

–, *Venti premi Nobel hanno firmato la dichiarazione degli scienziati a favore delle biotecnologie*, «Green Watch News», n. 12 (2003).

–, *Cibi biologici a scuola: più denaro meno qualità*, «Green Watch News», n. 13 (2003).

–, *La Royal Society garantisce: gli alimenti geneticamente modificati sono sicuri*, «Green Watch News», n. 15 (2003).

–, *Il prof Blasi denuncia le bufale verdi*, «Green Watch News», n. 16 (2003).

–, *Con il biotech si può dimezzare il numero delle persone che soffrono di fame*, n. 24 (2003).
–, *Alimenti biologici: mitologia dei radical chic*, «Green Watch News», n. 27 (2003).
«Lifegate», sito Internet ufficiale www.lifegate.it, «portale di ecocultura».
Mangiaterra Sandro, *La grande abbuffata. Indagine (piena di sorprese) sugli italiani e il cibo*, «Panorama», 10 gennaio 2002.
Mariotti Antonella, *Boom del naturale. Il bio conquista la donna manager*, «La Stampa», 12 settembre 2004, p. 12.
Maroni Marco, *Che bio ce la mandi buona*, «Diario», 5 marzo 2004, p. 22.
Mastrantoni Primo, *Integratori energetici*, www.veganitalia.com, 18 giugno 2004.
Mieli Paolo, *Su alcune inesattezze della campagna contro gli Ogm*, «Corriere della Sera», 11 giugno 2004, p. 43.
Milano Gianna, *Meglio con il cibo che con le pillole*, «Panorama», 18 novembre 2004, p. 225.
Ministero della Salute, *Problematiche connesse con il settore degli integratori alimentari*, circolare del 25 luglio 2002, n. 4.
–, *Raccomandazioni sulla pubblicità degli integratori alimentari proposti per il controllo o la riduzione del peso*, 18 luglio 2003.
Minucci Emanuela, *Pollo e peperoni sulla tavola del principe Carlo*, «La Stampa», 21 ottobre 2004.
Pappagallo Mario, *Ogm nocivi? No, può esserlo il pesto*, «Corriere della Sera», 4 novembre 2004.
Porciani Elena, *Dalla Ventura a Montaigner, elogio della papaya*, «Corriere della Sera» on line, 10 marzo 2004.
Quintili Riccardo, *Caso Kellogg's in Danimarca*, «Il Salvagente», 23-30 settembre 2004, p. 17.
Regge Tullio, *C'è del buono anche negli Ogm*, «La Stampa», 27 ottobre 2004, p. 1.
Rossi Luigi et al., *Biotecnologie. Per la tutela dei prodotti tipici italiani*, Roma, 21° Secolo, 2003.
Salari Gabriele, *Bio come sei buono*, «l'Espresso», 27 maggio 2004, p. 198.
Spernanzoni Luana, *Il biologico made in Italia sotto attacco*, «Il Salvagente», 2 settembre 2004, p. 21.
Strinati Marta, *Multivitaminici ecco che cosa c'è dentro*, «Il Salvagente», 11-18 novembre 2004, p. 16.
Tirelli Umberto, *OGM: Non sono tossici e migliorano la salute pubblica*, «Il Piccolo», 30 luglio 2003.

Trewavas Anthony, *Miti urbani circa l'agricoltura biologica*, «Nature», ottobre 2001, p. 718.
Zaghi Andrea, *Italia leader per bio e equo*, «Avvenire», 24 aprile 2004, p. 23.
–, *Il bio italiano vuole il marchio*, «Avvenire», 11 settembre 2004, p. 21.

VII Barbera rossa la trionferà

AA.VV., *Assaggiamoci*, «Scritto&Mangiato», inserto del «manifesto», giugno 2004.
–, *Pelle di pollo*, «Scritto&Mangiato», inserto del «manifesto», ottobre 2004.
–, *Il cibo e l'impegno*, i Quaderni di «Micromega», novembre 2004.
–, *Carlo Petrini fa la rivoluzione d'accordo con i carabinieri*, «Il Foglio», 2 ottobre 2004, p. 1.
Armano Antonio, *Veronelli, l'anarcoenologo teorizza la rivoluzione dal basso con il sostegno dei new global*, «Il Riformista», 3 aprile 2004, p. 4.
Berni Ivan, *Carlin, piattin e un po' di vin*, «Prima comunicazione», settembre 2004, p. 91.
Ceccarelli Filippo, *Lo stomaco della Repubblica. Cibo e potere in Italia dal 1945 al 2000*, Milano, Longanesi, 2000.
Chiara Alberto, *Il signore del cibo antico*, «Famiglia Cristiana», n. 42, 2004, p. 42.
–, *Agli estremi confini del gusto*, «Famiglia Cristiana» n. 44/2004, p. 34.
Cianciullo Antonio, *L'Onu dei custodi del buon cibo*, «la Repubblica», 19 ottobre 2004, p. 26.
Di Caro Roberto, *Dittatura del gusto*, «l'Espresso», 21 ottobre 2004, p. 61.
Forti Marina, *Mangeremo così, ecco l'Onu del cibo*, «il manifesto», 21 ottobre 2004, p. 2.
Gramellini Massimo, *Contadini del Mondo*, «La Stampa», 21 ottobre 2004, p. 15.
Granello Licia, *Debutta l'università del gusto*, «la Repubblica», 25 aprile 2004.
–, *Il Social Forum del cibo per scoprire i sapori del mondo*, «la Repubblica», 9 settembre 2004, p. 29.
Jampaglia Claudio, *Un rosso (doc) contro il liberismo*, «Diario», 23 aprile 2004, p. 28.
Numa Massimo, *Slow Food*, «La Stampa», 22 settembre 2004, p. 14.
–, *L'Internazionale contadina*, «La Stampa», 20 ottobre 2004, p. 13.
Padovani Gigi, *Dove la Terra è ancora Madre*, «Specchio», 16 ottobre 2004, p. 28.

Petrini Carlo, *La poesia salvata dai contadini*, «La Stampa», 2 agosto 2004.
Piperno Antonella, *Benvenuti nel laboratorio del gusto*, «Panorama», 28 ottobre 2004, p. 330.
Rondolino Fabrizio, *Gli chef ingrassano l'Eta*, «La Stampa», 15 ottobre 2004, p. 1.
Serra Michele, *La magnifica ossessione di un visionario della tavola*, «la Repubblica», 25 aprile 2004.
–, *L'uomo che resiste al fast food. Sono un sognatore, non un eroe*, «la Repubblica», 6 ottobre 2004, p. 29.
Tibaldi Marc, *Terra e libertà/Critical wine*, Roma, DeriveApprodi, 2004.
Veronelli Luigi, *Colloquio sull'aldilà con tre cani umani*, «Le parole della Terra», da www.veronelli.com
–, *A lezione di insubordinazione*, «Le parole della Terra», da www.veronelli.com
–, *Alla fiera del Leo. E dei particolari*, «Le parole della Terra», da www.veronelli.com
–, *L'onda lunga di Critical Wine*, «Le parole della Terra», da www.veronelli.com
–, *De.Co & Demo*, «Le parole della Terra», da www.veronelli.com
–, *Appello all'impegno*, «Le parole della Terra», da www.veronelli.com
–, *Lettera al direttore*, «Il Foglio», 14 febbraio 2004, p. 4.
Zucconi Vittorio, *L'America premia gli eroi d'Europa*, «la Repubblica», 3 ottobre 2004, p. 13.

VIII Macché dieta del cappero, lasciateci ingrassare

AA.VV., *Con 14,95 dollari su Internet compri 28 grammi di grasso finto*, «Il Foglio» quotidiano, 13 settembre 2004, p. 4.
Amuso Lorenzo, *L'obesità fatale del re delle diete*, «il Giornale», 12 febbraio 2004, p. 18.
Apcom, agenzia di stampa, *Forse solo un miraggio il farmaco anti-obesità*, 19 luglio 2004.
a.tor., *Addio alla ginnastica, arriva la superpillola*, «La Stampa», 17 luglio 2004, p. 16.
Autorità garante della Concorrenza e del Mercato, *Slim Fast*, provvedimento n. 3332 (pI586) del 19 ottobre 1995.
–, *Cellulase Trattamento Urto*, provvedimento n. 7098 (pI2228) del 15 aprile 1999.
–, *Kalocell*, provvedimento n. 7734 (pI2551) del 17 novembre 1999.
–, *Chitosano 800 Sirc*, provvedimento n. 8372 (pI2796) dell'8 giugno 2000.

–, *Esamen Dimagrante*, provvedimento n. 8405 (pI2802) del 14 giugno 2000.
–, «Adiposforte», provvedimento n. 9060 (pI3043) del 21 dicembre 2000.
–, *Gotas di Wanna Marchi*, provvedimento n. 9261 (pI3116) del 22 febbraio 2001.
–, «NewBody», provvedimento n. 9867 (pI3286) dell'8 agosto 2001
–, *Bruciakal di prodotti naturali*, provvedimento n. 9924 (pI3323) del 6 settembre 2001.
–, *Kalocell Line*, provvedimento n. 10344 (pI2551b) del 17 gennaio 2002.
–, *Ideal Line*, delibera n.187/02 del 19 giugno 2002.
–, *Bluefish di Roder*, provvedimento n. 11001 (pI3803) del 18 luglio 2002.
–, *Sct Stack/Ultimate*, provvedimento n. 12181 del 2 luglio 2003.
–, *Centri dimagranti Sobrino*, delibera n. 206/02 del 3 luglio 2002.
–, *Pesoforma/Perdita Peso*, provvedimento n. 12279 (pI4144) del 24 luglio 2003.
–, *Fat Blocker Diet*, provvedimento n. 9367 (pI3128).
–, *Kilokal della Pool Pharma*, provvedimento n. 11854 (pI3972) del 27 marzo 2003.
–, *Togli calorie/mangio magro*, provvedimento n. 13042 del 25 marzo 2004.
Bent S, Tiedt T, Odden M, Shilpak Mg, *The relative safety of ephedra compared with other herbal products*, «Annals of Internal Medicine», 2003, p. 138.
Biglia Andrea, *Depresso dalla dieta, massacra la famiglia*, «Corriere della Sera», 12 gennaio 2004, p. 16.
Boerci Mariella, *Diete fai da te, pillole e non solo: le follie della forma*, «Panorama», 10 maggio 2002, p. 231.
Bolognini Luigi, *Trovata morta in casa dopo una dieta fai da te*, «la Repubblica», 29 dicembre 2002.
Campos Paul, *The Obesity Myth*, New York, Gotham Books, 2004.
Castagni Elena, *Dieta dissociata, tramonto di un mito*, «Il Messaggero», 11 aprile 2000, p. 13.
Chenot Henri, *La dieta energetica*, Milano, Rizzoli, 1982.
Cometto Maria Teresa, *Pasta, americani presi tra due fuochi*, «Corriere della Sera», inserto Economia, 6 settembre 2004, p. 8.
Corbi Maria, *Dieta al cioccolato per perdere chili*, «La Stampa», 15 ottobre 2004, p. 13.
De Bac Margherita, *Troppi obesi, arriva la pillola antifame*, «Corriere della Sera», 11 giugno 2001, p. 16.

–, *Pasta e anche un po' di dolce. Ora arriva la dieta di Stato*, «Corriere della Sera», 21 settembre 2004, p. 16.

Di Gianvito Lavinia, *Muore in aula dopo la dieta*, «Corriere della Sera», 5 giugno 2004.

Di Giorgio Claudia, *Creme dimagranti? No, solo idratanti*, www.repubblica.it, 4 giugno 1999.

Ed Victor, *La dieta ovvia*, Milano, Mondadori, 2004.

Fad Diet.com, «Get Rich Quick Creating a Fad Diet», su www.geocities. com

Farkas Alessandra, *La Dieta Spartana: fai la fame, starai meglio e batterai la crisi*, «Corriere della Sera», 18 agosto 2004, p. 13.

Ferrara Giuliano, *Storie di ordinaria obesità*, «Panorama», 29 luglio 2004, p. 33.

Firenzuoli Fabio, *Erbe dimagranti, mai senza il parere del medico*, kataweb salute, 17 settembre 2003.

Galimberti Umberto, *Se il cibo è un dramma*, «la Repubblica», 21 luglio 2004, p. 39.

Galliani Paolo, *30 anni, uccisa dalla dieta*, «Il Giorno», 20 settembre 1998, p. 25.

Garbesi Marina, *Il miraggio pericoloso della dieta estrema*, «la Repubblica», 18 aprile 1999, p. 21.

Iovino Damiano, *Discesa agli inferi e ritorno di una pancia*, da «Panorama» in «Il foglio» quotidiano, 12 luglio 2004, p. 4

Istituto di Autodisciplina pubblicitaria (Iap), *Rassegna dei provvedimenti del Giurì e del comitato di controllo*, in «Rassegna di diritto farmaceutico», n. 4-5, 1999.

Lorenzetto Stefano, *Il dietologo che pesa 117 chili*, «il Giornale», 28 gennaio 2001, p. 14.

–, *Zeffirelli la paragona a Madre Teresa. Obesi di tutto il mondo, venite a me*, intervista a Christina Newburgh, «il Giornale», 15 agosto 2004, p. 16.

Massi Carla, *Obesità, arriva la pillola che fa sentire subito sazi*, «Il Messaggero», 19 settembre 2000, p. 10.

Materi Nino, *Vietata la dieta dei vip*, «il Giornale», 22 settembre 2003.

Mazzucchelli Alessandro, *Attenzione alle diete miracolose*, «Grazia», 7 ottobre 2003.

Milano Gianna, *L'obesità? È solo un'isteria culturale*, «Panorama», 1° luglio 2004, p. 171.

Mingardi Alberto, *Lasciateci la libertà di ciccia*, «Libero», 6 aprile 2002, p. 1.

Passarini Paolo, *Arriva la dieta come Dio comanda*, «Specchio», 11 settembre 2004, p. 14.

Perna Giancarlo, *La cura Sirchia per mettere a dieta l'Italia*, «il Giornale», 11 ottobre 2004, p. 10.

Piazza Roberta, *La dieta del finocchio ti sgonfia e ti depura*, «Starbene», gennaio 2003.

Piperno Antonella, *Il miracolo dei pani e dei pesi*, «Panorama», 15 novembre 2001, p. 123.

Pisano Mario, *Ha ucciso la figlioletta: colpa dei farmaci che prendeva per dimagrire*, «Corriere della Sera», 18 aprile 1999.

Pistilli Felicita, *Morta Felice Lippert: inventò la dieta di gruppo*, «il Giornale», 28 febbraio 2003, p. 17.

Pizzi Umberto, *Cafonal – Massimo orgiasmo per Mirella Sobrino, bona come un panino...*, «Dagospia», 15 aprile 2002.

Roberts B. Susan, *Effects of a cereal rich in soluble fiber on body composition and dietary compliance during comsumption of a hypocaloric diet*, «Journal of the American College of Nutrition», vol. 20, n. 1, pp. 50-57, 2001.

Russo Veronica, *Mi sgonfio con l'aglio del Perù*, «Panorama», 12 agosto 2004, p. 164.

Savini Anna, *Muore in classe dopo una cura dimagrante*, 5 giugno 2004, p. 18.

Simonetti Maria, Maria Serena Palieri, Anna Zardo, *L'intolleranza è servita*, «l'Espresso», 17 aprile 2003.

Spampani Massimo, *Pranzo a base di vermi. Dieta più equilibrata*, «Corriere della Sera», 2 marzo 2003.

Tibaldi Andrea, *Il pane di Rivalta*, www.cibo.it/alimentazione/disinformazione

Vari Davide, *Dagli Usa la dieta della Bibbia*, «la Repubblica», 22 giugno 2004.